Erika Rosenberg (Hrsg.)

Ich, Emilie Schindler

Erinnerungen einer Unbeugsamen

Erika Rosenberg (Hrsg.)

Ich, Emilie Schindler

Erinnerungen einer Unbeugsamen

Mit 91 Fotos und
faksimilierten Dokumenten

LANGENMÜLLER

Sämtliche hier veröffentlichte Fotos sind im Besitz
von Emilie Schindler oder Erika Rosenberg

Schutzumschlag: Wolfgang Heinzel,
unter Verwendung eines Fotos von Emilie Schindler
(es zeigt Emilie Schindler zusammen mit ihrem Mann Oskar Schindler)
Satz und Layout: VerlagsService Dietmar Schmitz GmbH, Heimstetten
Gesetzt aus der 11,6/14,7 Punkt Minion
Printed in Germany
ISBN 978-3-7844-3633-3

www.langenmueller.de

Inhalt

Vorwort 7

Einführung von Erika Rosenberg 11

Einführung von Emilie Schindler 17

1.
Meine Familie *25*

Kindheit und Jugend in Alt-Moletein *25*
Abschiede und neue Familienmitglieder *34*
Verwandtschaft auf Distanz *39*

2.
Meine Ehe mit Oskar *46*

Unsere frühen Jahre *46*
Oskars neue Beschäftigung *51*
Liebe in Zeiten des Krieges *54*
Flucht und Neuanfang *60*
Eine neue Heimat am anderen Ende der Welt *76*
Abschied für immer *83*

3.
Die Rettung der Juden *95*

Die Anfänge des Terrors *95*
Erste Begegnung mit dem Grauen *100*
Die berühmte Liste *108*

Die Juden aus Goleschau *125*
Das lang ersehnte Ende *128*

4.
Mein Leben in Argentinien *132*

Erste Eindrücke von der neuen Heimat *132*
Die Quinta »Magnolia« in San Vicente 134
Unerwartete Hilfe von der B'nai B'rith *147*
Das Leben verändert sich *155*

5.
Die Filmgeschichte *159*

Von der Idee zum Film *159*
Als von Schindler »Gerettete« in Jerusalem *167*
Ein erfolgreicher Film macht Verlust *171*

6.
Der Koffer *182*

Ein Koffer und viele Erben *182*
Der Kampf um Gerechtigkeit *188*

7.
Späte Anerkennung *196*

Mutter Courage wird entdeckt *196*
Ein denkwürdiger Geburtstag *199*
Der Film und seine Folgen *200*

Nachwort: Emilies letzte Reise –
mit einem Beitrag von Charlotte Knobloch 217

Und noch ein Nachtrag 244

Anhang

Lebenslauf *251*

Vorwort

Emilie Schindler ist nun schon über vier Jahre tot, aber in meinem Herzen und in den Herzen vieler Anderer lebt sie weiter. Ich erinnere mich noch gut an den Tag, als ich die Idee bekam, sie in einem Buch zu Wort kommen zu lassen und ihr dieses Buch zu widmen.

Samstag, den 25. November 2000. An diesem Frühlingstag fällt die Dämmerung mit einer gewissen Traurigkeit über die Stadt Buenos Aires.

Plötzlich sitze ich vor meinem Computer und sehe auf den leeren Bildschirm. Ich merke, wie ein neues Buch in mir Gestalt annimmt. Fast ohne es zu merken tippe ich den Titel: »Ich, Emilie Schindler«. Diese drei Worte berühren mich tief, und ich erinnere mich, wie ich genau vor einem Monat im Münchner Rathaus, unter der Schirmherrschaft der Stadträtin Frau Dr. Sabathil, das von mir herausgegebene Buch »Ich, Oskar Schindler« vorgestellt habe, zusammen mit den ganzen Auszeichnungen und Verdiensten von Emilie Schindler. Die Presse war damals hungrig nach Antworten auf Fragen wie: Was ist aus Frau Schindler geworden? Lebt sie noch? Wie lebt sie in Argentinien? … All ihre Auszeichnungen wurden eifrig fotografiert, Medaille für Medaille, ihr Bundesverdienstkreuz ebenso wie die Medaillen von der argentinischen Regierung, das Fotoalbum zum Film »Schindlers Liste«, der Brief von Bill Clinton …

Aber was dahinter steckt, nämlich die Geschichte einer Frau, die zu Unrecht im Schatten ihres Mannes Oskar Schindler stand, einer Frau, die in einer furchtbaren Zeit durch ihren

Einsatz, durch Mut und einmalige Hilfsbereitschaft mit ihrem Mann Oskar zusammen das Leben von über 1300 Juden retten konnte, diese Geschichte möchte ich Ihnen, liebe Leserinnen und Leser, in diesem Buch erzählen.

Nachdem ich Emilie 1990 kennen gelernt hatte, änderte sich mein Leben für immer. Damals war ich auf der Suche nach mir selbst, nach den Wurzeln meiner Familie oder dem, was davon geblieben war. Meine Eltern mussten 1936 aus Deutschland auswandern und landeten schließlich mit ein bisschen Glück in Buenos Aires, Argentinien, ohne Sprachkenntnisse, ohne Geld, aber mit der psychischen Last der völligen Entwurzelung. Viele Jahre später kam ich zur Welt, wurde hineingeboren in eine Familie von Heimatlosen, aus deren Mund nie ein Wort gegen Deutschland fiel. Das Thema alte Heimat war in unseren Gesprächen eher tabu. Als ich neun Jahre alt war, starb mein Vater.

Mit ihm verlor ich ein ganzes Stück von mir an Deutschland, denn meine Mutter sagte mir, dass er dorthin zurückgegangen wäre. Im Geiste sah ich meinen Vater sehr weit weg, genau 14 000 Kilometer weit, aber mit den Jahren verschwammen seine hohe Gestalt, sein Gesicht und seine großen Kirschaugen immer mehr ...

Die Zeit verging und meine Neugierde hinsichtlich der Existenz meiner unbekannten Verwandten wuchs von Tag zu Tag, bis ich nach langjähriger Suche einige auf dem jüdischen Friedhof in Berlin-Weißensee fand.

Eines Tages wollte ich einen Artikel über die deutsch-jüdische Immigration in Argentinien schreiben und ging zum Chefredakteur einer deutschsprachigen Tageszeitung in Buenos Aires. Peter Gorlinsky, selbst das Kind von Einwanderern, kannte sich mit dem Thema bestens aus und fragte mich plötzlich, ob ich die Geschichte von der Mutter Courage Emilie Schindler kenne.

So bin ich zu Emilie Schindler gekommen. Mit der Absicht, sie für die Deutsche Welle zu interviewen, betrat ich am 22. Mai 1990 ihr Haus in der kleinen Stadt San Vicente, 60 Kilometer südlich der Hauptstadt Buenos Aires.

Wir lernten uns kennen und freundeten uns an.

Diese elf Jahre der Freundschaft haben es mir ermöglicht, eine Emilie zu entdecken, die kaum einer kennt. Ich weiß, was sie will, wen sie mag, wann sie von einer Sache genug hat. Ich kenne ihre Wünsche, ihren Geschmack, ihre Gefühle, ihre manchmal grobe Ausdrucksweise, ihre Schwächen und Stärken, ihren grenzenlosen Mut, sich zu äußern – egal vor wem –, sowie ihre unendliche Großzügigkeit.

Nach besagtem Interview für die Deutsche Welle, das mich vier Sonntage gekostet hatte, weil sie nicht direkt auf meine Fragen eingehen wollte, entstand eine Bindung zwischen uns und ein paar Monate später schlug ich ihr vor, ihre Biografie zu schreiben.

Ich erinnere mich noch daran, als ob es gestern gewesen wäre, wie sie zu mir sagte: »Liebes Kind, das wird aber eine harte Arbeit werden, denn ich bin kein einfacher Mensch und wenn ich fluchen muss, dann fluche ich und schicke die Leute zum Teufel. In meinem Leben gab es viele Schweineluder, gegen die ich mich wehren und durchsetzen musste …«

In den nächsten Jahren begleitete ich sie bei zahlreichen Reisen und Auftritten. Unter anderem waren wir zusammen in Rom bei Papst Johannes Paul II., dann in Bonn bei Frau Dr. Rita Süßmuth und beim ehemaligen Bundespräsidenten Roman Herzog. Ich hielt viele Vorträge in verschiedenen Ländern der Welt. Nicht alle Erfahrungen waren angenehm, z. B. wenn sich die Leute bei unserer Ankunft wunderten, dass Emilie überhaupt noch am Leben war. Selbst Steven Spielberg ließ Frau Schindler durch seine Sekretärin eine Einladung zu den letzten Dreharbeiten zum Film »Schindlers

Liste« schicken als eine der »Geretteten«, also einer mehr oder weniger unbekannten Überlebenden, die in der berühmten Fabrik von Oskar Schindler in Brünnlitz gearbeitet haben sollte.

Zu mir hatte sie damals gesagt: »Verfluchte Schweine, sie haben mich tot gemacht, damit sie mir meinen Teil am Erlös des Filmes nicht geben brauchen …«

Ich selbst entdeckte Emilie Schindler als Hauptakteurin bei der Rettung der über 1300 »Schindler-Juden« – sie ist keine unbedeutende Nebendarstellerin, die keiner Erwähnung bedarf. Sie offenbarte mir viele Dinge, die ich wie einen Schatz in mir hütete, und ich glaube, dass jetzt der Zeitpunkt gekommen ist, alle diese Geschichten der Öffentlichkeit zugänglich zu machen.

Emilie Schindler ist Kronzeugin zweier Weltkriege und eines ganzen Jahrhunderts. Es ist ihr gutes Recht, durch meine bescheidenen Zeilen geehrt zu werden.

Liebe Emilie, dir widme ich dieses Buch.

In tiefster Treue

Erika Rosenberg im Dezember 2005

Einführung von Erika Rosenberg

Emilie Schindler, die Frau, die mehr als 1300 Juden vor dem sicheren Tod in der Gaskammer rettete, musste sich schweren Herzens entschließen, ihre Auszeichnungen, Medaillen, Diplome und Ehrungen zu verkaufen, weil sie finanziell am Ende war.

Wann hat diese Geschichte ihren Anfang genommen? Vielleicht im Jahr 2000, als von einigen Museen die Anfrage kam, was mit den Ehrungen nach ihrem Tod geschehen solle? Andere waren weniger taktvoll und fragten direkt, ob sie nicht in Israel begraben werden wolle …

Tatsache ist, dass Emilie Schindler mit 93 Jahren immer noch lebte.

Es ist merkwürdig: Jeder wollte wissen, was *danach* sein würde, aber kaum jemand interessierte sich dafür, wie es ihr hier und heute ging.

Eines Tages im Juni 2000, genauer an einem Samstagnachmittag, besuchte ich sie in ihrem Haus in San Vicente. Sie war fröhlich und gut gelaunt, anscheinend hatten ihre chronischen Schmerzen ein bisschen nachgelassen. In der kleinen, bescheidenen Küche, Emilies Lieblingsplatz, tranken wir zusammen Tee und unterhielten uns. Plötzlich wurde sie ganz ernst und sagte zu mir: »Die verfluchten Schweine wollen von mir alles haben, sogar meine Knochen, nein, das geht nicht. Tu mir den Gefallen, wenn ich sterbe, lass mich einäschern und streue die Asche in den La-Plata-Fluss. So wie ich gekommen bin, will ich auch gehen … San Pedro (der heilige Petrus) wird mich bald nach oben rufen … Aber vielleicht ergibt sich die Möglichkeit, dass ich vorher noch nach Deutschland gehen kann.«

Ich war tief berührt und brachte kein Wort heraus. Nach einem langen Schweigen sprach sie grübelnd weiter:

»Aber weißt du, bis dahin brauche ich Geld, denn es langt nicht bis zum Ende des Monats. Mein Geld von der Botschaft, was auch nicht so viel ist und immer weniger wird, bekomme ich wie immer erst am 9. Das Geld von der B'nai B'rith ist auch nicht viel und die 30 Dollar aus Israel helfen mir sowieso nicht. Warum nimmst du nicht meine Medaillen und Ehrungen und versuchst sie zu verkaufen. Etwas ist etwas und besser als nichts. Es ist sehr schlimm, wenn man kein Geld hat, mein liebes Kind, ja, ja ...«

Dann griff sie nach ihrem Stock, richtete sich auf und bat mich, ihr ins Schlafzimmer hinüber zu helfen. Dort stand sie dann und murmelte immer wieder: »Wo sind eigentlich meine Sachen? Wo haben die Luder alles versteckt? Ich finde nichts mehr in diesem Haus ... Die haben mich nur bestohlen.«

Ich dachte mir, was für ein trauriges Ende für eine Frau, die in ihrem Leben so viel geholfen und geleistet hatte.

Sie öffnete dann den Kleiderschrank und fing an zu suchen. Aber anscheinend war diese die verkehrte Tür. Ich dachte schon, sie würde die Suche aufgeben, aber da täuschte ich mich, sie machte weiter, bis ganz unten, versteckt in einem dunklen Winkel des Schrankes, eine Tasche auftauchte.

»Na, siehst du, da haste ... Nimm, nimm, bück dich, du kannst, du bist jünger.«

Verlegen kniete ich mich hin und holte die Tasche aus rotem Samt hervor. Draußen bellten ihre zwei Schäferhunde, Rex und Lady, wie verrückt und sie schrie: »Seid ihr ruhig, verflucht noch mal. Halt die Gosche! Ich werde euch helfen

… Komm, liebes Kind, wir setzen uns aufs Bett und dann kannst du dir alles schön anschauen.«

Ich muss gestehen, dass ich einiges schon von früher kannte, aber eben nicht alles.

Ich sah mir die Sachen sorgfältig an, um ihr zu zeigen, dass ich mich für ihre Verdienste interessierte.

Da kamen verschiedene Etuis zum Vorschein, z. B. mit dem Bundesverdienstkreuz der Bundesrepublik Deutschland, mit einem Kreuz der argentinischen Armee, mit einer Medaille aus Israel, aus Frankreich. Ein Fotoalbum von den Dreharbeiten zu dem Film »Schindlers Liste« mit Steven Spielberg auf der ersten Seite und den Darstellern des Films, einige Fotos und sogar ein von Bill Clinton unterschriebener Brief.

All diese Dinge sprachen für sich selbst und waren Zeugen ihrer Leistungen, aber ich merkte, dass Emilie diese Ehrungen und Anerkennungen nicht genügten, sie wollte, dass man sich mehr um sie kümmerte.

In den letzten Monaten beschwerte sie sich immer bei mir, sie sei sehr einsam und immer alleine. Sie verbringe viele Stunden alleine zu Hause, obwohl ihre beiden Betreuer dafür bezahlt würden, dass sie ständig bei ihr seien. Isabel wäre nur in der Nacht und am Morgen bis 11 Uhr da, Leandro von 13 bis 15 Uhr.

Das sei der Grund, warum sie nach Deutschland zurückkehren wolle. Denn sie habe hier niemanden außer mir und ich käme nur samstags …

Ich versprach ihr, mich darum zu kümmern und auch um ein Museum, das sich für ihre Sachen interessierte.

Als ich mich an diesem Abend von Emilie verabschiedete, mit der roten Tasche in der Hand, gab ich ihr mit meinem Blick zu verstehen: Keine Bange, ich werde mein Bestes tun!

Zu Hause überlegte ich eine Weile, wem ich die Ehrungen anbieten könnte …

Dann kam der Tag, an dem ich das Buch »Ich, Oskar Schindler«, das ich herausgegeben hatte, im Münchner Rathaus vorstellte. Gleichzeitig stellte ich auch die Auszeichnungen von Emilie Schindler vor.

Ich war überglücklich, denn die Veranstaltung war ein großer Erfolg. Das war am Donnerstag, dem 2. November 2000. Noch an diesem Abend rief ich Frau Schindler von München aus an und erzählte ihr, wie schön es gewesen war. Sie erwiderte: »Na ja, drüben weiß man, was man macht. Wenn ich noch gehen könnte, aber meine verfluchten Haxen, abhacken sollte ich sie. Zum Teufel noch mal …«

Wir verabschiedeten uns bis zum nächsten Montag, dem Tag meiner Ankunft in Buenos Aires.

Auf dem Flug von Frankfurt nach Buenos Aires gab es ausnahmsweise viele Turbulenzen. Aber dies war nicht der Grund, warum ich nicht einschlafen konnte. Ohne genau zu wissen, warum, waren meine Gedanken bei Frau Schindler.

Zu Hause erwartete mich dann eine unangenehme Überraschung. Als ich meinen Anrufbeantworter abhörte, erkannte ich plötzlich die Stimme von Frau Schindlers Betreuerin. Sie schien leicht verzweifelt. Sie teilte mir mit, dass Doña Emilia am letzten Freitag gestürzt sei und sich die andere Hüfte gebrochen habe (die eine war bereits operiert worden). Frau Schindler war alleine zu Hause gewesen und als sie kam, fand sie sie fast ohnmächtig auf dem Boden liegend. Niemand konnte sagen, wie lange sie dort gelegen hatte. Sie wusste nicht, was sie tun sollte, und die Leute von der B'nai B'rith hätten ihr gesagt, man solle mit der Entscheidung auf mich warten, obwohl alle wussten, dass ich in Deutschland war. Ein staatliches Krankenhaus in San Vicente habe Frau Schindler aufgenommen, aber von einer Prothese oder einer Operation sei nicht die Rede, da ihr die finanziellen Mittel fehlten.

Ich griff sofort nach dem Telefon und rief Emilie Schindlers Betreuerin an. Sie war zum Glück zu Hause und konnte mich genauer informieren. Ich versprach ihr, mich um die Angelegenheit zu kümmern.

In den nächsten Minuten überlegte ich, wo ich zuerst um Hilfe bitten sollte. Auch dieses Mal war ich, wie immer in den vergangenen Jahren, wenn ich für Emilie Schindler um Hilfe bitten musste, ganz auf mich gestellt. Ich komme mir dann vor, als sei diese Welt voller Falschheit und Intrigen und als gäbe es nur zwei Seiten: auf der einen Emilie und mich, auf der anderen diejenigen, die Emilie und Oskar Schindlers Geschichte, ihren Ruhm und ihre Wohltaten zu ihrem eigenen Vorteil ausgenützt haben. Ausgerechnet diese Leute stellen sich gerne als großzügige Gönner dar, aber wenn sie dann um Hilfe gebeten werden, heißt es: »Wir haben kein Geld.« Eine lange Liste dieser Art von »Gönnern«, von Anwälten, Notaren, Bekannten und Betreuern, könnte ich auf der Stelle präsentieren.

Schließlich wählte ich die Nummer des Deutschen Hospitals und sprach mit allen, die mir irgendwann Hilfe versprochen hatten. Leider konnte niemand etwas tun, weil Frau Schindler nicht krankenversichert war. Nächste Anlaufstelle war die Deutsche Botschaft, bei der ich auch kein großes Glück hatte. Ein Beamter meinte, dass die Botschaft kein Geld habe und er nichts aus dem Ärmel schütteln könne, aber ich solle Geduld haben, er würde nach Frankfurt schreiben, denn schließlich beziehe Frau Schindler von dort eine Rente …

Als ich auflegte, war mir klar, dass ich eine andere Lösung finden musste. Entschlossen rief ich einen bekannten Journalisten an, der für eine argentinische Zeitung in Buenos Aires arbeitet, und berichtete ihm von Frau Schindlers Situation. Dann bat ich ihn, die Nachricht am nächsten Tag zu veröffentlichen.

Am Dienstag früh um 6.30 Uhr klingelte plötzlich mein Telefon. Am anderen Ende der Leitung war ein Rundfunkreporter, der meinen Artikel in der Zeitung gelesen hatte und Näheres wissen wollte … Er blieb nicht der Einzige in den nächsten 30 Minuten. Die Medien hatten ein Thema gefunden, um ihr Publikum zu unterhalten, nämlich die dramatische Situation von Emilie Schindler …

Einer der Journalisten versprach, uns finanziell zu helfen. Vier Stunden später wurde Emilie Schindler in das Deutsche Hospital eingeliefert. Als sie aus dem Krankenwagen geholt wurde, bekam ich einen Schreck. Sie war ganz blass und bis auf die Knochen abgemagert. Betäubt von Schmerzen und Medikamenten, flüsterte sie, als sie mich sah: »Aha, bist du gekommen, Gott sei Dank, diese Luder …« Dann fing sie an zu schluchzen.

Ich dachte, diesmal würde sie es nicht überstehen, mir schien es der Anfang vom Ende.

Aber am nächsten Tag wurde sie erfolgreich operiert und ein paar Tage später kam sie auf die normale Station. Am Ende hat das Deutsche Hospital sämtliche Kosten übernommen.

Für ihr Alter und ihren Zustand erholte sie sich ziemlich schnell. Mir schien, dass der liebe Gott oder das Schicksal es wollte, dass sie als lebendiges Symbol der Zivilcourage und Hilfsbereitschaft unter uns bleibt.

Bis zum Juli 2001 lebte Emilie dann in dem Pflegeheim »Los Pinos«.

Wie sie ihre Deutschlandreise erlebte, über die Verschlechterung ihres Gesundheitszustands, ihren Tod und ihre Beerdigung bleibt mir noch zu berichten – aber vor allem darüber, dass Emilie auf immer unvergessen sein wird.

Erika Rosenberg

Einführung von Emilie Schindler

Das Jahr 1999 verlief mit gesundheitlichen Höhen und Tiefen.

Nach einer Hüftoperation und verschiedenen Bein- und Knie-Brüchen, die mich lange Zeit ans Bett fesselten, begann ich mich langsam, aber sicher wieder zu erholen.

Wie üblich waren meine einzigen weiteren Fahrten die nach Buenos Aires, zur Deutschen Botschaft und zur B'nai B'rith, um meine Rente und meinen Ehrensold abzuholen. Insgesamt sind das 1300 Mark von der Deutschen Regierung und 300 Dollar erhielt ich bis voriges Jahr von der Sektion Tradición der B'nai B'rith. Von der israelischen Regierung erhalte ich monatlich 30 Dollar für meine Verdienste im Zweiten Weltkrieg, weshalb ich mir diese Rente nur alle sechs Monate abhole, damit sich die Fahrt überhaupt lohnt.

Den Rest der Zeit verbrachte ich wie immer zu Hause in Gesellschaft meiner beiden Hunde Rex und Lady.

Eines Tages wurde ich von einem deutschen Fernsehsender zu einem Interview nach München eingeladen. Ein gewisser Pfarrer Fliege wollte mit mir und Erika Rosenberg, meiner Biografin und Freundin, und einem weiteren Herrn namens Michel Friedmann live im Fernsehen sprechen. Auf meine Frage, wer dieser Herr Friedmann sei, wurde mir mitgeteilt, dass seine Eltern in unserer Fabrik in Brünnlitz gewesen seien und dass mein Mann und ich ihnen das Leben gerettet hatten.

Nach kurzer, hastiger Vorbereitung flogen wir nach Deutschland.

In München hatte man uns in dem Nobelhotel »Vier Jahreszeiten« untergebracht, wo sich alle rührend um uns kümmerten.

Die Sendung verlief bestens, obwohl ich gestehen muss, dass mich die ganze Stunde vor den Kameras und dem Publikum meine Aufregung nicht verlassen hat.

Man fühlt sich bis ins Innerste beobachtet, geprüft und beurteilt.

Als alles vorüber war, wollte ich mich ein wenig auf mein Hotelzimmer zurückziehen, um meine alten Knochen auszuruhen.

Plötzlich klopfte es an der Tür. Zwei Herrschaften fragten, ob sie reinkommen dürften.

Ich hörte die Stimmen von einem Mann und einer Frau, die sagten, sie kämen von einer Filmproduktion und hätten etwas Wichtiges mit uns zu besprechen.

Ich richtete mich langsam auf und ging in den Vorraum hinüber. Als ich mich den beiden näherte, wurde mir bewusst, wie groß die Deutschen sind, und ich versuchte mich daran zu erinnern, ob ich in meiner Jugendzeit auch größer gewesen war.

Wenn ich mich heute so betrachte, muss ich wesentlich kleiner geworden sein. Die Jahre, die Krankheiten, die Arbeit haben mich viele Zentimeter verlieren lassen, aber niemals meinen Mut und meine Lust am Leben …

Nachdem wir uns alle gesetzt hatten, ergriff die Frau das Wort. Der Mann, etwas jünger und so blond wie sie, schwieg, verfolgte aber das Gespräch voller Interesse und nickte ab und zu zustimmend.

Die Dame, eine Filmproduzentin, und der Mann, ein Filmdirektor, wollten in meiner tschechischen Heimat, in Deutschland, Israel und Amerika einen Dokumentarfilm drehen. Wenn wir damit einverstanden wären, könnten in den beiden darauf folgenden Tagen alle notwendigen Vorbereitungen getroffen werden.

Wir kamen zu einer vertraglichen Einigung über Bedingungen und Honorare. Schließlich mussten wir unsere Rückreise um eine Woche hinausschieben.

Dann machten wir uns auf den Weg nach Prag.

Die Stadt zeigte sich mit all ihrem Glamour und ihrem Zauber. Ich versuchte mich an ihre Brücken, Tore, Kirchen zu erinnern, dann fiel mir ein, dass seit meinem letzten Besuch hier fast genau 70 Jahre vergangen waren. Meine Augen sahen jetzt eine ganz andere Stadt, viel bunter und geräuschvoller. Vielleicht zu aufregend für eine alte Frau wie mich, die alles vom Rollstuhl aus betrachtet. Das Pflaster des Brückenweges erinnerte mich an meine mittlerweile neun Jahrzehnte.

Am nächsten Morgen ging es dann weiter nach Brünnlitz, zur letzten Niederlassung unserer Rüstungsfabrik vor der deutschen Kapitulation am 8. Mai 1945.

Während der Fahrt betrachtete ich mir die Landschaft mit den Hügeln und Bergen, die Felder, die Bäume zu beiden Seiten der Straße und fragte mich, ob dies tatsächlich einst meine Heimat gewesen war. Ich war ganz in Gedanken versunken und als wir an einem Bauernhaus vorüberfuhren, versuchte ich hinter den Schatten meiner Erinnerung die Gestalten meiner Eltern zu erraten, wie sie auf dem Feld in meiner Heimatstadt Alt-Moletein in Mähren die Ernte einbrachten …

Es war nicht mehr weit nach Brünnlitz, gleich nach der Kurve, sagte die Filmproduzentin, die den Wagen fuhr, während Erika und ich hinten saßen.

Der Kleinbus mit dem Team und der Ausrüstung fuhr vor uns her, wie ein Wegweiser, an diesem Junimittag im europäischen Sommer …

Dann bogen wir nach rechts ab, durchquerten eine kleine Siedlung und hielten vor einem großen, alten Tor.

Die alte Fabrik stand da vor meinen Augen – fast genauso, wie ich sie vor 55 Jahren verlassen hatte. Das Einzige, was sich verändert hatte, waren die inzwischen hoch gewachsenen Bäume.

Plötzlich konnte ich mich erinnern: Da unten lag die Küche, oben hatten die SS-Männer geschlafen, unten die Juden, daneben Oskar und ich mit unseren beiden großen Schäferhunden, die wir in letzter Minute in der Fabrik zurücklassen mussten, weil die Russen immer näher rückten. Tief in Gedanken versunken, sah ich plötzlich vor meinem geistigen Auge die Szene, als wir Abschied von den Menschen nahmen, deren Schicksal so eng mit dem unseren verbunden gewesen war.

Hinter der Fabrik stand noch die Mühle, wo ich bei der Besitzerin, Frau von Daubek, ganz vertrauensvoll um Getreide für unsere Juden gebeten hatte, damit sich alle satt essen konnten.

Rechts von der Fabrik gab es noch immer den kleinen Fluss, an dessen Ufer ich so viele Male spazieren gegangen war. Ich schaute mich neugierig um und murmelte unhörbar für die anderen vor mich hin: Guten Tag, guten Tag, alte Heimat.

Eine Dame kam auf uns zu, begrüßte uns und drückte mir ein Buch in die Hand. Sie sprach eine fremde Sprache, die ich nicht verstand. Es war Tschechisch.

Wer hätte gedacht, dass ich diese Sprache, die ich ja damals perfekt gesprochen hatte, einmal vergessen würde. Aber über die Folgen von Aus- und Einwanderung kann ich schließlich einiges erzählen.

Die Dame war Oberbürgermeisterin der Stadt Brünnlitz und hatte ein Buch über den Nazi-Industriellen Oskar Schindler geschrieben.

Ich hätte ihr gerne erklärt, dass Oskar kein Nazi gewesen war, im Gegenteil, mehr als einmal hatte er sich mir gegenüber abfällig über die Partei geäußert, aber nun, nach so langer Zeit, hatte ich gar keine Lust, mich wieder mit jemandem zu streiten.

Ich steckte ihr Buch in meine Tasche, bedankte mich höflich und bat den Dolmetscher, mir wieder ins Auto zu helfen.

Die Dreharbeiten waren längst beendet, als die Dämmerung über die Berge fiel. Kurz darauf machten wir uns auf den Weg nach Zwittau, der Stadt, in der mein Mann Oskar Schindler geboren wurde und wo wir 1927, schon verheiratet, bei seinen Eltern gewohnt hatten.

In Zwittau erkannte ich die alte Kirche wieder, in der wir getraut worden waren. Sie war frisch gestrichen und mit einem neuen roten Teppich ausgelegt.

Das Haus meiner Schwiegereltern stand noch da, gegenüber von dem Park, in dem meinem Mann Oskar vor ein paar Jahren ein Denkmal gesetzt worden war.

Auch das alte Gymnasium, das Oskar besucht hatte, stand noch.

Ich fühlte mich plötzlich wie per Zeitmaschine in meine jungen Jahre zurückversetzt.

Über Prag kehrten wir nach München zurück. Die Filmproduktion hatte einen Tag vor unserem Rückflug eine Veranstaltung zu meinen Ehren im Prinzregententheater organisiert.

Viele Leute waren eingeladen, Leute, die sich plötzlich als alte Gönner und Freunde meines Mannes vorstellten, mir aber völlig unbekannt und meines Erachtens nur gekommen waren, um sich vor den zahlreichen Kameras und der Presse zu produzieren, denn alle haben mir versprochen, mir zu schreiben und zu helfen, wann immer ich in Not sei. Aber die harte Realität ist, dass niemand sich bis heute gerührt hat.

Der Dokumentarfilm ist sehr schön geworden, er enthält nur kleine Fehler, wie zum Beispiel die Aussage eines alten Bekannten namens Bernhard Scheuer, der heute in Georgia lebt und dessen Frau, Marta Eva Kisza, eine von Oskars Geliebten gewesen war. Er behauptete, mir beim Kauf meines Hauses hier in Argentinien geholfen zu haben, dabei ist das Haus in Wirklichkeit eine Art Geschenk von der Sektion Tradición der B'nai B'rith, einer jüdischen Loge.

Außerdem präsentieren sich in Israel eine Menge Geretteter von Schindlers Liste – besonders ein Mann ist mir in Erinnerung, der angeblich der einzig Gerettete in Argentinien war –, die ich niemals gesehen oder gesprochen habe. Und noch weniger erhielt ich von ihnen eine finanzielle Unterstützung. Aber was mich persönlich wundert, ist, dass alle Mitdarsteller in meinem Film sein wollten.

Nun bin ich zu alt und zu krank und die Kraft hat mich verlassen, sonst hätte ich alle zum Teufel gejagt.

Es ist einfach ärgerlich zu erfahren, dass es nach all den Kriegen und dem Leiden noch Menschen gibt, die nie gelernt haben, was Treue und Ehrlichkeit ist.

Mit diesem Thema habe ich mein ganzes Leben lang Pech gehabt, vielleicht ist das mein Schicksal.

Meine Pechsträhne fing an mit dem Tod meiner Eltern im Jahre 1939, dann kamen die ganzen Seitensprünge meines Ehemannes, die Kinderlosigkeit, der Verlust der alten Heimat, denn ich war und bin eine Vertriebene ohne Zuhause, ohne Wurzeln. Schließlich der finanzielle Zusammenbruch in Argentinien, nachdem mein Mann 1957 nach Deutschland zurückgegangen war und mich mit Schulden in Höhe von einer Million Pesos, umgerechnet 90 000 Dollar oder 360 000 Mark zurückgelassen hatte.

Ich war gezwungen, unsere Farm zu verkaufen.

Jahre später kam die Filmgeschichte von Spielberg. Zu den letzten Dreharbeiten in Israel lud er mich als eine »Gerettete« von Schindler ein, nicht als seine Witwe. Niemand wusste, dass ich noch lebte, oder besser gesagt, niemand wollte es wissen, wahrscheinlich damit sie mir nicht die fünf Prozent vom Erlös des Filmes zu zahlen brauchten.

Die letzte Enttäuschung kam im Oktober 1999, als ich erfuhr, dass ein Koffer meines verstorbenen Mannes auf einem Hildesheimer Dachboden gefunden worden war. Anstatt mich zu benachrichtigen, waren die Dokumente der Stuttgarter Zeitung übergeben worden, um daraus eine Serie und ein Buch zu machen.

Seitdem befinde ich mich in einem Rechtsstreit um das Erbe meines Ehemannes.

Zusammenfassend kann ich sagen, dass jedes Mal, wenn mein Mann oder ich versuchten, unsere Rechte geltend zu machen, uns unterstellt wurde, dass wir nur Menschen gerettet hätten, um eine Gegenleistung zu erhalten.

Vor drei Jahren lud mich ein sehr guter Bekannter von mir und Oskar, Bernhard Scheuer, den wir nach dem Krieg in Regensburg kennen gelernt hatten, zu sich nach Georgia ein. Er erzählte mir, dass jemand ihm den Auftrag erteilt hatte, 2500 signierte Bilder von meinem Mann und mir zu beschaffen. Ich sollte fünf Dollar für jedes unterschriebene Bild erhalten. Obwohl es mir gesundheitlich zu der Zeit nicht gut ging und ich sehr schwach war, signierte ich stundenlang Fotos. Als ich ein Jahr später nachfragte, was mit dem Geld sei, antwortete Bernie mir, der Interessent wäre spurlos verschwunden und die unterschriebenen Fotos längst weggeworfen worden.

Interessant in dem Zusammenhang ist, dass kurz bevor Bernie mir den Vorschlag mit den Fotos machte, eine jüdisch-christliche Stiftung für mich gesammelt hatte, um mich finanziell zu unterstützen. Als Gegenleistung hatte sie Fotos von mir verschickt. Eine bei der Stiftung tätige Dame, Frau Bette Miles, hatte Bernhard Scheuer von der Aktion erzählt …

Auch an dem Film »Schindlers Liste« haben andere Profit gemacht, mich hat man versucht, mit einem Almosen abzufinden – so sehe ich das jedenfalls.

Wenn ich so überlege, gibt es nicht wenige Stiftungen und Museen, die nach dem Film »Schindlers Liste« ins Leben gerufen wurden. Überall wird über Oskar und Emilie Schindler geschrieben und alle erwähnen unsere Leistung, unsere Rettungsaktion. Viele führen unsere Namen und Taten in ihrem Mund. Aber sowie sie sich erinnern, dass ich noch am Leben bin, fehlt von ihnen meist jede Spur. Kaum ein Brief, kein Telefonat, keine Einladung für eine alte, kranke Frau.

Es ist sehr schwer für mich, meine Memoiren noch einmal zu schreiben, aber ich verspreche euch, meine lieben Leserinnen und Leser, nur die Wahrheit zu erzählen – so wie ich sie erinnere.

Ich werde von einer Zeit erzählen, in der der Wahnsinn des Krieges die Menschheit bis ins Innerste krank machte …

… und will mit meiner bescheidenen Geschichte auch eine Botschaft des Friedens hinterlassen.

Emilie Schindler

1.
Meine Familie

Kindheit und Jugend in Alt-Moletein

Ich wurde am 22. Oktober 1907 als Emilie Pelzl geboren, ein Familienname, der darauf hinweisen könnte, dass meine Vorfahren Jäger waren. Aus unserem Stammbuch geht jedenfalls hervor, dass sie im 13. Jahrhundert als Siedler nach Mähren kamen, das damals zum Römischen Reich Deutscher Nation gehörte. Leider ging das Stammbuch bei meiner Flucht nach dem Zweiten Weltkrieg verloren.

Ich lebte mit meiner Familie auf einem großen Gutshof in Alt-Moletein, einem dicht besiedelten Ort. Es gab einen Marktplatz, eine alte Kirche, ein Rathaus, mehrere Schulen, eine Bibliothek und ein Krankenhaus. Darüber hinaus galt auch hier die damals übliche Unterteilung seiner Bürger in solche der Ober- und solche der Unterschicht.

Unser Haus war während des Dreißigjährigen Krieges von den Schweden erbaut und im 19. Jahrhundert umgebaut worden. Ich liebte dieses Haus: es war geräumig und gemütlich und vermittelte mir ein Gefühl tiefer Geborgenheit. Ich wohnte dort mit meinen Eltern und meinem fünf Jahre älteren Bruder Franz. Meine Großeltern hatten ein eigenes Haus auf unserem Hof.

Meistens hielt ich mich bei meiner Großmutter auf, die sich sehr um mich kümmerte. Trotz meines Alters sehe ich sie noch vor mir, als ob es gestern gewesen wäre. Da ich ein äußerst schlechter Esser war, war sie ständig damit beschäftigt, mich mit Hilfe aller möglichen Leckerbissen zum Essen zu verführen. Doch ich war schon damals recht willensstark und wenn ich nicht wollte, dann wollte ich eben nicht. Später hat mir diese Eigenschaft oft geholfen.

Meine Großmutter Anna war groß und schlank und außerdem sehr hübsch. Sie war bei ihrem Onkel, einem Kardinal, aufgewachsen. Eines Tages, sie war gerade 18 Jahre alt, stand sie in der Haustür, als mein Großvater Franz vorbeikam und sich auf den ersten Blick Hals über Kopf in sie verliebte und nie mehr aufhörte, sie zu lieben.

Großmutter war bis ins hohe Alter aktiv und immer voller Energie, gleichzeitig strahlte sie eine besondere Würde und Strenge aus. Mir gegenüber war sie jedoch immer sehr großzügig, ich durfte sie als Einzige sogar duzen und meinen Streichen gegenüber war sie weitaus toleranter als meine sonst sehr geduldige und verständnisvolle Mutter. Ich glaube, ich war ihr Liebling, denn sie nahm mich oft zu Besuchen mit. Die ganze Woche hoffte und freute ich mich darauf, dass sie sagen würde: »Milly, mach dich fertig, wir fahren heute zu Onkel Joseph. Es wird Zeit, dass wir ihn besuchen ...« Onkel Joseph wohnte ziemlich abgelegen und ich genoss jede Minute der Kutschfahrt über die Dörfer und das Plaudern mit meiner Großmutter. Ich hörte ihr aufmerksam zu, wenn sie mir ihre goldenen Lebensregeln erklärte, die mir später mehr als ein Mal sehr geholfen haben. Wenn ich mich gut benommen hatte, bekam ich von Onkel Joseph zum Abschied fünf Goldstücke. Das war kein schlechtes Geschäft, da es sich um Münzen aus der Zeit des österreichisch-ungarischen Reiches handelte.

Meine Mutter war eine schöne Frau und besaß einen ausgeprägten Gerechtigkeitssinn. Wenn ich mich mit meinem Bruder Franz stritt, war sie immer auf der Seite dessen, der Recht

Der Friedhof meines Geburtsortes Alt-Moletein im Juni 1999 – die Gräber meiner Eltern existieren schon lange nicht mehr.

hatte. Ich erinnere mich noch, wie sie uns nebeneinander zu stellen pflegte und mit ruhiger Stimme sagte: »Wer von euch den ersten Stein geworfen hat, soll einen Schritt nach vorne gehen. Hier wird nach dem salomonischen Urteil gehandelt. Jeder trägt auf seine Art und Weise seine eigene Schuld.« Sie war immer verständnisvoll und hatte in jeder Situation ein liebes Wort. Auf sie konnte man sich jederzeit verlassen und das war jedem auf dem Hof bewusst.

Damals lebte in Alt-Moletein eine Frau in mittleren Jahren, die von allen »Frau Rittmeister« genannt wurde. Diesen Spitznamen verdankte sie der Tatsache, dass sie in Wien als Prostituierte gearbeitet hatte und die meisten ihrer Kunden Offiziere des österreichischen Heeres gewesen waren. Weil sie sich in Wien mit der Syphilis angesteckt hatte, die damals noch nicht behandelbar war, weil das Penizillin noch nicht entdeckt worden war, hatte man ihr ihre Tochter weggenommen. Zum Spätstadium dieser Krankheit gehört auch der Wahnsinn und deshalb wurde die Frau von allen gemieden. Die Ärmste lief den ganzen Tag herum und erzählte jedem, dass alle österreichischen Offiziere und sogar der Kaiser selbst sie heiraten wollten. Niemand sprach mit ihr und die Kinder warfen sogar mit Steinen nach ihr, wenn sie vorbeiging. Meine Mutter war die Einzige, die stehen blieb und mit ihr sprach und sie zu uns nach Hause brachte und ihr etwas zu essen und Feuerholz gab.

Dies ist nur ein Beispiel für die in unserer Familie immer hochgehaltene Tradition, sich für Arme, Unterdrückte und Schutzlose einzusetzen. Ich bin sehr dankbar dafür, dies schon in meiner Kindheit gelernt und erfahren zu haben, und ich habe mich bis auf den heutigen Tag daran gehalten. Noch heute, nachdem die Jahre mir schon eine gewisse Weisheit verliehen haben, denke ich oft an meine Mutter. Manchmal träume ich, dass sie mich im Heim besucht und meine Wangen streichelt, wenn ich eingeschlafen bin. Dann werde ich plötzlich wach und suche nach ihr, aber sie ist wieder fort.

Meinem Bruder Franz verdanke ich die Bekanntschaft mit einem Laster, das ich erst vor zwanzig Jahren aufgeben konnte, nachdem mir die Ärzte wegen extremer Durchblutungsstörungen dringendst dazu geraten hatten: das Rauchen. Angefangen hatte es damit, dass ich ihn eines Herbstmorgens im Pferdestall, hinter einer großen Heurolle versteckt, mit einer Zigarette erwischte. Er erschrak bei meinem Anblick fürchterlich. Doch sogleich wurde ihm klar, dass es das Beste war, mich einfach zu seiner Komplizin zu machen, denn dann konnte ich ihn schlecht bei unseren Eltern verraten. Also bot er mir einen Zug aus seiner Zigarette an … Darauf folgten viele gemeinsam des Nachmittags oder Abends im Pferdestall oder in der Scheune heimlich gerauchte Zigaretten. Doch wir machten auch weniger lasterhafte Dinge gemeinsam: die Feldarbeit und das Pflücken der reifen Kirschen und Äpfel, die dann von Mutter und Großmutter eingeweckt wurden. Jedes Jahr kurz vor Heiligabend suchten wir gemeinsam im Wald eine schöne Tanne aus, die mein Bruder dann fällte. Ich war jedes Mal hin- und hergerissen. Einerseits freute ich mich darauf, wie sie unsere Stube schmücken und zu einem gelungenen Weihnachtsfest beitragen würde, andererseits war mir klar, dass sie nach dem Fällen nur noch eine kurze Lebensdauer haben würde, und das machte mich traurig. Einmal wurde ich auf dem Heimweg so müde, dass ich unbedingt unter einem Baum eine kurze Schlafpause einlegen wollte. Franz erkannte sofort, dass es mich das Leben kosten konnte, bei bis zu dreißig Grad unter Null einzuschlafen, und er »erfand« auf der Stelle eine lustige Schlittenvariante: Ich sollte mich am Stamm der Tanne festhalten, so dass er mich einfach mit dem Baum nach Hause ziehen konnte. So machten wir es und dabei lachten wir auf dem gesamten Heimweg über Franz' originelle Idee.

Am folgenden Morgen war es unser beider Aufgabe, den Baum zu schmücken. Dafür wurde die Kiste mit dem Weihnachtsschmuck, den wir jedes Jahr wieder benutzten, aus dem Keller geholt. Darin fanden sich kleine Engels- und andere Figuren, Herzchen, ein glitzernder Stern, der auf die Baumspitze gesteckt wurde, und natürlich viele Kerzenhalter mit den dazugehörigen Kerzen. Die Kiste mit dem Schmuck war für mich von großer Bedeutung, denn mit ihr begann ein in meinen Kinderaugen schier endloses Fest.

Auch das Basteln des Adventskranzes war meine Aufgabe, die ich mit viel Liebe und Mühe erfüllte und auf deren Ergebnis ich jedes Mal besonders stolz war. Aber das Allerschönste und Aufregendste war natürlich der Heilige Abend selbst, wenn sich die ganze Familie um den Baum und die Geschenke herum aufstellte. Später gab es selbstverständlich eine Weihnachtsgans, die meine Großmutter mit Äpfeln und Zwetschgen gefüllt hatte. Meine Mutter war auf Gebackenes spezialisiert. Ihre Kuchen, Torten und Plätzchen waren besondere Leckerbissen. Das Schönste an den Weihnachtsvorbereitungen war für mich, dass die gesamte Familie daran teilhatte und jeder etwas dazu beitrug, dass das Fest für uns alle glücklich und harmonisch verlief.

Die Arbeit in der Landwirtschaft war hart und mein Bruder und ich halfen, wo immer wir konnten. Wir bauten vor allem Flachs, Weizen und Roggen an. Dazu gab es einen Garten voller Obstbäume und prachtvoller Blumen, auf die mein Vater ganz besonders stolz war. Damals wurde der Grundstein gelegt für meine Erdverbundenheit, meine Liebe zum Land, meine Freude an der Arbeit auf dem Feld und im Garten und natürlich meine Tierliebe. Der Gedanke an den Garten erfüllt mich oft mit Wehmut. Ich frage mich, was aus ihm wohl geworden sein mag. Ebenso ergeht es mir mit meinem Garten hier in Argentinien, seitdem ich nicht mehr in meinem Haus, sondern im Altenheim lebe. Wer wird sich um meine Blumen und um die vor fast vierzig Jahren von mir gepflanzten Bäume kümmern, die mir im Laufe der Jahrzehnte wie Kinder ans Herz gewachsen sind ...?

Natürlich gehörten auch Tiere zu unserem Gut in Alt-Moletein: Pferde, Hühner, Kühe, Gänse, Ziegen, Enten, Hunde und Katzen. Eine besonders enge Beziehung hatte ich zu Pferden, nachdem ich einmal unter eines gekrochen war, um es mir näher anzusehen. Mein Vater, der nicht gesehen hatte, dass ich unter dem Pferd hockte, versuchte das Tier anzutreiben, da es mit aufs Feld sollte. Doch das Pferd bewegte sich nicht vom Fleck, es wollte mich nicht verletzen. Es dauerte eine Weile, bis mein Vater den Grund dafür entdeckte, und er zog mich lachend unter dem Pferd hervor. Überhaupt waren und blieben Tiere meine Freunde, in deren Gegenwart ich mich immer geborgen fühlte. Viel lieber als Puppen und alles Spielzeug oder gar die öden Klavierstunden, die meine Eltern für unumgänglich hielten, mochte ich Tiere, Pflanzen und Natur, eben alles, was lebte und sich bewegte.

Weil ich Tiere so liebte, schenkte mir mein Vater eines Tages zwei süße kleine Ziegenböcke, einen schwarzen und einen weißen. Ich war so glücklich über die beiden, dass ich sie ständig mit mir herumschleppte. Leider legten sie wenig Manieren an den Tag: im Garten fraßen sie die Blumen ab und im Pferdestall machten sie sich über die Luzernen her. Das Schlimmste aber war, dass sie sogar die Köpfe durchs Küchenfenster steckten, um sämtliche Gefäße zu leeren, an die sie herankommen konnten. Mit einem Wort: sie strapazierten die Toleranz meiner Eltern bis zum Äußersten. Bis ihnen eines Tages der Geduldsfaden endgültig riss: Mir war die Idee gekommen, sie wie Ponys vor eine zweisitzige Kutsche zu spannen und zusammen mit meiner Großmutter in dem Gefährt eine kleine Landpartie zu unternehmen. Wir waren kaum losgefahren, als die Zicklein einfach losrannten und sich durch nichts stoppen ließen. Das Ende vom Lied war, dass die Kutsche umfiel und Großmutter und ich auf unseren Hinterteilen auf dem zu allem Überfluss auch noch regennassen Boden landeten. Erschrocken sah ich zu meiner Großmutter hinüber, deren Gesichtsfarbe gerade in eine zornige Röte überging. Ich stammelte eine Entschuldigung. Gleichzeitig wurde mir bewusst, wie komisch sie aussah, breitbeinig auf dem Boden sitzend und mit schlammverschmiertem Kleid ... Plötzlich musste ich lachen und konnte nicht mehr aufhören. Großmutter wollte mir die Leviten lesen, konnte aber auch nicht ernst bleiben und brach in ein so gewaltiges Gelächter aus, dass ich es bis heute noch hören kann. Meine Großmutter lachte nicht oft und deshalb sehe ich in diesem Lachen bis heute den unwiderlegbaren Beweis ihrer besonderen Zuneigung zu mir. Zu Hause angekommen, wurden weder die Ziegenböcke noch Großmutters schmutziges Kleid je wieder erwähnt. Die beiden Tiere verschenkte mein Vater hinter meinem Rücken an einen Nachbarn.

Als ich sieben Jahre alt war, brach der Erste Weltkrieg aus und mein Vater wurde eingezogen. Das war ein Wendepunkt in meinem bis dahin behüteten Leben. Beim Abschied sagte er zu mir: »Liebes Kind, ich muss gehen, ich bin zwar kein Patriot, aber meine Gefühle für unsere Heimat sind sehr groß. Vergiss nie, dass die Heimat unersetzbar ist und in der Not bis zum letzten Atemzug verteidigt werden muss.« Dann ging er fort und das Leben war nicht mehr wie vorher. Wir vermissten ihn alle sehr. Doch die Tage waren voller Arbeit und meine

Mutter versuchte sich damit von den Sorgen abzulenken. Ich suchte und fand Trost im Wald und bei den Tieren. Stundenlang konnte ich dort unter den Bäumen sitzen und in den Himmel schauen und mich vom Zwitschern der Vögel in eine zauberhafte Fantasiewelt entführen lassen. Doch kaum lag ich abends im Bett, überfielen mich wieder die Gedanken an meinen Vater und damit die Traurigkeit. Gleichzeitig war ich wütend auf diesen elenden Krieg, der meinen Vater für Jahre von daheim fern hielt.

Aber eines Tages war der Krieg dann doch zu Ende und wir freuten uns alle und waren endlich wieder vergnügt und ausgelassen. Meine Mutter backte vorsorglich gleich mehrere Kuchen und sehnsüchtig warteten wir auf den Moment von Vaters Heimkehr. Doch der Anblick meines Vaters, als er endlich das Haus betrat, machte uns sofort klar, dass es nie mehr so werden würde wie früher. Er hatte sich an der Front mit einer unheilbaren Form der Malaria angesteckt und außerdem ein Herzleiden zugezogen, was ihn für den Rest seines Lebens fast ständig ins Bett zwang. Jedes Mal, wenn er versuchte, wieder wie früher aufs Feld zu gehen, wurde er ohnmächtig. Nachdem meine Mutter ihn mehrmals bewusstlos aufgefunden hatte, beschloss sie, ihn nicht mehr aus dem Haus zu lassen. Meine Mutter, mein Bruder und ich mussten nun die ganze Arbeit allein bewältigen und außerdem rund um die Uhr meinen Vater pflegen. Nachts hatte er Fieberfantasien und dabei schwitzte er dermaßen, dass meine Mutter täglich die Bettwäsche wechseln musste. So viel er nachts im Fieber sprach, so wenig tat er das tagsüber, wenn er fieberfrei war. Auch innerlich hatte er sich völlig verändert. Er konnte von nichts anderem mehr reden als von seinen Krankheiten und vom Krieg und davon, wie sinnlos er gewesen war. Er war ständig gereizt und ungeduldig und erwartete permanente Aufmerksamkeit von uns. Zunehmend zog er sich in sich zurück, sprach immer weniger und wurde uns immer fremder. Mein Vater war kaum vierzig Jahre alt und ein Wrack. Damals begann ich den Krieg zu hassen.

Aber trotz der Krankheit meines Vaters erinnere ich mich gerne an meine Kindheit. Ich habe mich immer geborgen und beschützt gefühlt, und sei es nur, weil immer jemand in der Küche saß, dem man bei einer Tasse Tee sein Herz ausschütten konnte. Leider sind diese Zeiten für immer vorbei. Doch im Alter erlebt man eine Art zweite Kindheit. Man entwickelt eine neue Unschuld, eine Mischung aus Vergesslichkeit und absichtlichem Wegschauen. Und selbst die schlimmen Erfahrungen, die wir in der Vergangenheit gemacht haben, werden zu einem Teil von uns, der uns bereichert und Weisheit schenkt.

Abschiede und neue Familienmitglieder

Nach der Hochzeit mit Oskar verließ ich Alt-Moletein und meine Familie und lebte mit ihm zunächst bei seinen Eltern und seiner Schwester in Zwittau. Richtig glücklich wurde ich dort nicht. Und das lag zum großen Teil an Oskars Vater. Er war ungebildet und ein unverbesserlicher Alkoholiker. Bei einem seiner unsäglichen Gelage hatte er sogar die Schwester seiner Frau vergewaltigt und geschwängert. Aus dem brutalen Überfall ging eine Tochter hervor, die im Alter von vierzehn Jahren gestorben war. Auch seinem Sohn gegenüber kannte er keinerlei Anstand. Während seiner Tätigkeit als Versicherungsvertreter hatte er Geld unterschlagen. Bei dem Verhör durch die Polizei bezichtigte er seinen eigenen Sohn des Vergehens, das er selbst begangen hatte, so dass Oskar sogar

Der historische Marktplatz von Zwittau. Erst im Juni 1999 sehe ich Zwittau wieder, hier zusammen mit Erika Rosenberg.

kurze Zeit ins Gefängnis musste. Nach seinem Scheitern als Versicherungsvertreter war er als Verkäufer von Elektromotoren im Außendienst beschäftigt und ständig unterwegs. Niemand von der Familie schien ihn dann zu vermissen.

Franziska Luser, Oskars Mutter, dagegen verfügte über eine gute Bildung, war aber leider ihr ganzes Leben lang kränklich und zuletzt fast nur noch ans Bett gefesselt und starb im Alter von nur dreiundfünfzig Jahren. Fanny, wie sie genannt wurde, war sehr elegant und freundlich. Ich verstand mich gut mit ihr. Da wir im gleichen Haus wohnten und ich wegen ihrer angeschlagenen Gesundheit praktisch den Haushalt meiner Schwiegereltern mit versorgte, verbrachte ich viel Zeit mit ihr. Sie war auch die Erste, der ich meine Probleme mit Oskar klagte. Doch sie meinte nur: »Oskar ist jetzt verheiratet und seine Erziehung damit Sache seiner Gattin, liebe Emilie.«

Oskars jüngere Schwester hieß Elfriede und war bei unserer Heirat dreizehn Jahre alt. Sie war äußerlich ihrem Vater ähnlich und damals nicht besonders ansehnlich. Da sie in der

Familie keine große Rolle spielte und ziemlich allein war, suchte sie häufig meine Nähe. Ich unterhielt mich dann mit ihr oder half ihr bei den Schulaufgaben. Sie heiratete später und bekam drei Kinder: Traude, Klaus und Elfriede. Leider gelang ihr 1945 nicht die rechtzeitige Flucht aus der Tschechei: Elly wurde mehrmals von den Russen vergewaltigt. Mit ihrer Tochter Traude verband mich von Anfang an eine große Zuneigung, besonders nach dem frühen Tod ihrer Mutter, und sie ist die einzige Verwandte, mit der ich seit Kriegsende Kontakt hatte.

Das Jahr 1939 war nicht nur aus weltpolitischer Sicht ein trauriges Jahr, sondern auch für mich persönlich: Meine Eltern starben. Ich weiß noch heute, wie mich plötzlich eine dunkle Vorahnung befiel. Ich war in einem Sessel in Oskars und meiner Wohnung in Mährisch-Ostrau eingeschlafen und träumte, dass meine Mutter in einer Kutsche gen Himmel fuhr und mir aus dem Fenster zuwinkte. Ich wollte sie

Meine Nichte Traude (links) mit ihren Geschwistern Klaus und Elfriede

aufhalten, doch es gelang mir nicht. Als ich aufwachte, war ich schweißgebadet und mein Kopf dröhnte. Als ich Oskar davon erzählte, nahm er mich nicht ernst. Er meinte, ich nähme Träume zu wichtig. Doch ich war nicht überrascht, als das Telegramm mit der Todesnachricht drei Tage später eintraf. Mein Traum war unser Abschied gewesen. Plötzlich fühlte ich mich sehr allein gelassen und allen Schutzes beraubt, den nur eine Mutter geben kann. Bis zum letzten Augenblick hatte sie noch an andere gedacht. Sie hatte das Abendessen zubereitet und den Tisch gedeckt, dann war sie bewusstlos geworden und gestorben.

Oskars Schwester Elly Tusch mit ihrem Sohn Klaus

Nur vier Monate später verlor ich auch meinen Vater. Er war so geschwächt von seiner Krankheit, dass er seine nächtlichen Anfälle nicht mehr allein bewältigen konnte. Ohne die ständige liebevolle Fürsorge und Pflege meiner Mutter, die darauf achtete, dass er seine Medikamente nahm und sich nicht anstrengte, war er verloren, aller Kraft und Zuversicht beraubt. Nach ihrem Tode wartete er nur noch auf sein eigenes Sterben. Ich wollte ihn unbedingt in Alt-Moletein besuchen. Als ich dort am Bahnhof ankam, erwartete mich mein

Bruder mit der Nachricht, dass unser Vater gestorben war. Das Telegramm mit der Todesnachricht, das er mir geschickt hatte, hatte sich mit meinem Weg gekreuzt. Dennoch konnte ich mit Vaters Tod besser umgehen, vielleicht weil er durch seine schwere Krankheit vorhersehbar gewesen war.

Nach dem Tod unserer Eltern gehörte meinem Bruder Franz der Hof in Alt-Moletein. Ein paar Mal fuhr ich ihn besuchen, um mit ihm Dinge der Feldarbeit, des Getreideverkaufs und der Löhne für die Angestellten zu besprechen. Doch jeder Besuch in Alt-Moletein erfüllte mich mit unüberwindlicher Traurigkeit. Auch die Entscheidung meines Bruders, die Landwirtschaft bald aufzugeben, trug dazu bei. Immer wieder betonte er, wie müde er der Landarbeit sei. Was sollte ich dazu sagen, ich war ja selber schon so lange von zu Hause fort …

Franz blieb auf dem Hof, bis der Krieg ihn von dort vertrieb. Danach verschlug es ihn nach Regensburg, ebenso wie Oskar und mich, und dort traf ich ihn Ende des Jahres 1945 auf einem Spaziergang wieder. Es ging ihm gesundheitlich nicht gut. Nach seiner Genesung zog er zu meiner Schwägerin Elly, Oskars Schwester. Ich fand ihn stark verändert, er war mürrisch und nörglerisch geworden und es wurde immer schwerer, mit ihm ein längeres Gespräch zu führen. Oskar setzte sich ein, um ihm eine Arbeit in der Landwirtschaft zu verschaffen, doch Franz wollte nicht, sagte, er sei die Feldarbeit leid und wolle ein anderes Leben führen. Eines Morgens sah Oskar ihn am Donauufer seine Wäsche waschen. Das ist das Letzte, was wir von ihm wissen. Wir haben ihn nie wieder gesehen oder von ihm gehört, obwohl wir lange Zeit nach ihm gesucht haben.

Verwandtschaft auf Distanz

Traude war jetzt so ziemlich die einzige Verwandte, die mir geblieben war, und der Kontakt zu ihr ist in all den Jahren, seit Oskar und ich nach Argentinien gingen, niemals abgerissen, obwohl wir beide ziemlich schreibfaul sind und wegen der großen Entfernung Besuche nicht ohne weiteres möglich waren.

Eine große Freude war ihr Besuch 1988 in Argentinien, zusammen mit ihrem Mann Nini. Ich zeigte ihnen, soweit es mir gesundheitlich möglich war, das Land, in dem ich nach dem Krieg eine neue Heimat gefunden hatte. Besonders in Erinnerung geblieben ist mir unser gemeinsamer Ausflug zu den Wasserfällen von Iguazú.

Danach blieb es eine ganze Weile wieder beim spärlichen Briefwechsel. Deshalb setzte ich große Hoffnung auf meinen Besuch in Bonn im Jahre 1995: In Rom hatte ich Erika gebeten, Traude anzurufen und ihr zu sagen, wann wir in Deutschland eintreffen würden. Drei Tage nach unserer Ankunft in Bonn war es endlich so weit: Traude besuchte mich für zwei Tage zusammen mit ihrem Mann. Sie kamen aus der Umgebung von München und ich beschloss, sie am Bahnhof abzuholen.

Ich weiß noch, dass es auf dem Bahnsteig eiskalt war und die Lautsprecher verkündeten, dass der Zug dreißig Minuten Verspätung haben würde. Obwohl ich warm angezogen war, hörte ich nicht auf zu zittern. Plötzlich tauchten zwei Silhouetten auf, die den Bahnsteig entlang auf mich zurannten und riefen: »Tante Mily, Tante Mily!« Es waren Traude und Nini, ihr Mann. Noch bevor ich überhaupt reagieren konnte, umarmten sie mich. Unser Wiedersehen nach so langer Zeit ließ uns verstummen. Obwohl wir uns so viel zu sagen hatten, kam uns nichts über die Lippen. Dafür stand

Bologna, 16.10.59

Liebe Tante M i l y ,

es ist schon wieder eine Ewigkeit her, dass ich Dir geschrieben habe und noch eine grössere Ewigkeit (falls von diesem Wort eine Steigerung existiert), dass Du mir einmal geschrieben hast. Aber wahrscheinlich hast Du mit Deinen Tieren noch mehr zu tun als ich ohne und ich weiss jeden Tag nicht, was ich zuerst machen soll.

Ich denke sehr oft an Dich, da Du die einzige Person bist, die mir wirklich noch am Herzen liegt. Bei uns zuhause hat sich sehr viel geändert: es gibt eine Menge kleine Kinder. Ich weiss nicht, ob ich Dir schon geschrieben habe -aber wahrscheinlich nicht, dass Elli in diesem Jahr geheiratet hat und im September ein kleiner Sohn, genannt Rainer, geboren wurde. Stell Dir vor, nun bin ich auch schon Tante, wie die Zeit vergeht. Sie sucht zurzeit Wohnung in Stuttgart, wo ihr Mann bei der Firma BOSCH als Mechaniker tätig ist.

Was mich betrifft, so bin ich noch immer frank und frei und mein sehnlichster Wunsch ist noch immer: Dich einmal wiederzusehen. Ich habe mir hier in Bologna ein modernes Zimmer eingerichtet, mit Fernsehapparat, Radio und Schallplatten, eine Menge gute Bücher, und so fühle ich mich sehr wohl, soweit es meine Gesundheit zulässt, denn im August/September hat sich plötzlich mein Magen und die Leber gemeldet und mir viel zu schaffen gemacht. Jetzt muss ich Diät essen. Ich wollte im August meine Ferien zuhause verbringen, aber anscheinend habe ich nicht die Kost und das Klima vertragen, denn nach drei Tagen bin ich wieder hierher gefahren und musste drei Wochen im Bett bleiben. Weihnachten werde ich daher dieses Mal nicht nachhause fahren, da ich Angst habe, dass es mir dann wieder schlecht geht. Und dann zieht es mich garnicht mehr nachhause, es ist nicht mehr meine Familie. Klaus ist nur noch übrig von unserer alten Familie und der tut mir sehr leid, da er den ganzen Tag schuften muss und dann noch ein gutes Zeugnis nachhause bringen soll. Aber er lernt trotzdem ganz gut, da er Gottseidank keinen Tutsch-Kopf hat.

Ich mache jetzt auch einen Englisch-Kursus und ich habe mir fest vorgenommen, den Kursus einmal abzuschliessen, da ich diesen Anfang schon sehr oft gemacht habe. Anschliessend möchte ich für ein ~~XXXX~~ Monat nach London gehen, um meine Aussprache zu vervollständigen.
Ich arbeite jetzt bei der Generalvertretung für Italien von DKW nur noch halbtags und die andere Hälfte mache ich zuhause Übersetzungen und auch gebe ich Unterricht in deutsch.

./.

Tante Maly wohnt jetzt auch nicht mehr beim Pfarrer, da der verunglückt ist. Sie hat jetzt eine nette kleine Neubauwohnung. Zuhause sagen sie immer, dass ich Dir sehr ähnlich sehe und ich möchte gern wissen, wie Du jetzt aussiehst. Schicke mir doch ein Bild- ganz gross.

Anlass meines Schreibens ist eigentlich, dxxx Dir zu Deinem Geburtstag zu gratulieren: Ich wünsche Dir alles Liebe und Gute und dass Dir jeder Wunsch in Erfüllung gehen mag, den Du am Herzen hast.

Für heute schliesse ich mit vielen tausend Küssen und Grüssen

Deine

Traude

Schreibe mir bitte aus Deinem Leben etwas.

Onkel Oskar habe ich schon 1 ½ Jahre nicht mehr gesehen und ich habe vor, Weihnachten mit ihm zu verbringen.

Brief von Traude vom 16. 10. 1959

Bologna, 22.12.64

Mein liebes Tantchen,

ein Jahr neigt sich seinem Ende zu und ich möchte dies zum Anlass nehmen, um Dir wenigstens einmal im Jahr zu schreiben und Dir meine aufrichtigsten Wünsche für ein "immer besseres" Jahr übermitteln.

Mit dem Schreiben haben wir's alle beide nicht, denn Dein letzter Brief stammt aus dem Jahre 1962. Auch wenn ich nicht schreibe, so denke ich sehr viel an Dich und mein einziger Wunsch ist, dich noch einmal besuchen zu kommen. Da ich nicht nach New York gefahren bin, habe ich noch das Geld aufgespart und vielleicht klappt es doch einmal!

Ich habe Firma gewechselt und habe jetzt in einer zwar kleinen Firma eine gute Position und leite ganz allein die Exportabteilung, das heisst, dass ich ganz allein die Exportabteilung aufgezogen habe (denn bisher wurde nicht exportiert) und jetzt habe ich schon einen netten Kundenkreis. Mir macht es sehr viel Spass und im neuen Jahr hat mir mein "Chef" versprochen, mir auf sämtliche Exportationen eine Provision von 1 % zusätzlich zu geben; es ist nicht viel, aber es läppert sich zusammen.

In diesem Sommer hatte ich meinen kleinen Neffen bei mir zu Besuch (nun ja, jetzt bin ich auch schon 5 Jahre lang Tante) und mit ihm habe ich eine schöne Zeit im Gebirge und am Meer verbracht. Dabei habe ich mich an die schöne Zeit in Zakopane mit Dir erinnert. Man lebt schon von den Erinnerungen, das ist ein Zeichen des Alters, oder nicht? Zu Weihnachten gehen wir zwei dann zum Skifahren. Er ist ein sehr aufgeweckter Kerl und man sagt, dass er mir nachgeht (was die Leute da wohl meinen?). Meine drei anderen Stiefgeschwister können ihm bei weitem nicht die Hand reichen und so ist er eben mein Liebling, denn "dumme Kinder" gefallen mir nicht besonders.

Klaus sollte im kommenden Jahr auch zu mir kommen, aber hat zufällig in Ingolstadt einen schönen Posten gefunden, als Chef einer Abteilung. Er ist zurzeit verliebt und da kann man eben nichts machen. In den Ferien kommen sie mich immer alle besuchen. Dieses Jahr war auch zum ersten Mal mein Schwager hier, der immer eine grosse Antipathie gegen Italien hatte, aber jetzt bestimmt auch nächstes Jahr kommt. Sie haben sich einen netten Wagen gekauft und haben auch eine nette kleine Wohnung; sie können so richtig zufrieden sein.

Liebe Tante Mily, ich habe leider so wenig Zeit, um Dir alles genau zu schreiben, denn morgen früh soll ich schon den Zug nehmen, um nach Hause zu fahren, und hier im Büro ist noch alles obenauf.

Dir alles Liebe und Gute wünschend bin ich mit einem herzlichen Kuss

Deine Traude

Zeugnisse unseres späteren Briefwechsels: Brief von Traude vom 22. 12. 1964

alles in unseren Augen, die sich aneinander nicht satt sehen konnten.

Ich erkannte in Traude das liebe, kleine Mädchen wieder, das ich erzogen und verwöhnt hatte, als wäre sie meine eigene Tochter. Natürlich war die Zeit auch an ihr nicht spurlos vorübergegangen, doch der Glanz in ihren Augen und ihr unvergleichlich sympathisches Lachen hatten sich nicht verändert. Sie wird immer mein kleines Mädchen bleiben. Ich habe nie aufgehört, an sie zu denken, trotz der Entfernung. Ich fragte mich immer, was sie wohl tat, wie es ihr gerade erging und ob sie noch an ihre Tante Mily dachte.

Und jetzt stand sie vor mir in ihrem grünen Mantel und mit ihrem strahlenden Lächeln und sagte immer wieder meinen Namen: »Tante Mily, Tante Mily!«

Im Hotel, in dem alten Salon mit den sehr weißen Wänden, gepolsterten Türen und roten Plüschsesseln, wo wir versuchten, uns mit Hilfe heißer Getränke wieder aufzuwärmen, holte meine Nichte ein kleines Album mit Familienfotos aus ihrer Tasche.

»Die sind aus dem Album, das du mir in Brünnlitz geschenkt hast«, sagte Traude mit Tränen in den Augen: »Ich habe sie die ganze Zeit über wie einen Schatz gehütet, Tante Mily.« Diese Fotos waren das einzige Zeugnis, das von meiner Familie geblieben war, von meiner Kindheit, meinen Jahren mit Oskar. Dank Traude hatten sie die Katastrophe überdauert. Als die russischen Truppen kamen, war meine Nichte bei ihrer Mutter und ihren beiden jüngeren Geschwistern, Klaus und Elli. Ein Soldat schlug an die Tür und befahl ihnen, das Haus mit erhobenen Händen zu verlassen. Traude war nicht bereit, sich von diesem Schatz zu trennen, ergriff das Album und rannte hinaus. Da es zu groß war und nicht unter ihre Kleidung passte, riss sie die Fotos heraus und versteckte sie unter ihrem Pullover.

Plötzlich fiel ein Kuvert mit einer deutschen Briefmarke auf den Boden. Ich hob es auf und sah, wie Traude blass wurde. Nach einer kurzen Pause sagte sie dann: «Tante Mily, das ist ein Brief von Ami Staehr, der letzten Geliebten von Onkel Oskar. Als Onkel Oskar starb und ich durch eine Todesanzeige in der Zeitung davon erfuhr, rief ich diese Frau an und einige Zeit später antwortete sie mir mit diesem Brief.«

Ich bat dann Erika, mir den Brief vorzulesen. Als sie damit zu Ende war, waren mir viele Dinge klarer. Endlich wusste ich, woran mein Ehemann Oskar gestorben war. Ich erinnere mich ganz gut an den Brief von Traude vom 25.10.74, in dem sie mir Oskars Tod mitteilte. Ich fragte sie, warum sie mir nicht schon eher von diesem Brief erzählt hatte, zum Beispiel als sie mit ihrem Mann auf meine Einladung in Argentinien gewesen war. Sie senkte den Kopf, ohne zu antworten.

Als es Abend wurde, saßen wir noch immer in dem alten Salon und hielten uns an den Händen. Wir schauten uns die Fotos an und erinnerten uns an kleine Episoden, die auf den Bildern nicht zu sehen waren: »Erinnerst du dich an den Abend, Tante Mily, als du und Onkel Oskar mich nicht ins Kino mitnehmen wolltet, obwohl ich gequengelt habe, und wie ihr immer wieder gesagt habt, ihr würdet mich nicht mitnehmen. Am Ende hast du dich so geärgert, dass du mir zwei Klapse auf den Hintern gegeben hast.« Wir lachten bei der Erinnerung daran. Traude war als Kind fähig gewesen, die Geduld eines Heiligen zu erschöpfen. Jetzt war aus ihr eine intelligente und verständige Frau geworden, die mit einem stattlichen italienischen Ingenieur verheiratet und Mutter einer Tochter und inzwischen sogar Großmutter ist. Trotz der Jahre hatte sie ihren herrlichen Sinn für Humor nicht verloren, war im Grunde immer noch das hübsche, kleine, kokette Mädchen, so verführerisch und unwiderstehlich, wie Oskar es gewesen war.

Wiedersehen nach fast vierzig Jahren: mit Traude bei den Wasserfällen von Iguazú im Jahr 1988

Traude gab mir mit dem gemeinsamen Ansehen dieser Fotos einen wichtigen Teil meines Lebens zurück. Deswegen habe ich sie in dieses Buch eingefügt, damit meine Leserinnen und Leser sich auch ein Bild von meiner Geschichte machen können.

2. Meine Ehe mit Oskar

Unsere frühen Jahre

Die Bekanntschaft mit Oskar verdanke ich der Elektrizität. Noch heute, mit 93 Jahren, erinnere ich mich genau an diesen Tag in meinem Leben. Es heißt ja, die Liebe habe auch einen Nachgeschmack, obwohl er manchmal bitter sei.

Ich sehe alles genau vor mir. Es war ein Donnerstag im Oktober und der Herbst hatte begonnen, die Felder und die Bäume gelb, rot und braun einzufärben. Meine Großmutter und ich waren gerade dabei, Kartoffeln einzukellern und Obst einzuwecken. Ich war zwanzig und obwohl ich alles andere als eine Traumtänzerin war und meine Freiheit mehr als alles andere liebte, dachte ich doch immer öfter daran, wie es wohl sein würde, mich zu verlieben.

Als ich vor das Haus trat, traf ich auf zwei Herren, die vor dem Haus standen und mich neugierig betrachteten. Der ältere von beiden war groß und stattlich, der jüngere blond, breitschultrig und schlank. Der intensive Blick aus seinen sehr blauen Augen schien bis auf den Grund meiner Seele zu gehen. Der ältere Herr sprach mich an und erklärte mir, dass er und sein Sohn gekommen waren, um uns Maschinen zur Versorgung unseres Hauses mit Elektrizität vorzustellen. Sofort fing er an, mir alles über Bau und Funktion der Generatoren zu erzählen. Ich wusste zwar schon einiges darüber, stellte aber trotzdem eifrig Fragen – diese Neugier auf alles, je nach Standpunkt Laster oder Tugend, habe ich bis heute nicht abgelegt.

Während des Gesprächs bemerkte ich, dass der junge Mann mich keinen Augenblick aus den Augen ließ. Er schien sich für das Gerede seines Vaters über technischen Fortschritt und Elektrizität nicht im Mindesten zu interessieren und nach kurzer Zeit fing er an, mir verstohlen viel sagende Blicke zuzuwerfen. Schließlich brachte er mich damit zum Lachen, weshalb ich sofort rot wurde und mir erschrocken den Mund zuhielt. Ich sagte dem Vater, dass niemand zu Hause sei und er ein anderes Mal sein Glück versuchen müsse. Nie wäre mir der Gedanke gekommen, dass der sympathische und lässige junge Mann schon wenig später mein Ehemann sein würde.

Auch bei seinen späteren Besuchen blieb Oskar Schindler, so hieß der Jüngere, schweigsam, doch sein männlicher, durchdringender Blick aus blauen Augen umschmeichelte mich in einer Art, die mir noch tagelang nachging.

Langsam wurde mir bewusst, dass mein Herz bei jedem seiner Besuche intensiver schlug.

Aber es waren nicht nur sein Aussehen und seine Art, mich mit seinem unbestimmbaren Blick zu fixieren, die mich faszinierten, auch seine Gewohnheit, in Andeutungen zu sprechen, als verberge sich etwas Unbekanntes hinter seinen Worten, beeindruckte mich.

Zuerst wollte ich nichts von ihm wissen und wies ihn zurück. Eine innere Stimme sagte mir, er sei irgendwie gefährlich. Doch seine Besuche wurden immer häufiger und länger, angeblich wegen der Generatoren, und eines Tages lud ihn mein Vater zum Abendessen ein. Als sich bei Tisch unsere Blicke begegneten, wusste ich, dass ich ihm nicht länger würde widerstehen können. Einige Monate später dehnte er seinen Besuch auf dem Hof bis in den späten Abend aus und als der blaue Septembermond über den Pflaumenbäumen aufging, gab er mir den ersten Kuss.

Die Kirche in Zwittau, in der wir getraut wurden.

Obwohl ich ein gewisses Misstrauen gegen ihn hegte, wurden alle Bedenken von der Leidenschaftlichkeit seines Kusses und seiner Umarmung hinweggefegt. In der folgenden Zeit erhielten wir mehrmals Besuch von seiner Mutter und seiner Schwester. Eines Abends bat Oskar schließlich um ein Gespräch mit meinen Eltern. Er sagte, er habe ihnen »etwas Wichtiges mitzuteilen«. Er nahm meine Hand, blickte mit seinen schönen blauen Augen erst meinen Vater und dann meine Mutter an und sagte lächelnd mit seiner männlichen tiefen Stimme: »Ich möchte mich mit Emilie verbinden, damit wir uns eine gemeinsame Zukunft aufbauen können.« Diesen Satz habe ich nie vergessen, denn er erwies sich im Laufe der Zeit als zwar aufrichtig gemeint, aber im Endeffekt leider undurchführbar.

Derweil machte ich mich an eine objektive Einschätzung meiner Situation: Mein Vater war schwer krank und meistens schlecht gelaunt, meine Großmutter, damals so alt wie ich heute, war inzwischen gebrechlich, meine Mutter erschöpft von der ständigen Doppelbelastung durch Haushalt und Pflege meines Vaters und mein Bruder war drauf und dran, sich von der Familie zu lösen. Unter den gegebenen Umständen war Oskars Antrag geradezu unwiderstehlich und so fiel mir die Entscheidung nicht allzu schwer. Heute würde ich in der gleichen Situation wohl etwas überlegter und vermutlich ganz anders handeln, aber mit zwanzig Jahren glaubte ich noch blind der Stimme meines Herzens, den Worten und dem Glanz in den Augen meines zukünftigen Mannes, ganz zu schweigen von der Wärme und den Gefühlen, die seine leidenschaftlichen Küsse und Liebkosungen versprachen. Die Hochzeit fand am 6. März 1927 in Zwittau, einer mährischen Industriestadt, statt, wo Oskar mit seinen Eltern und seiner Schwester lebte. Die Kirche, in der wir getraut wurden, steht

Oskar und ich heirateten am 6. März 1927.

bis zum heutigen Tag und ich hatte das große Glück, sie im Juni 1999 nach so langer Zeit wieder zu sehen.

Wir zogen zunächst zu den Schwiegereltern in die Iglaustraße in Zwittau (heute Polieskastraße 24, Svitavy). Oskars Eltern wohnten im Erdgeschoss des Reihenhauses und wir in der Wohnung darüber. Dem Haus gegenüber liegt ein Park, in dem heute ein Denkmal von Oskar steht.

Schon bald nach unserer Heirat erkannte ich, wie unterschiedliche Lebensauffassungen Oskar und ich hatten. Mein Vater hatte ihm meine Mitgift übergeben, mit hunderttausend tschechischen Kronen eine nicht unbeträchtliche Summe für die damalige Zeit. Oskar kaufte sich davon einen Luxuswagen und brachte den restlichen Betrag durch, indem er ausging und alles zum Fenster hinauswarf. Ich war so enttäuscht, dass ich nicht nur bittere Tränen vergoss, sondern

Im zweiten Jahr unserer Ehe: 1929 in Zwittau

ihm auch heftige Vorwürfe machte. Oskar blieb gelassen und antwortete mir, dass ich eben ein enthaltsamer, asketischer Charakter sei, während er schon als Epikureer auf die Welt gekommen sei und es einfach in seiner Natur läge, das Leben zu genießen. Sein Lebensmotto sei eben *Carpe diem*. Lange versuchte ich zu verstehen, warum er so war, und kam endlich zu dem Schluss, dass seine Mutter ihn zu sehr verwöhnt hatte. Er war immer ihr Stolz und Liebling gewesen, dem sie alles durchgehen ließ. Kein Wunder, dass er als Erwachsener so unreif war, es waren ihm nie Grenzen gesetzt worden. Ständig belog und betrog er mich nach Strich und Faden, dann kam er wie ein schuldbewusster kleiner Junge, um sich zu entschuldigen und um Verzeihung zu bitten. Danach ging alles wieder von vorne los. Doch Oskar hatte auch gute Eigenschaften: Er war gutmütig, immer freundlich, großzügig und hilfsbereit. So wurde meine Ehe schon bald zu einem Wechselbad aus Freud und Leid.

Zum Glück konnten wir schon ziemlich bald in eine eigene riesige Wohnung umziehen, die einer wohlhabenden Zwittauer Familie gehört hatte. Sie war mit luxuriösen Teppichen, prachtvollen Möbeln und Kristalllüstern ausstaffiert, ein Symbol jener glanzvollen Epoche, deren Ende kurz bevorstand, weil ein Dämon in Menschengestalt in Deutschland an die Macht kam.

Oskars neue Beschäftigung

Ich weiß nicht mehr, warum, aber im Jahr 1935 fuhr Oskar nach Krakau. Dort traf er zufällig eine alte Bekannte, Hilde, die für die deutsche Spionageabwehr des Dritten Reiches arbeitete. Hilde war sehr attraktiv, blond und gertenschlank und so dauerte es nicht lange, bis Oskar ihrem Zauber erlag. Sie machte ihm den Vorschlag, ebenfalls für den Geheimdienst zu arbeiten, und empfahl ihn auch gleich ihren Vorgesetzten. Für Oskar war diese Tätigkeit genau das Richtige: Die Mischung aus Macht und Gefahr war für ihn wie ein Lebenselixier, das ihn erregte und wach hielt. Seine Arbeit bestand darin, ausländische Spione in Polen und der Tschechei zu enttarnen. Der Leiter der polnischen Sektion der deutschen Abwehr war Major Franz von Korab, ein ungarischer Adliger, blond und stattlich, ein eleganter Mann. Er lebte mit einem gefährlichen Geheimnis: Seine Mutter war Jüdin. Es gelang ihm ziemlich lange, dies geheim zu halten, bis er – wohl eher aus Versehen denn aus Vorsatz – von seinem eigenen Neffen einer Formalität wegen verraten wurde. Er verlor Titel und Stellung und verschwand auf Nimmerwiedersehen. Später erfuhren wir dann, dass er nach Prag gegangen war, wo er nach Kriegsende von den Tschechen als deutschsprachiger Zivilist erschlagen wurde.

Wenig später, im Jahr 1936, sollte Oskar die örtliche Sektion von Mährisch-Ostrau übernehmen. Schweren Herzens mussten wir unsere luxuriöse Wohnung in Zwittau aufgeben und nach Mährisch-Ostrau umziehen. Dort hatte uns die Abwehr eine Wohnung in der Parkstraße 24 angewiesen, die genau gegenüber einer Kaserne lag, aus der ständig Soldaten kamen, um in den Straßen zu patrouillieren. Von den beiden großen Zimmern, die zum Garten hinausgingen, wurde eins unser Schlafzimmer und das andere zu einer Art Büro. Der gemütlichste Raum in der ganzen Wohnung war die Küche, dort hielten wir uns am liebsten auf. So sah unser Hauptquartier aus, wo sich Spitzel und Spione trafen, wir die Nachrichten sammelten, auswerteten und vor Unbefugten gut versteckten.

Für alle Fälle lag im Kleiderschrank immer eine geladene Militärpistole, eine Luger.

Inzwischen hatten wir auch Mitarbeiter, z. B. die Tschechin Eva Kisza, eine ehemalige Lehrerin. Natürlich ließ sie sich mit Oskar ein, es erschien mir inzwischen unvermeidlich. Doch meine Liebe zu ihm war ungebrochen, außerdem war es zu der Zeit üblich, dass die Frau sich dem Mann unterordnete. Ich hielt also weiter zu ihm und half ihm, wo ich konnte. Ich spielte die Rolle der Telefonistin, übernahm unangenehme Botengänge für ihn und erledigte alle möglichen Schreibarbeiten. Auch in dieser Zeit habe ich also viel für Oskar getan.

Eines Nachmittags kehrte ich von einer Reise zurück und fand unsere Wohnung völlig verwüstet vor. Kleider und Wäsche waren aus Schränken und Schubladen gerissen und auf den Boden geworfen worden, zerfetzte Unterlagen und Papiere lagen überall verstreut herum, Lampen und Geschirr waren zerschlagen, Kissen aufgeschlitzt worden. Offenbar hatten unsere ungebetenen Besucher aus Wut darüber, dass sie nicht fanden, was sie suchten, alles zerstört, was ihnen untergekommen war. Das Einzige, was gestohlen worden war, war eine goldene Uhr, ein Geburtstagsgeschenk meiner Mutter. Ich entdeckte sie einige Zeit später in einem Pfandhaus wieder.

Ein zweiter Vorfall in Zusammenhang mit Oskars Geheimdiensttätigkeit wäre beinahe ins Auge gegangen. Eines Nachts schlief ich nach einer unserer Auseinandersetzungen über seine außerehelichen Abenteuer auf dem Sofa im Büro, er im Schlafzimmer. Mein Schlaf war seit seiner Arbeit für die Abwehr sowieso nicht mehr der beste und so wachte ich plötzlich von einem Geräusch am Fenster auf. Kurz darauf hörte ich draußen leise Schritte und ein Licht leuchtete mir kurz ins Gesicht. Ich schlich hinüber ins Schlafzimmer, wo

Oskar friedlich schlummerte, holte die Luger aus dem Schrank, öffnete das Fenster und schoss zweimal in die Luft. Dann sah ich, wie ein Schatten in Richtung Kaserne rannte, den offenbar schlafenden Kontrollposten passierte, über das Gelände lief und schließlich in der Dunkelheit verschwand.

Eines Tages bekamen wir Besuch von der tschechischen Polizei, die unsere Wohnung durchsuchte. Leider fand sie die Dokumente, die sie suchte, obwohl Oskar sie hinter dem Schlafzimmerspiegel versteckt hatte. Er war von einem Doppelagenten verraten worden, der sich zum Schein mit ihm angefreundet hatte und demgegenüber er zu vertrauensselig gewesen war. Mein Mann wurde wegen Hochverrats angeklagt und zum Tode verurteilt. Die Hinrichtung wurde nur dadurch verhindert, dass deutsche Truppen 1939 in die Tschechoslowakei einfielen.

Liebe in Zeiten des Krieges

Einen Monat nach dem Einmarsch der deutschen Truppen in Polen, im Oktober 1939, teilte mir Oskar mit, dass er zum Generalgouvernement des Dritten Reichs in Polen nach Krakau reisen müsse. Er stehe vor der Entscheidung, entweder bei einer Heeres-Gruppe Abwehr mitzuarbeiten und die Uniform anzuziehen oder wieder in die Wirtschaft zurückzukehren, aus der er als technischer Kaufmann ja kam. Oskar nahm sich eine Wohnung in Krakau und ich besuchte ihn dort ungefähr zweimal die Woche. Wir befanden uns gerade in einer Phase der Versöhnung, nachdem er mir zum wiederholten Male versprochen hatte, mich nie wieder zu betrügen. Also setzte ich mich regelmäßig in den Frühzug nach Krakau und fuhr an der Weichsel entlang in die Hauptstadt der

Ein singender Oskar (links) bei einem Fest im Kreise unserer Freunde, Krakau 1943

Wojwodschaft. Bei meinen Gängen durch die Stadt entdeckte ich jedes Mal etwas Neues: die alte Universität, die gewaltigen Fenster des Wawel, des gotischen Schlosses, in dem sich die deutsche Kommandantur in Polen niedergelassen hatte. Oder die mehr als 700 Jahre alte gotische Kathedrale mit dem von dem deutschen Bildhauer Veit Stoß gestalteten Marmorgrab König Kasimirs des Großen. Das gefürchtetste Gebäude der Stadt, das Quartier der SS, befand sich unweit vom Bahnhof in der Pomorkastraße. Der Wahnsinn der Nazis ging so weit, dass der Generalgouverneur des Dritten Reichs in Polen, Hans Frank, die Stadt bei Kriegsende in die Luft sprengen lassen wollte. Gott sei Dank wurde diese Katastrophe durch den Einmarsch der Russen verhindert.

Oskar nutzte seine Anwesenheit in Krakau, um seine Beziehungen zu einflussreichen befreundeten Offizieren zu intensivieren und bald erhielt er das Angebot, eine in Konkurs gegangene Emailwarenfabrik zu übernehmen. Die Fabrik hatte einer Gruppe jüdischer Industrieller gehört. Sie lag in der Lipowastraße und wurde nach der Übernahme Deutsche Emailwarenfabrik, meist kurz DEF, genannt. Die Möglichkeit, eine der zahlreichen florierenden jüdischen Fabriken als Treuhänder zu verwalten, war für Oskar nicht in Frage gekommen, da ihm die Treuhandstelle mit ihrer Autorisierung zum Raub jüdischen Vermögens und deren Geschäftsgebaren von vornherein verhasst waren.

Mit der Übernahme der Emailwarenfabrik war der Grundstein zur Rettung von über 1300 Juden gelegt, aber das wussten wir damals noch nicht. Nach drei Monaten beschäftigte Oskar bereits 250 polnische Arbeiter und Angestellte, darunter sieben Juden. 1940 waren es dann 150, 1942 über 550 und 1945 über 1100 Juden. Sie kamen aus dem Konzentrationslager Plaszow, dessen Kommandant Amon Göth war.

Kurz nach Oskars 34. Geburtstag im Jahre 1941 zog ich zu ihm nach Krakau. Ich hatte keine Probleme, die polnische Sprache zu erlernen, im Gegensatz zu Oskar, der oft auf meine Hilfe angewiesen war, wenn er sich mit Einheimischen unterhalten wollte. Auch er hatte sich von der Lebendigkeit und Schönheit der Stadt sofort angezogen gefühlt und natürlich auch von den Frauen, die hier lebten. Unsere Wohnung lag in der Straszewskiegostraße am Rande des alten Stadtkerns, gegenüber vom *Planty*, einem Grüngürtel, der sich an der alten Stadtmauer entlangzieht. Vor meinem Einzug hatte Oskar seine Geliebten hierher gebracht, besonders zwei von ihnen: die Tschechin Marta Eva, die in Keneallys Buch unter dem Namen »Ingrid« auftaucht – sie arbeitete wie Oskar für die Abwehr; die andere, eine Polin namens Victoria Kronovska, hatte gute Beziehungen zu den Behörden und nutzte sie, um Oskars Verhältnis zur Gestapo zu verbessern. Bei meinen Besuchen blieben seine Geliebten zwar immer unsichtbar, doch ich bemerkte natürlich, dass er nicht alleine schlief. Ich sah sehr viel mehr, als er glaubte, auch wenn ich ihn nicht darauf ansprach. Einige seiner Geliebten lernte ich sogar persönlich kennen.

Zu dieser Zeit litt ich unter furchtbaren Rückenschmerzen, die mich zunehmend unbeweglicher werden ließen. Sie waren das Resultat eines Autounfalls, bei dem ich mir einen Wirbel gebrochen hatte. Eines Nachts war ich mit Oskar auf dem Nachhauseweg von einem Besuch bei Freunden gewesen. Oskar lenkte den Wagen durch dichten Nebel und undurchdringliche Dunkelheit. Ich war auf dem Beifahrersitz eingeschlafen, als ich plötzlich von Oskars fast hysterischem Schrei: »Ein Hase!« geweckt wurde. Offenbar hatte sich ein Hase auf die Straße verirrt und war dort, geblendet von den Scheinwerfern unseres Autos, einfach hocken geblieben. Im Halbschlaf bemerkte ich nicht, dass der Wagen noch fuhr, öffnete die Beifahrertür und verlor den Halt. Obwohl Oskar sofort auf die Bremse trat, wurde ich aus dem Auto herausgeschleudert und brach mir besagten Rückenwirbel.

Ich hatte seitdem viele Spezialisten besucht, aber keiner konnte mir helfen. Oskar war es schließlich über seine Beziehungen gelungen, mir eine Berechtigung für eine Behandlung im Auguste-Krankenhaus in Berlin zu verschaffen. Normalerweise blieb so etwas Adligen und hohen Offizieren der Wehrmacht vorbehalten. Traurig darüber, dass ich Oskar allein lassen musste, machte ich mich eines windigen trostlosen Morgens auf die Reise. Die ganze lange Fahrt über musste ich daran denken, was er wohl in meiner Abwesenheit tun und wie er mich betrügen würde.

Berlin faszinierte mich sofort, vom Brandenburger Tor mit der Quadriga über das Reichstagsgebäude bis zum Zoologischen Garten, der Straße Unter den Linden bis zu den kleinen

Brücken über die Spree und der Museumsinsel. Natürlich warf ich auch einen Blick auf das zu dieser Zeit berühmte Kaufhaus »Tietz«. Im Krankenhaus wurde ich sehr freundlich aufgenommen und von Professor Kurt Enger, dem Klinikdirektor, behandelt. Obwohl er ein wortkarger und ernster Mensch war, entdeckte ich doch mit der Zeit seinen großherzigen Charakter. Er behandelte mich, als sei ich seine Tochter. Wenn er Zeit hatte, lud er mich manchmal auf eine Tasse Kaffee in sein Büro ein und wir unterhielten uns über die unterschiedlichsten Themen. Nachdem er unter anderem mein Knochenmark punktiert hatte und mich einige Male hatte röntgen lassen, überbrachte er mir seine Diagnose. Obwohl ich nie nahe am Wasser gebaut hatte, brach ich unwillkürlich in Tränen aus.

Professor Enger war es, der mir über diese tiefe Krise hinweghalf. Mein Mann, auf den ich Tag für Tag sehnsüchtig wartete, besuchte mich kein einziges Mal. Nachdem ich noch einen längeren Sanatoriumsaufenthalt in Österreich absolviert hatte – in der Begleitung einer äußerst groben und unangenehmen Rotkreuzschwester –, kehrte ich endlich heim nach Krakau. Oskar empfing mich am Bahnhof mit genau dem riesigen Blumenstrauß, auf den ich in Berlin so gehofft hatte. Mein Gesicht musste meine Enttäuschung über ihn deutlich ausgedrückt haben, denn er begann sofort, sich zu entschuldigen und Ausreden zu erfinden, warum er mich nicht hatte besuchen können. Zu Hause angekommen, erzählte er mir dann, was sich während meiner Abwesenheit alles getan hatte, wie er neue Freunde in Polen gewonnen hatte und dass jetzt spezielle Gesetze herrschten, dass es z. B. verboten sei, mit dem Schnellzug zu fahren. Er erkundigte sich kein einziges Mal danach, wie es mir ging. Zum ersten Mal bekam ich Angst, dass er mich nicht mehr so liebte wie früher.

Zwei Monate später sollte ich zur Nachbehandlung wieder nach Berlin fahren. Während ich meine Sachen packte, überkam mich eine seltsame Vorahnung. Eine Stimme sagte mir, dass ich nicht nach Berlin fahren sollte. Schließlich schob ich die Reise auf. Wenige Tage später erfuhr ich, dass das Auguste-Krankenhaus vollständig von Bomben zerstört worden war.

Inzwischen gingen bei uns alle möglichen hochrangigen Wehrmachts- und SS-Offiziere ein und aus. Fast jeden Abend hatten wir Besuch. Ich versuchte meist, mich aus den Gesprächen herauszuhalten, saß möglichst nur dabei, ohne mich einzumischen. An diesen Abenden wurde viel getrunken und mit der Zeit wurde die Kognakflasche zu Oskars ständiger Begleiterin. Allerdings muss ich zugeben, dass er nie so betrunken wirkte, wie ich der Menge nach erwartet hätte.

Eines Abends im Jahr 1944 kam er nach Hause und wirkte sehr niedergeschlagen. Er ging noch im Mantel ans Büffet und trank einen großzügigen Schluck Kognak. Ich brachte ihn dazu, sich zu mir an den Tisch zu setzen. Nachdem ich uns Wasser und Wein eingeschenkt hatte und wir darauf warteten, dass die Köchin das Essen servierte, fragte ich ihn, was los sei. An dem Abend erzählte er mir, dass Amon Göth beschlossen habe, das Lager Plaszow zu schließen und alle Gefangenen nach Auschwitz in den sicheren Tod zu schicken. Er sprach auch davon, dass ihm in Brünnlitz ein Rüstungsbetrieb angeboten worden sei und dass er die jüdischen Arbeiter aus der Emailwarenfabrik, es waren 799 Männer und 299 Frauen, dorthin mitnehmen wolle. Eine Liste der Personen war bereits erstellt. Er wüsste nur noch nicht, wie er Göth davon überzeugen sollte, ihm die Arbeiter zu überlassen, und wie er die Zustimmung des Brünnlitzer Kreisleiters erhalten sollte, der ausdrücklich keine Juden in seinem Bezirk wünschte.

Obwohl Oskars Verhalten als Ehemann ziemlich zu wünschen übrig ließ, wandte er sich immer an mich, wenn er mit jemandem vertrauensvoll über seine Probleme sprechen wollte. Nach unserem Gespräch an diesem Abend fühlte er sich sichtlich erleichtert.

Ich schlug Oskar vor, die Sache mit dem Brünnlitzer Kreisleiter mir zu überlassen. Fest entschlossen suchte ich ihn im Rathaus auf – und staunte nicht schlecht, als ich meinem alten Schwimmlehrer gegenüberstand. Wir kamen sofort ins Gespräch über alte Zeiten und seine und meine Familie. Als ich wieder ging, war ich im Besitz der mit Brief und Siegel beglaubigten Genehmigung, den Rüstungsbetrieb in Brünnlitz einzurichten. Eine halbe Stunde später übergab ich sie triumphierend an Oskar. Ich musste ihm meine Begegnung mit dem Kreisleiter haarklein erzählen und dann tranken wir ausnahmsweise beide einen Kognak auf unseren gemeinsamen Sieg.

Das war der Beginn unseres gemeinsamen Kampfes zur Rettung von über 1300 Juden. Wir verbanden unser Schicksal untrennbar mit dem ihren. Unsere Eheprobleme traten hinter die Aufgabe, Leben zu retten in einer unmenschlichen Zeit, zurück.

Flucht und Neuanfang

Neun Monate arbeiteten wir Seite an Seite in der Fabrik in Brünnlitz, um die uns anvertrauten Menschen unter halbwegs würdigen Bedingungen am Leben zu erhalten, bis der grausame Spuk der Nazis und des Krieges vorbei sein würde.

Fast hatten wir schon nicht mehr daran geglaubt, aber am 8. Mai 1945 wurde endlich das Schweigen der Waffen verkündet, die sechs Jahre lang in Europa gewütet hatten. Der Krieg hinterließ 55 Millionen Tote, 35 Millionen Verletzte, drei Millionen Vermisste und unzählige Vertriebene.

Unsere Situation änderte sich damit schlagartig. Nachdem wir während des Krieges ständig in der Gefahr geschwebt hatten, von den Nazis selbst enttarnt und getötet zu werden, waren es jetzt unsere »Befreier«, denen wir ungern in die Hände fallen wollten. Die Russen oder Tschechen hätten mit einem ehemaligen Geheimdienstmitarbeiter des Dritten Reiches sicher kurzen Prozess gemacht. Doch zunächst mussten wir warten, bis der letzte deutsche Waffenträger aus Brünnlitz verschwunden war, denn uns war klar, dass ein Dutzend Maschinenpistolen in Minuten das Leben hätten vernichten können, um das wir jahrelang gekämpft hatten.

Oskar schien den Ernst der Lage nicht wirklich zu begreifen, denn anstatt zu packen, begann er sich seelenruhig mit einem Jugendfreund zu betrinken, der später von den Russen nach Sibirien verschleppt wurde. Schließlich konnte ich ihn davon überzeugen, dass wir möglichst bald aus Brünnlitz wegmussten. Auf Anraten des Rabbiners zogen wir uns KZ-Kleidung an, dann suchten wir schnell unsere persönlichen Dokumente, ein paar Fotos und das Familienstammbuch zusammen. Auf dem Hof wartete unser Auto auf uns, ein Horch. Er war eine Sonderanfertigung für den Schah von Persien gewesen, konnte jedoch wegen des Krieges nicht an diesen ausgeliefert werden. Als Autonarr mit einem Faible für teure und schnelle Wagen hatte Oskar natürlich nicht widerstehen können und den Wagen gekauft.

Es war ein bewegender Abschied von den Arbeitern, alle hatten Tränen in den Augen. Nie werde ich vergessen, wie sie uns eine aus Papierschnipseln gefertigte Urkunde überreichten, aus der hervorging, was wir für sie getan hatten, und die von fast allen unterschrieben war. Die Sache mit dem Goldring, wie sie Spielberg im Film erzählt, stimmt übrigens nicht. Es wäre überhaupt nicht die Zeit gewesen, dass die Juden aus ihrem Zahngold einen Ring für uns hergestellt hätten.

Schließlich stiegen wir in den Wagen und fuhren los. In einiger Entfernung schloss sich uns ein Lastwagen an, der von einem unserer besten Arbeiter, Ryziard Rechen, gefahren wurde. Auf der Ladefläche saßen sieben von unseren Garagenarbeitern, die zu Verwandten in der Schweiz oder in Frankreich wollten. Mein Mann wollte zuerst nach Pilsen fahren. Da er aber keine Landkarte dabeihatte, kamen wir dort nie an.

Vor uns lag eine lange Fahrt durch zerstörte Städte und Dörfer. Es war ein Bild der Verwüstung und der Verzweiflung, alles schien dem Untergang geweiht. Ich sehe noch einen General, den seine Männer mitsamt seinem Wagen im Straßengraben liegen gelassen hatten. Er schrie aus vollem Hals um Hilfe, doch niemand hielt an. Die Angst vor den Russen war so groß, dass jeder so schnell wie möglich wegwollte. Alle, die unser Auto sahen, wollten unbedingt mitfahren, doch der Wagen war nur ein Zweisitzer. Ungefähr zehn deutsche Soldaten fuhren bis Deutsch-Brod auf dem Dach und an den Seiten mit und ersparten sich dadurch den beschwerlichen Fußmarsch.

So froh ich war, dass unsere jüdischen Freunde die Zeit der Verfolgung hinter sich hatten, konnte ich doch nicht aufhören, darüber zu grübeln, was wohl mit Oskar und mir geschehen würde, falls wir den Russen oder Tschechen in die Hände fielen. Trotz unserer KZ-Kleidung hatten wir Angst.

Der erste russische Soldat, auf den wir trafen, nahm uns nur die Armbanduhren ab und ließ uns weiterfahren. Beim nächsten Stopp wenige Kilometer weiter sollten wir das Auto abgeben. »Motoren, Motoren«, sagten sie immer wieder. Mit dem Wagen verloren wir den einzigen Wertgegenstand, den wir noch besaßen: einen Diamanten, den Oskar im Beifahrersitz versteckt hatte.

Um uns herum versank alles in Chaos. Keiner sprach dieselbe Sprache, niemand wusste, wohin. Ich versuchte verzweifelt, den Überblick zu behalten. Oskar war immer noch wie in Trance, in dem gleichen schockartigen Zustand, der ihn veranlasst hatte, ohne Landkarte die Flucht durch unbekanntes Gebiet anzutreten.

Am nächsten Tag trafen wir eine ehemalige Geliebte von Oskar, Eva Marta Kisza. Sie stand am Wegesrand, neben ihr ein hilflos aussehendes Paar. Oskar kannte den Mann, er war der Chef der Rüstungsinspektion Krakau gewesen. Seltsamerweise hatte er den gleichen Namen wie wir: Schindler. Seine Frau trug eine Luger-Pistole bei sich und ich wagte nicht daran zu denken, was passieren würde, wenn die Russen sie fänden.

Plötzlich rief jemand meinen Namen und als ich mich umdrehte, erkannte ich eine junge Russin wieder, die in unserem Betrieb in Brünnlitz Köchin gewesen war. Sie sagte, sie habe nicht vergessen, wie gut ich zu ihr gewesen war, und sie würde versuchen, die Russen dazu zu bringen, dass wir die Nacht unbelästigt in einem Lastwagen verbringen könnten. Sie hielt Wort und wir schliefen im Lastwagen. Oskar trank eine Flasche Wodka mit einem russischen Soldaten und ihr besoffenes Gebrüll »Es lebe Stalin« habe ich bis heute im Ohr. Oskar war genauso wenig Kommunist, wie er Nazi gewesen war. Er tat nur in den entsprechenden Situationen so, als ob er mit den aktuellen Parolen einverstanden sei.

Am Morgen wollte uns ein Trupp tschechischer Soldaten den Russen übergeben, doch wir erreichten, dass sie uns zum Roten Kreuz schickten. Dort wurden unsere Taschen untersucht, die von der anderen Frau Schindler zuerst. Natürlich wurde die Pistole sofort entdeckt und trotz des verzweifelten Flehens ihres Mannes wurde sie von den Tschechen auf der Stelle erschossen. Sie führten sie ein Stück weit weg, dann hörten wir einen Schuss und sahen sie blutüberströmt umfallen. Die Szene quält mich bis auf den heutigen Tag. Der Krieg war zwar zu Ende, doch das Grauen ging weiter, der Tod lauerte überall, ob nun aufseiten der Sieger oder der Besiegten.

In dem Moment wurde mir klar, dass die Dokumente, die ich bei mir hatte, unser Leben gefährden konnten, denn man würde uns unweigerlich für Nazis halten. Ich handelte schnell. Hinter uns befand sich ein Kanal. Ich trat an sein Ufer, schaute mich um und da niemand mich zu beobachten schien, warf ich die Tasche mit den Fotos und Papieren und damit einen Teil unserer Geschichte ins Wasser.

Wir wurden ohne größere Probleme vom Roten Kreuz aufgenommen, fühlten uns aber völlig allein gelassen. Doch der Himmel hatte Erbarmen mit uns und wir fanden unsere Freunde, die uns mit dem Lastwagen gefolgt waren, wieder. Sie hatten den Zuständigen vom Roten Kreuz bereits erzählt, was wir für sie getan hatten. Plötzlich hörte ich meinen Mann schreien: »Man wird mich erschießen, man wird mich erschießen!« Er hatte von einem russischen Soldaten gehört, dass ein Schindler aus Mährisch-Ostrau gesucht würde, der für die Abwehr gearbeitet hatte. Als ich versuchte ihn zu beruhigen, sprach mich ein Herr an und fragte, woher wir kämen. Auf meine Antwort »Aus den Sudeten« riet er mir, dies nie mehr zu erwähnen, wenn uns unser Leben lieb wäre, und möglichst in Gegenwart Fremder nicht Deutsch zu sprechen.

Als wir zu unseren Freunden stießen, waren sie nur noch zu siebt. Ein achtzehnjähriges Mädchen war spurlos verschwunden. Vermutlich war sie den Russen in die Hände gefallen. Später soll sie in Prag gesehen worden sein, hochschwanger. Wahrscheinlich infolge der Vergewaltigungen durch Soldaten.

Das Rote Kreuz wies uns in ein Hotel in Deutsch-Brod ein oder vielmehr in das, was davon übrig geblieben war. Ich schlief mit Eva und anderen Frauen in einem Zimmer. Mir wurde bewusst, dass mich diese Nähe zu einer ehemaligen Geliebten meines Mannes unter diesen Umständen nicht besonders störte. Jahre später erkannte ich, wie sehr der Krieg die Menschen verändert und krank macht, indem er sie zwingt, seelische und moralische Werte zu verraten. Die Männer schliefen im ehemaligen großen Salon, der jetzt voller Staub und Schutt war.

Wir blieben drei Tage, Oskar durfte das Gebäude nicht verlassen. Dann brachte man uns zu dem in Trümmern liegenden Bahnhof. Die Halle bestand nur noch aus einer einzigen Wand mit einem Fenster. Wir schlossen uns Ryziard Rechen an, der zu seiner Tante Helene Rubinstein in die Schweiz fahren wollte. Als Heimatlose war es egal, wohin wir gingen.

Inzwischen hatte ich wieder ein wenig Hoffnung geschöpft. In der Unterkunft in Deutsch-Brod hatte ich ausgerechnet eine Bibel gefunden und war auf einen Abschnitt bei Jeremias gestoßen:

Wer will denn sich dein erbarmen, Jerusalem? Wer wird denn Mitleiden mit dir haben? Wer wird denn hingehen und dir Frieden wünschen? Es soll mir mehr Witwen unter ihnen werden, denn Sand am Meer ist. Ich will über die Mutter der jungen Mannschaft kommen lassen einen offenbaren Verderber und die Stadt damit plötzlich und unversehens überfallen lassen. Ach, meine Mutter, dass du mich geboren hast, wider den jedermann hadert und zankt im ganzen Lande!

Und Gott antwortet ihm:

Und will dich erretten aus der Hand des Bösen und erlösen aus der Hand des Tyrannen.

Um Mitternacht fuhr die alte Lokomotive ächzend in die Bahnhofsruine ein. Wir suchten uns Plätze in den halb zerstörten Waggons und als der Zug sich endlich wieder in Bewegung setzte, fiel die ganze Anspannung der letzten Tage von uns ab und wir schliefen ein. Plötzlich richtete sich Oskar im Halbschlaf auf und zog mit aller Kraft die Notbremse. Mit einem ohrenbetäubenden Quietschen blieb der Zug mitten auf der Strecke stehen. Ein Schaffner tauchte auf und schrie, wer den Zug angehalten habe. Wir versicherten ihm, dass wir alle geschlafen hatten, und nachdem er uns den Umgang mit der Notbremse noch einmal genau erklärt hatte, zog er wieder ab. Ich fragte Oskar, warum er das getan habe. Er antwortete mir, er habe einen furchtbaren Albtraum gehabt. Der Zug sei einen Damm entlanggerast, der auf beiden Seiten in den Abgrund führte, und er habe die Notbremse gezogen, um das Leben der Passagiere und sein eigenes zu retten.

Irgendwann kamen wir an einem Bahnhof an, wo wir nach Pilsen umsteigen mussten. Der gesamte Bahnsteig war mit einem Teppich aus weißen Flaumfedern überzogen. Der Schaffner erzählte uns, dass die Russen auf einen Güterzug voller Bettdecken gestoßen waren und auf der Suche nach irgendetwas sämtliche Decken mit ihren Bajonetten und Messern aufgeschlitzt und die Gänsefedern überall verteilt hatten. Trotz des ganzen Elends und der Verwüstungen um uns herum standen wir auf dem Bahnsteig und lachten, bis uns die Tränen kamen.

Nach 36 Stunden erreichten wir halb tot vor Hunger und Kälte Pilsen und damit die amerikanische Sperrzone. Auf dem Bahnsteig wurden wir von zwei Uniformierten auf Englisch begrüßt. Wir wurden mit dem Bus in ein kleines Dorf gebracht, wo sich Leute vom CIC[1] und der Heeres-Rabbiner mit Tränen in den Augen unsere Geschichte anhörten. Schließlich begrüßte uns der Lagerkommandant. »Herzlich willkommen«, sagte er, »ich freue mich wirklich, das erste Kontingent Juden aufzunehmen.« Niemand widersprach ihm. Der Kommandant stellte sich vor: sein Name sei Klein und er sei ebenfalls Jude. Das waren wir alle!!!

Klein brachte uns ins Hauptquartier. Hier konnten wir uns endlich waschen und bekamen zum ersten Mal nach drei Tagen etwas zu essen. Es war die köstlichste Suppe, die ich je gegessen habe. Nachdem wir uns ein wenig ausgeruht hatten, wurden wir gefragt, wo wir hinwollten. Als wir sagten, in die Schweiz, wurden uns sofort ein Reisebus und eine Anzahl Bezugsscheine zur Verfügung gestellt, damit wir uns auf die Reise machen konnten.

Wir fuhren an die mit reichlich Drahtgittern gesicherte Schweizer Grenze nach Kreuzlingen. Doch legale Wege in die Schweiz schien es nicht zu geben. Die Grenzer blieben stur. Also kundschafteten wir ihren Wachwechsel aus und fassten den Plan, mit Hilfe einer Drahtschere am folgenden Tag den Durchbruch zu wagen. Es wäre beinahe gut gegangen, doch plötzlich wurden wir von Zöllnern entdeckt. Sie nahmen neun von uns gefangen, darunter Oskar, und lieferten sie an

[1] CIC = Counter Intelligence Corps, Organisation des amerikanischen Heeres für militärische Abwehrfragen (Gegenspionage).

die französische Besatzungspolizei aus. Die steckte sie erst einmal 14 Tage in Arrest. Als Oskar dem Gefängnisoffizier unsere Geschichte erzählte, wurden sie freigelassen und in ein Hotel gebracht, wo wir uns wieder trafen. Der Ortskommandant lud uns sogar für den nächsten Tag zu einem Fest ein. So blieben wir vorerst in Konstanz.

Nach und nach fiel unsere Gruppe immer mehr auseinander. Die Juden erhielten ihre Einreisepapiere und brachen nach Südamerika, den USA oder Australien auf, wo Flüchtlinge relativ leicht Aufnahme finden konnten. Nachdem Oskar den Sommer über ziemlich apathisch gewesen war, beschloss er, sich bei der amerikanischen Verwaltung in Bayern über unsere Zukunftsmöglichkeiten zu erkundigen. Drei Monate später war es so weit: Oskar hatte es mit jüdischer Hilfe geschafft, zwei Passierscheine für die amerikanische Zone zu erhalten. Wir würden nach Regensburg ziehen, wohin es auch seine Schwester Elly mit ihren Kindern verschlagen hatte.

Die Zugfahrt dorthin war eine Katastrophe. Es war inzwischen Herbst und in den Waggons keine Tür und kein Fenster mehr heil. Wir besaßen nur Sommerkleidung und froren erbärmlich. In Ulm mussten wir umsteigen. Vom Ulmer Münster war nur noch eine trostlose Ruine übrig. Ähnlich bedrückend war unser Eindruck von München, wo wir eine Nacht bei der Familie Rosner, die in der Krakauer und der Brünnlitzer Fabrik gewesen war, verbrachten.

Die jüdische Organisation *Joint*[1] mit Sitz in Budapest, die über Major von Korab und Dr. Sedlacek schon während des

---

[1] Die Organisation wurde 1914 gegründet, damals um den Juden zu helfen, die in dem Gebiet des heutigen Israel lebten und zu Beginn des Ersten Weltkrieges flüchten mussten. Später sammelte der Joint Geld, um Juden allgemein zu helfen, während des Zweiten Weltkrieges besonders den von den Nazis verfolgten Juden.

Mit Marta (links) und Bernhard Scheuer in Regensburg 1946

Krieges Kontakt mit Oskar aufgenommen und an der Rettung unserer Leute mitgewirkt hatte, verhalf uns in Regensburg zu einer Wohnung. Mit ihren fünf Zimmern, der schönen Küche und dem großen Bad war sie weit mehr, als wir brauchten und erhofft hatten. Bei uns wohnte ein Mädchen, das seine Eltern im Krieg verloren hatte: Anni. Sie war sehr lieb und ich kümmerte mich um sie wie um eine eigene Tochter. Im Jahr 1947 heiratete sie und ich machte sie für ihre Hochzeitsfeier zurecht. Noch vor einigen Jahren schrieb sie mir einen Brief aus Regensburg, der Stadt, in der sie ihr ganzes Leben verbracht hat.

Der *Joint* versorgte uns jeden Monat mit einem Verpflegungspaket, das wir jedes Mal ungeduldig aufrissen, um

Weihnacht, 1997

wünscht Ihnen von Herzen Anni und Günter. Ich hoffe, daß Sie diese Zeilen bei guter Gesundheit erreichen. Waren Sie schon wieder mal in Deutschland? Ihr Buch haben wir uns auch gekauft und gelesen. Ja, das waren alles bittere Zeiten. Mit Traudl telefonieren wir manchmal. Leider können wir sie nicht mehr besuchen, denn Günter kann nicht mehr Auto fahren er hat nur noch 2 % Sehkraft, Eine Hilfe gibt es bei dieser Augenkrankheit nicht. Mir geht es zur Zeit auch nicht besonders gut. Habe Schwierigkeit mit der Herzklappe.

Horst mit Familie geht es gut.
Enkelin Melanie studiert in
Passau Pädagogik und
Gudrun in Bamberg Sozio-
logie. Ja, liebe Frau Schindler
so schnell vergeht die Zeit.
Nächstes Jahr im Juli sind
es 50 Jahre, daß wir verhei-
ratet sind und Sie mich als
Braut zurecht gemacht haben
Diese Woche bekam ich von
Martha Post. Sie teilte uns
mit, daß sie wieder umziehen.
Wir hoffen, daß sie nun was
gutes und passendes
finden.
Viele herzliche Grüße
und beste Gesundheit
wünschen Ihnen lb. Frau Schindler
Anni, Günter und Horst mit Familie.

Brief von Anni, unserer Mitbewohnerin in Regensburg

Treffen mit Bekannten in Regensburg 1947 (ich sitze rechts)

zu sehen, was es enthielt. Mehl, Zigaretten, Kaffee, Tee und Zucker waren Ende 1945 auf dem Schwarzmarkt Gold wert. Ich tauschte, was ich konnte. Zusätzlich bekamen wir dank Oskars Beziehungen einmal im Monat nicht nur für uns ein Care-Paket, sondern auch für Traudes Familie. Es enthielt gewöhnlich Kaffee, Tee, Zucker, Schokolade, Ei- und Milchpulver. Auch hiervon landete so einiges auf dem Schwarzmarkt, wo ich Handfesteres dafür bekommen konnte.

Das Leben in Regensburg war nicht einfach für uns. Die Einheimischen waren neidisch auf die Zugereisten und Vertriebenen, die über Nahrungsmittel verfügten, an die sie in vielen Fällen nicht herankommen konnten. Sie ließen uns spüren, dass wir ihnen nicht willkommen waren. Zum Teil sicher eine verständliche Reaktion, dass sie nach sechs Jahren

Krieg nicht unbedingt Lust zu teilen hatten, am wenigsten mit Deutschen zweiter Klasse wie Reichs- oder Sudetendeutschen. Doch noch größere Probleme als das Teilen schien ihnen die Nachbarschaft zu Menschen, auf die sie herabsahen, zu bereiten.

Auf einem Spaziergang ging einmal ein Fenster auf und jemand schüttete einen Eimer mit einer stinkenden Flüssigkeit über mir aus. Ein deutscher Kirchenmann ließ die Tür zu einem Bad zumauern, nachdem er erfahren hatte, dass wir es mit benutzten. Als wir einmal versuchten, frisches Brot einzutauschen, bekamen wir zu hören, das frische Brot sei nur für Deutsche bestimmt.

In Regensburg sah es zunächst so aus, als könnten Oskar und ich noch einmal von vorne anfangen und als würde unsere Ehe wieder glücklich werden. In den ersten Nächten war er wieder der leidenschaftliche und hingebungsvolle Liebhaber, der er zu Beginn unserer Ehe gewesen war. Ich konnte mir wieder vorstellen, dass wir uns gemeinsam eine Zukunft aufbauen würden.

Eines Abends sahen wir uns im Kino einen Liebesfilm an, als ich plötzlich furchtbare Bauchschmerzen bekam. Erst versuchte ich, nicht darauf zu achten, doch die Schmerzen wurden immer unerträglicher und ich bekam hohes Fieber. Oskar brachte mich sofort ins städtische Krankenhaus, wo ich am nächsten Tag operiert wurde. Ich war schwanger gewesen und das Kind war tot. Danach eröffneten mir die Ärzte, dass ich keine Kinder mehr bekommen könne.

Als ich langsam aus der Narkose aufwachte und die Augen aufschlug, sah ich in Oskars lächelndes Gesicht. Doch er war nicht allein. Neben ihm saß seine Freundin Gisa. Er hatte sie bei Rosners in München kennen gelernt und Frau Rosner stellte den beiden ein freies Zimmer in ihrer Wohnung zur Verfügung, wo sie sich jederzeit lieben konnten.

Ich war wütend und empört über diesen Betrug. Dazu kam die große Enttäuschung darüber, dass ich mich der Hoffnung hingegeben hatte, Oskar würde sich doch noch ändern. Mir fiel wieder ein, dass in Brünnlitz gemunkelt worden war, Oskar habe zwei uneheliche Kinder mit der Tochter eines Zwittauer Polizisten. Als ich meinen Mann darauf ansprach, gestand er mir, die Sache schon längst geregelt und der Mutter eine Abfindung für die Nichtanerkennung der Kinder gezahlt zu haben. Inzwischen habe ich erfahren, dass der Sohn in Australien lebt, die Tochter in Deutschland.

Im Jahr 1947 fuhr Oskar wieder einmal nach München, um Kontakt mit Leuten aufzunehmen, die uns bei einem Neuanfang helfen konnten. Die Rosners, die inzwischen in den Vereinigten Staaten leben, brachten ihn wieder mit dem *Joint* zusammen. Von ihm erhielt Oskar als Zeichen der Dankbarkeit für das, was er für die Juden getan hatte, einen Betrag von etwa 15 000 Dollar. Von dem Geld kaufte er nutzlose Kleinigkeiten und machte mit seiner damaligen Freundin – Gisa – einen Erholungsurlaub in den Bergen, während meine Nichte Traude und ich uns krumm legten, um auf dem Schwarzmarkt genügend Lebensmittel für uns alle zu bekommen. Ich habe von dem Geld erst sehr viel später erfahren, gesehen habe ich davon keinen Pfennig.

Es war hoffnungslos mit Oskar, er konnte nicht dagegen an. Sinnlos, auf eine Änderung zu hoffen. Er ging seinen Launen nach wie ein kleines Kind. Bei wichtigen Entscheidungen aber oder wenn Unheil drohte, suchte er Zuflucht bei mir. Oft habe ich mit dem Gedanken gespielt, ihn zu verlassen, ohne ihn, seine Lügen und Betrügereien und falschen Reueschwüre neu zu beginnen. Einzig mein Glaube an Gott und die Lehren der Kirche hielten mich davon ab.

Ich hatte alles verloren, Heimat, Familie, mein Zuhause. Was blieb mir übrig, als die Zähne zusammenzubeißen und mich den Umständen anzupassen. Also versuchte ich, Oskars Missachtung und Gleichgültigkeit keine Beachtung zu schenken. Mit der Zeit vergingen meine zärtlichen Gefühle für ihn, ich hörte auf, seinetwegen Tränen zu vergießen, und stürzte mich in die Arbeit. Ich zog mich in mich selbst zurück und wurde nach außen hin zu einer harten, unempfindlichen und distanzierten Person.

Fünf Jahre lebten wir in Regensburg. Dann kam Oskar von einem längeren Aufenthalt in München mit der Nachricht zurück, dass wir vom *Joint* zwei Überfahrten auf dem letzten Schiff bekommen hatten, das jüdische Flüchtlinge nach Südamerika bringen sollte. Der Gedanke an den Ortswechsel weckte neue Hoffnung in mir und ich begann sofort, Spanisch zu lernen.

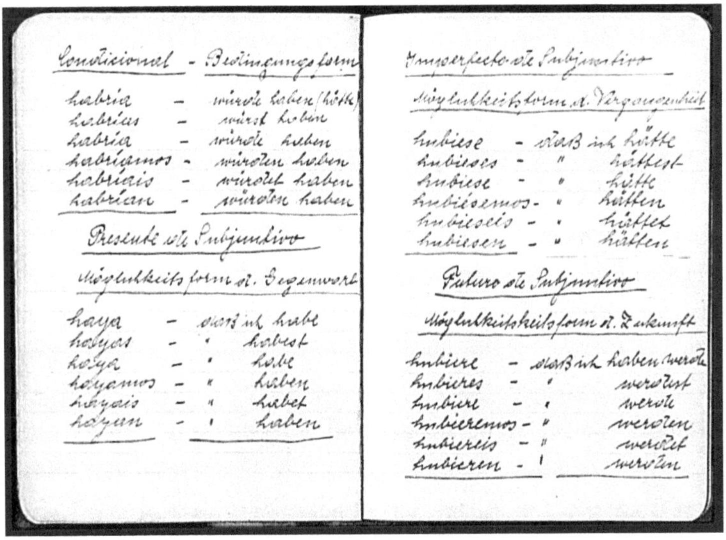

Schon vor unserer Abreise nach Buenos Aires begann ich Spanisch zu lernen.

Eine neue Heimat am anderen Ende der Welt

Viel vorzubereiten gab es nicht, da wir ja kaum etwas besaßen. Wir verabschiedeten uns von Traude und unseren Bekannten und machten uns auf den Weg nach Genua, von wo aus das Schiff nach Buenos Aires auslaufen sollte. Der Name der Stadt, *Gute Lüfte*, gefiel mir. Ich fand, er sei genau richtig für einen Ort, der so vielen Menschen Zuflucht vor dem Grauen geboten hatte. Damals wusste ich noch nicht, dass in diesem Hafen auch viele Nazi-Größen ankamen, die mit Hilfe der Organisation ODESSA ihrer verdienten Strafe entkommen waren.

An einem kalten Morgen im Oktober gingen wir an Bord der *Genova*. Mit uns reisten Roma und Edmund Horowitz, Fanny Goldfarb, Izak Korczyn – und Gisa Schein. Dass seine Geliebte uns begleiten würde, hatte Oskar mir erst kurz vor der Abfahrt erzählt. Inzwischen fehlte mir jedoch die Energie, ihm Vorwürfe zu machen. So absurd es war, ich hatte darauf gehofft, in Argentinien wieder seine einzige Frau zu sein.

Unsere Reise über den Atlantik dauerte 28 Tage. Wir fuhren in der dritten Klasse. Frauen und Männer waren zwar getrennt untergebracht, nächtliche Besuche waren jedoch häufig. Es wimmelte von Kindern, die in den Gängen tobten. Die wenigen sanitären Einrichtungen und Badezimmer waren in katastrophalem Zustand, man roch sie schon von weitem. An der Stelle, an der das Mittelmeer in den Atlantik übergeht, spitzte sich die Lage zu. Die riesigen Wellen schlugen über das Deck, das Schiff schaukelte unaufhörlich von einer Seite zur anderen. Die Leute, denen von dem Schlingern übel wurde, kotzten überall hin. An Essen war kaum zu den-

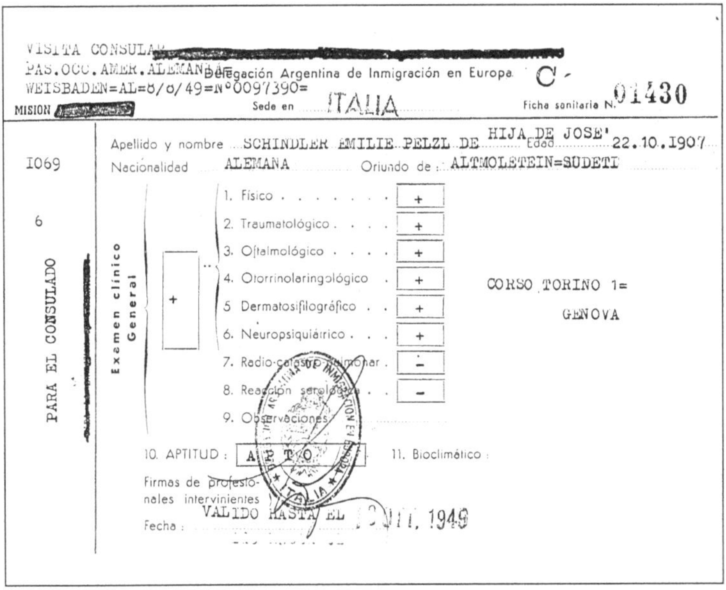

VISITA CONSULAR
PAS.OCC.AMER.ALEMANIA Delegación Argentina de Inmigración en Europa C
WEISBADEN=AL=8/6/49=N°0097390=
MISION Sede en ITALIA Ficha sanitaria N. 01430

Apellido y nombre SCHINDLER EMILIE PELZL DE HIJA DE JOSE' Edad 22.10.1907
1069 Nacionalidad ALEMANA Oriundo de ALTMOLETEIN=SUDETI

6

PARA EL CONSULADO

Examen clínico General

1. Físico	+
2. Traumatológico	+
3. Oftalmológico	+
4. Otorrinolaringológico	+
5. Dermatosifilográfico	+
6. Neuropsiquiátrico	+
7. Radio-catastro pulmonar	–
8. Reacción serológica	–
9. Observaciones	

CORSO TORINO 1=
GENOVA

10. APTITUD: APTO 11. Bioclimático:
Firmas de profesionales intervinientes
VALIDO HASTA EL ... 1949
Fecha:

Unsere Einschiffungspapiere für die Passage nach Argentinien 1949

ken. In den nicht einmal vier Wochen der Überfahrt nahm ich fast zehn Kilo ab.

Es war Herbst, als wir aus Italien abfuhren, und Frühling, als wir in Argentinien ankamen. Schon unterwegs hatte sich die Klimaveränderung langsam bemerkbar gemacht. Es war immer sonniger und wärmer geworden. Ich deutete es als gutes Zeichen, dass wir zu einer Zeit in unserer neuen Heimat ankommen sollten, in der alles zu blühen und sich zu erneuern beginnt. Im Gegensatz zu den schönen Tagträumen von unserer Zukunft in einem neuen Land wurde ich des Nachts von schrecklichen Albträumen geplagt, in denen mich die Nazis wegen unserer Hilfe für die Juden verfolgten. Wenn ich dann schweißgebadet aufwachte, fragte ich mich, wie lange dieses Grauen mich noch verfolgen würde.

Endlich kam die Durchsage: »Liebe Passagiere, morgen laufen wir im Hafen von Buenos Aires ein, in der Republik

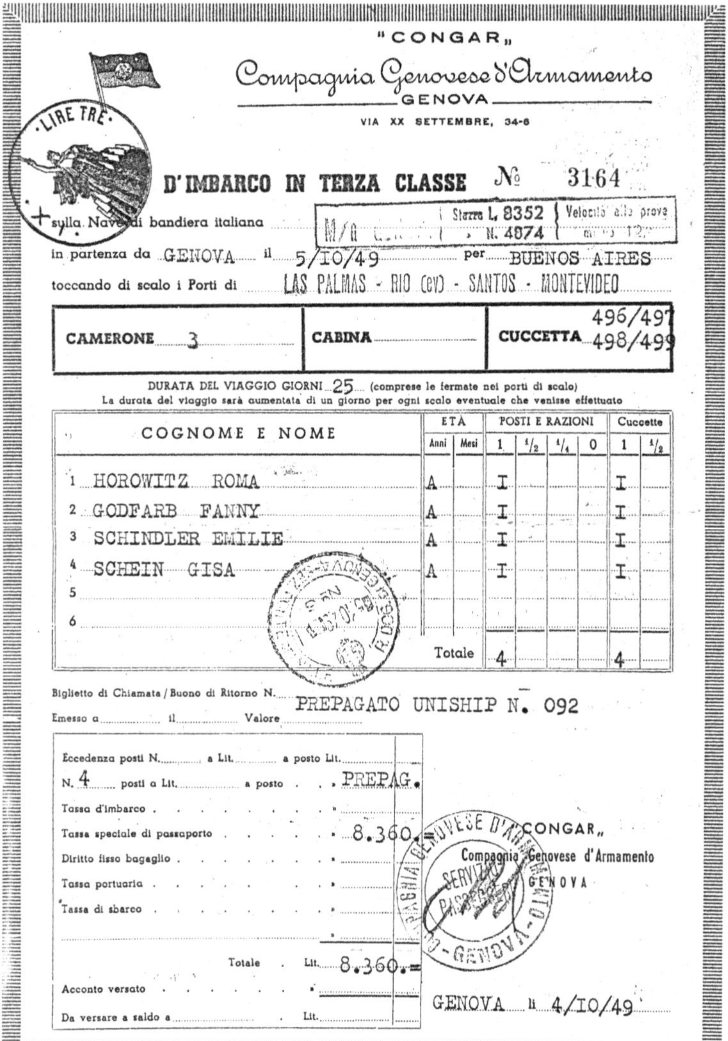

"CONGAR"
Compagnia Genovese d'Armamento
GENOVA
VIA XX SETTEMBRE, 34-6

LIRE TRE

[illegible] D'IMBARCO IN TERZA CLASSE № 3164

sulla Nave [illegible]di bandiera italiana M/N [illegible] | Stazza L. 8352 / N. 4874 | Velocità alla prova [illegible]

in partenza da GENOVA il 5/10/49 per BUENOS AIRES

toccando di scalo i Porti di LAS PALMAS - RIO (ev) - SANTOS - MONTEVIDEO

CAMERONE 3	CABINA	CUCCETTA 496/497 498/499

DURATA DEL VIAGGIO GIORNI 25 (comprese le fermate nei porti di scalo)
La durata del viaggio sarà aumentata di un giorno per ogni scalo eventuale che venisse effettuato

	COGNOME E NOME	ETÀ Anni	ETÀ Mesi	POSTI E RAZIONI 1	1/2	1/4	0	Cuccette 1	1/2
1	HOROWITZ ROMA	A		I				I	
2	GODFARB FANNY	A		I				I	
3	SCHINDLER EMILIE	A		I				I	
4	SCHEIN GISA	A		I				I	
5									
6									
		Totale		4				4	

Biglietto di Chiamata / Buono di Ritorno N. PREPAGATO UNISHIP N. 092
Emesso a ... il ... Valore ...

Eccedenza posti N. ... a Lit. ... a posto Lit.	
N. 4 posti a Lit. ... a posto	PREPAG.
Tassa d'imbarco	
Tassa speciale di passaporto	8.360.=
Diritto fisso bagaglio	
Tassa portuaria	
Tassa di sbarco	
Totale Lit.	8.360.=
Acconto versato	
Da versare a saldo a ... Lit.	

"CONGAR"
Compagnia Genovese d'Armamento
GENOVA

GENOVA li 4/10/49

Argentinien.« Alles freute und verbrüderte sich. Der Anblick des Hafens machte unser Glück dann vollkommen.

Am 3. November 1949 gingen Oskar und ich in Buenos Aires an Land. Zuerst mussten wir zur Gesundheitskontrolle.

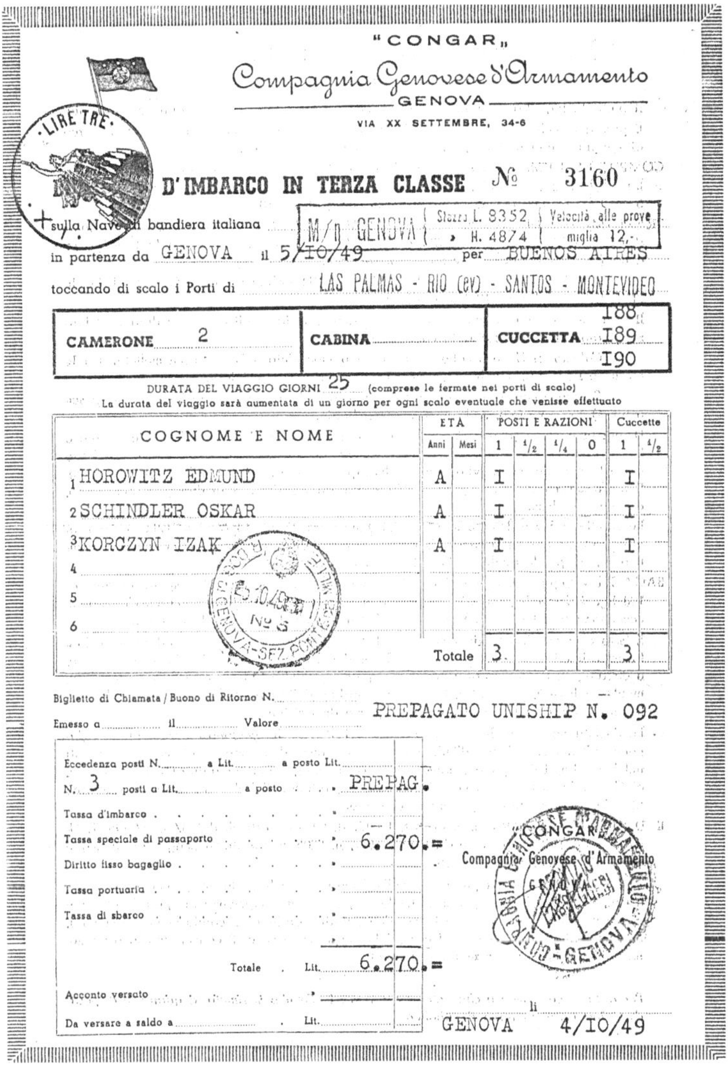

"CONGAR"

Compagnia Genovese d'Armamento

GENOVA

VIA XX SETTEMBRE, 34-6

LIRE TRE

[illegible] D'IMBARCO IN TERZA CLASSE № 3160

sulla Nave di bandiera italiana M/n GENOVA { Stazza L. 8352 / N. 4874 } Velocità alle prove miglia 12,-

in partenza da GENOVA il 5/10/49 per BUENOS AIRES

toccando di scalo i Porti di LAS PALMAS - RIO (ev) - SANTOS - MONTEVIDEO

CAMERONE 2	CABINA	CUCCETTA 188 189 190

DURATA DEL VIAGGIO GIORNI 25 (comprese le fermate nei porti di scalo)
La durata del viaggio sarà aumentata di un giorno per ogni scalo eventuale che venisse effettuato

COGNOME E NOME	ETÀ Anni	ETÀ Mesi	POSTI E RAZIONI 1	1/2	1/4	0	Cuccette 1	1/2
1 HOROWITZ EDMUND	A		I				I	
2 SCHINDLER OSKAR	A		I				I	
3 KORCZYN IZAK	A		I				I	
4								
5								
6								
Totale			3				3	

[Stempel: GENOVA-SEZ. PORTO ... 5.10.49 ... N° 6]

Biglietto di Chiamata / Buono di Ritorno N. ....
Emesso a .... il .... Valore ....

PREPAGATO UNISHIP N. 092

Eccedenza posti N. .... a Lit. .... a posto Lit.	
N. 3 posti a Lit. .... a posto	PREPAG.
Tassa d'imbarco	
Tassa speciale di passaporto	6.270.=
Diritto fisso bagaglio	
Tassa portuaria	
Tassa di sbarco	
Totale Lit.	6.270.=
Acconto versato	
Da versare a saldo a .... Lit.	

[Stempel: "CONGAR" Compagnia Genovese d'Armamento GENOVA]

li GENOVA 4/10/49

Alle Einwanderer wurden einer gründlichen medizinischen Untersuchung unterzogen. Mein Mann und ich erfreuten uns offenbar bester Gesundheit, denn alles ging glatt und die Formalitäten wurden erledigt. Danach machten wir uns mit dem

Taxi auf den Weg in ein Hotel in der Calle Corrientes, dessen Adresse wir von einem Juden bekommen hatten.

Nie werde ich meine erste Fahrt durch die Straßen von Buenos Aires vergessen. Oskar und ich sprachen kein Wort. Während ich voller Neugier auf meine neue Heimat aus dem Fenster schaute, schien Oskar nur gelangweilt und ungeduldig, endlich anzukommen.

Schon bald hatte Oskar Kontakt zur jüdischen Gemeinde in Buenos Aires gefunden. Durch sie lernte er einen Industriellen kennen, der gerade eine so genannte Quinta in San Vicente erworben hatte und jemanden zu ihrer Bewirtschaftung suchte. Eine Quinta ist ein Haus mit etwas Land für Obstbäume und Tierhaltung. Wir brauchten nicht lange zu überlegen. Ich kannte mich mit Landwirtschaft aus, hatte die Arbeit auf unserem Gut in Alt-Moletein immer geliebt. Die Aussicht, nach all den Jahren in Städten und düsteren Fabrikhallen endlich wieder unter freiem Himmel zu arbeiten, erschien mir geradezu paradiesisch.

Wir nahmen das Angebot sofort an und zogen kurz darauf nach San Vicente. Der Ort selbst ist nicht besonders eindrucksvoll. Alles ist um einen großen Platz herum gruppiert, an dem das Bankgebäude, das Rathaus und ein paar Geschäfte stehen. Beherrschend ist die im Kolonialstil erbaute sepiafarbene Kirche. Der Platz ist von einer Vielzahl von Bäumen umstanden und im Sommer, zur Blütezeit, bietet er ein malerisches Bild.

Wir bauten uns eine Hühner- und Legehennenzucht auf. Dafür arbeitete ich ohne Verschnaufpause. Morgens um fünf fing ich an, gab frisches Wasser in die kleinen Tränken und mischte Mais unter die Körner. Dann mussten die Eier eingesammelt, sortiert, vorsichtig gereinigt und schließlich in Eierkartons verpackt werden. Zwischendurch machte ich mir ein warmes Essen und kümmerte mich um meine Hausarbeit. Dann ging es weiter mit den Hühnern.

Acht Jahre arbeitete ich so ohne Unterbrechung. Oskar half mir in keiner Weise, er stürzte sich lieber in die Abenteuer, die die Hauptstadt ihm bieten konnte. Eines Tages hatte er eine seiner glänzenden Ideen. Wir (er benutzte immer den Plural) müssten Nutrias züchten. Ich versuchte ihm das auszureden. Doch wie immer, wenn Oskar glaubte, dass mit einer Idee viel Geld zu machen sei, war er davon nicht wieder abzubringen. Mir war klar, dass er nach ein paar Tagen schon keine Lust mehr haben würde und die gesamte Schufterei wie üblich an mir hängen bleiben würde. Außerdem hatten wir beide keinerlei Ahnung von dieser Arbeit. Aber ich redete gegen eine Wand. Also blieb mir nichts anderes übrig, als mir Bücher zu beschaffen und mich über die Nutriazucht zu informieren. Ich erfuhr, dass Nutrias auf allen Kontinenten vorkommen, nur nicht in Südamerika. Die Tiere, die man Oskar angeboten hatte, waren Biberratten. Als sie in großen Metallkäfigen geliefert wurden, rief mich Oskar und sagte strahlend: »Sieh mal, Emilie, da hast du das Geschäft des Jahrhunderts. Damit werden wir Millionäre. Pelzmäntel tragen alle Frauen.« Ich schien da die einzige Ausnahme zu sein.

Ich tauschte das Geflügel gegen Nagetiere ein, aber das war auch das Einzige, was sich änderte. Die Arbeitszeit blieb dieselbe: von früh bis spät. Mein Mann war grundsätzlich anderweitig beschäftigt.

Bei jeder Frau, die ich traf, fragte ich mich, ob mein Mann wohl ein Verhältnis mit ihr gehabt hatte. Mit der Zeit fiel mir die Antwort immer leichter: sicher mit jeder, die es zuließ. Dabei musste er sich nicht einmal die Mühe machen, die Frauen zu erobern. Sein angeborener Charme war schuld, dass ihm die Frauen nur so zuflogen. Vor einiger Zeit wurde ich gefragt, ob Oskar wirklich so attraktiv gewesen sei wie Liam Neeson, der ihn in »Schindlers Liste« darstellt. Ich dachte zurück an seine elegante Erscheinung, sein blondes Haar, die blauen Augen und sein von Natur aus verführerisches Lächeln, und ich wusste, ich würde mich wieder für ihn entscheiden.

Unglücklicherweise war ich nicht die Einzige, die seinem Charme erlag, und Oskar wusste das. Er schien sich verpflichtet zu fühlen, jede sich bietende Gelegenheit wahrzunehmen. Hatte er sich einmal auf eine Affäre eingelassen, wusste er nicht, wie er sie wieder beenden konnte. Und wenn er sie beendet hatte, litt er darunter. Wenn ich ihm Vorhaltungen machte, erklärte er mir immer seine in meinen Augen recht eigenwillige Auffassung des *Carpe diem*: »Weißt du, Emilie, jeder muss so leben, wie es seinen Neigungen entspricht. Man muss den Tag nutzen, alles andere kommt sowieso und ohne dass man es sich vornimmt oder erwartet.«

Oskar wusste, dass er mich verletzte, aber er konnte nicht anders. In dieser Beziehung war er wie ein Kind, obwohl er andererseits der SS gegenüber in der Lage gewesen war, seinen Charme kaltblütig und mit aller Entschlossenheit einzusetzen, um etwas Bestimmtes zu erreichen.

Ich erinnere mich, wie ich Oskar kurz vor Kriegsbeginn einmal Akten in eine andere Stadt in sein Hotel bringen musste. An der Rezeption fragte ich nach meinem Mann und der Portier sagte, er sei schon weg, und zwar nicht allein. Es stellte sich heraus, dass es in dem Hotel einen Skandal gegeben hatte, als unter Oskar und seiner Geliebten in der Hitze des Gefechts das Bett zusammengebrochen war. Ich war mehr peinlich berührt als überrascht, denn seine Qualitäten in Liebesdingen waren mir ja durchaus bekannt.

Abschied für immer

Im Jahre 1957 verkündete die Deutsche Bundesregierung das Lastenausgleichsgesetz, demzufolge alle durch das Nazi-Regime Geschädigten für ihre Verluste während des Zweiten Weltkriegs entschädigt werden sollten. Wir erhielten einen Brief, in dem stand, dass zur Festsetzung einer Entschädigung für die Fabrik in Brünnlitz unsere Anwesenheit in Deutschland notwendig sei. Wir besprachen das Thema ausführlich und kamen gemeinsam zu dem Entschluss, dass Oskar allein fahren sollte. Erst wehrte er sich dagegen, mich zurückzulassen, aber ich überzeugte ihn schließlich. Einer musste sich ja um die Tiere kümmern.

Damals ahnte ich noch nicht, dass er nie wieder zurückkehren sollte.

Als Oskar 1957 ging, ging mit ihm ein wichtiger Teil meines Lebens. 1928 hatten wir in Zwittau geheiratet. Wir waren fast genau dreißig Jahre zusammen. Er hatte die feste Absicht, bald zurückzukommen, aber die Situation in Deutschland war sehr schwierig und die Sache mit dem Lastenausgleich ließ sich nicht so schnell regeln.

Schließlich erhielt Oskar in Deutschland eine Entschädigung von hunderttausend Mark für die Fabrik in Brünnlitz, wie mir über Bekannte zu Ohren kam. Erwartungsgemäß sah ich nie auch nur einen Pfennig von dieser Summe. Zu wissen, dass er das Geld bekommen und nicht an mich gedacht hatte, erzürnte und betrübte mich noch mehr. Es verdarb mir nicht nur die Gegenwart, sondern auch unsere gesamte Vergangenheit. War ich für Oskar zu einer Fremden geworden oder war ich das schon immer gewesen?

Mit der Zeit kamen Oskars Briefe nur noch sehr sporadisch und schienen voneinander abgeschrieben zu sein. Hier und da erzählte er von seiner Nichte Traude, dann folgten die verschiedensten Entschuldigungen, Vertröstungen und unklaren Geschichten, ohne die geringste Anspielung auf meine wiederholten Bitten um Hilfe oder auf die Schwierigkeiten, denen er mich überlassen hatte. Ein einziges Mal schickte er mir etwas Geld, zweihundert Mark, und »Das Tagebuch der Anne Frank«.

Seine Gleichgültigkeit und der Mangel an echten Antworten nahmen mir allmählich die Lust, auf ihn zu warten. Wenn ich ihm schrieb, schwor ich mir jedes Mal, dass es das letzte Mal sein würde, bis ich mein Wort schließlich hielt. Oskar schrieb mir jedoch weiterhin. Ich warf Briefe mit deutschen Briefmarken ungeöffnet ins Feuer.

Viele Jahre danach, als der berühmte Koffer von Oskar gefunden wurde und ich Kopien der darin enthaltenen Aufzeichnungen und Briefe erhielt, entdeckte ich beim Lesen einiger Schriftstücke, dass er doch an mich gedacht und sich um mich gekümmert hatte.

Er schrieb z. B. an Kurt Großmann:

Frankfurt a. M., den 13. 1. 1959

… Der Zweck meiner Zeilen ist, nachfolgendes zu klären: Ich erhalte aus Buenos Aires von meiner Frau die Mitteilung, dass Sie Herrn Henry Rosner, meinen guten Freund in New York, anlässlich eines Gespräches dahin unterrichtet hätten, dass Sie mir ein namhaftes Honorar für Ihr Buch »Die unbesungenen Helden« ausbezahlt hätten und ich diese Summe sowie einen weiteren Dollar-Zuschuss vom Joint, New York, mit jungen Mädchen in Luxus-Hotels hier verprasse.

Oskar Schindler
Frankfurt/M.
Arndtstr.46

Frankfurt/M., den 13.1.1959

Herrn
Kurt R. Grossmann
The Jewish Agency for
Palestine
16 East 66th Street
N e w   Y o r k - 21
N.Y.

Sehr geehrter Herr Grossmann !

In der Hoffnung, dass Sie einen guten Start in das Neue Jahr genommen haben, entbiete ich Ihnen und Ihrer lieben Gattin für das Neue Jahr die besten Wünsche.

Der Zweck meiner Zeilen ist, nachfolgendes zu klären:

Ich erhalte aus Buenos Aires von meiner Frau die Mitteilung, dass Sie Herrn Henry Rosner, meinen guten Freund in New York, anlässlich eines Gespräches dahin unterrichtet hätten, dass Sie mir ein namhaftes Honorar für Ihr Buch "Die unbesungenen Helden" ausbezahlt hätten und ich diese Summe sowie einen weiteren Dollar-Zuschuss vom Joint, New York, mit jungen Mädchen in Luxus-Hotels hier verprasse.

Ich empfinde für meine Frau ein grosses Mass Kameradschaft und ich hätte gerade dieser Frau , die jede Stunde gewärtig sein muss, dass man ihr Rancho durch Versteigerung über den Kopf weg verkauft, eine bessere Weihnachtsbotschaft gegönnt.

Sie wissen, sehr geehrter Herr Grossmann, in erster Linie, dass ich von Ihnen weder einen Cent Honorar erhalten oder erbeten habe. Auch wissen Sie sehr gut aus dem Schriftwechsel mit Herrn Dr.Besser, dass ich seit fast einem Jahr keinerlei materielle Unterstützung vom Joint, Frankfurt (via New York) erhalten habe. Ich bitte Sie daher sehr, die Gelegenheit wahrzunehmen, Herrn Rosner telefonisch oder persönlich das Missverständnis aufzuklären, denn ich will nicht annehmen, dass Sie irgendeinen Grund hätten, derartige Unwahrheiten kursieren zu lassen.

Ich danke Ihnen im voraus und verbleibe,

Ihr sehr ergebener

Aus Oskars Briefen, hier an Kurt Großmann vom 13. 1. 1959, sprach die Sorge um meine wirtschaftliche Lage.

Ich empfinde für meine Frau ein grosses Mass Kameradschaft und ich hätte gerade dieser Frau, die jede Stunde gewärtig sein muss, dass man ihr [ihr] *Rancho durch Versteigerung über den Kopf* [hin]*weg verkauft, eine bessere Weihnachtsbotschaft gegönnt.*

Sie wissen, sehr geehrter Herr Grossmann, in erster Linie, dass ich von Ihnen weder einen Cent Honorar erhalten oder erbeten habe. Auch wissen Sie sehr gut aus dem Schriftwechsel mit Herrn Dr. Besser, dass ich seit fast einem Jahr keinerlei materielle Unterstützung vom Joint, Frankfurt (via New York) erhalten habe. Ich bitte Sie daher sehr, die Gelegenheit wahrzunehmen, Herrn Rosner telefonisch oder persönlich [über] *das Missverständnis aufzuklären, denn ich will nicht annehmen, dass Sie irgendeinen Grund hätten, derartige Unwahrheiten kursieren zu lassen …*

Auch aus den Briefen an seine jüdischen Freunde, z. B. Jakob Sternberg, spricht durchaus die Sorge um meine Zukunft:

Frankfurt a. M., den 20. 1. 1964
… Es wäre die glücklichste Stunde meines Lebens, Euch, meinen Freunden, mitteilen zu können, dass eine produktive Tätigkeit mich frei macht von jeder Unterstützung seitens meiner Freunde …

Ich will aus den eventuellen Erfolgen für meine Frau in Argentinien natürlich auch Erleichterungen schaffen und ich bin glücklich, von meinem Freund Walter Pollack gehört zu haben, dass sich nach Einschaltung des Weltkongresses[1] *auf*

---

[1] Jewish World Congress: Von den Zionisten im Jahr 1917 in New York gegründete Organisation, wurde zur führenden Dachorganisation von Vereinigungen jüdischer Gemeinden aus über 80 Staaten sowie internationaler Organisationen. Später spielte sie eine große Rolle im Kampf gegen den Nationalsozialismus und für die Bürgerrechte in den USA.

Frankfurt am Main, den 9.10.1964

Liebster Walter!

Diese Zeilen sind für Dich privat und vertraulich bestimmt.

Wie Du sehr gut weisst, hatte ich schon Jahre vorher keine eheliche Gemeinschaft und ich würde sie auch unter keinen , wie immer gearteten Verhältnissen wieder aufnehmen. Trotzdem habe ich die letzten 25 Jahre eine unabänderlich anständige Kameradschaft zu meiner Frau und wünsche ihr bestimmt nurdas Allerbeste. Mag auch ihr früherer Peon und Pferdeknecht Cacco heute Herr Bosetti sein, ich beneide sie nicht um ihn, trotzdem er 30 Jahre jünger ist. Dass Senor hindert ihn nicht daran, dass er immer bestrebt sein wird, seine 10 köpfige Familie mit zu ernähren. Wenn Du mir schreibst, dass sie für 500 $, die von guten Freunden gespendet wurden, ein ihr nicht gehörendes Stück Feld mit Stacheldraht eingezäunt hat, denn kann mir das nicht erzählen, denn ich war 10 Jahre Campesino, Für das Geld könnte man ganz San Vincente umzäunen. Das ist der Grund, dass ich in Blatt 1 von noch ünbestimmten Quoten gesprochen habe, um hier Dir die Möglichkeit zu geben, zu verhindern, dass sie von Parasiten ausgemolken wird.

Die von mir dem Produzenten vorgeschlagene Summe liegt ungefähr, aber bitte für Dich streng vertraulich, bei ca. 10.000 $, genaue Ziffern habe ich selbst noch nicht. Aber nur diesen Betrag zu nennen, würde die Familie Bosetti zum Grössenwahn bringen, denn es sind immerhin mehr als 1,5 Millionen Peso. Ich hätte mit leichtem Druck bei dem Produzenten eine Flugkarte für 2 - 3 Tage nach London für meine Frau herausholen können. Aber in unserer Notlage bedeuten diese 1000$ oder mehr ein gesichertes Leben für 1 - 2 Jahre, incl. Ferienaufenthalt Mar de Plata für meine Frau, ausserdem ist der Gesundheitszustand lt. Deinem Brief kein besondern guter.

Es sind aus Kreisen unserer Freunde Bestrebungen im Gang, aus Bundesmitteln einen Ehrensold für uns zu erwirken. Dies würde eine grosse Entlastung der Opferfreudigkeit meiner jüdischen Freunde bedeuten, aber auch darüber sind noch keinerlei feste Begriffe vorhanden und werden bei der bürokratischen Bearbeitung der amtlichen Stellen bestimmt Monate in Anspruch nehmen, bis irgendein Resultat erreicht ist.

Lieber Walter, ich weiss, Du hast selbst tausende Mark in den letzten Jahren für Hilfestellung meiner Frau geleistet und ich wüsste mir keinen besseren Treuhänder, der auch die nächsten Monate noch die Stellung hält. Ich möchte nur nicht, dass nach jahrelangen Darben und Quälen erreichten Erfolg irgendwelchen Parasiten in den Rachen geworfen wird.

Du hast bestimmt Ideen, Du sollst sie auch mit meinem lieben Freund Isak Stern in Israel abstimmen, wie man diese frei werdenden Mittel existenzsichern für meine Frau anlegt.

Ich danke Dir herzlich für Deine grosse Bereitwilligkeit und hoffe, Dich in wenigen Monaten umarmen zu dürfen.

inner Dein

Brief an Walter Pollack vom 9. 10. 1964

Eure Initiative hin sich durch Einschaltung einer jüdischen Loge die Situation meiner Frau erträglicher gestaltet …

Eines Tages im November 1964 erhielt ich wieder Post von Oskar. Er bat mich darum, einen Vertrag für einen späteren Film zu unterschreiben. Um ehrlich zu sein, ich hielt nicht viel davon, aber ich wollte kein Spielverderber sein und unterzeichnete den Vertrag, obwohl ich schon im Voraus wusste, dass das Ganze ein Fiasko sein würde.

Die Zeit verging und wir bekamen eine ziemlich spärliche Summe, aber was mich beim weiteren Lesen der Koffer-Dokumente überraschte, war der folgende Brief an Walter Pollack:

Frankfurt am Main, den 9. 10. 1964

… Ich war in der vorigen Woche von USA-Filmleuten nach London gerufen worden, um viele der noch offenen Details zu besprechen. Ich habe großen Wert darauf gelegt, dass meiner Frau eine bedeutende Summe für Personalrechte zukommt, kann mich aber heute noch weder über die Höhe noch die Art der Quoten verbindlich äußern, da mein Anwalt den Endvertrag noch nicht unterzeichnet hat …

Du kannst mir glauben, lieber Walter, dass ich durch dieses Ereignis in froher Stimmung bin, nicht nur meiner, sondern auch der Zukunft meiner Frau einen höheren Lebensstandard geschaffen zu haben …

Selbstverständlich freute ich mich sehr über seine unerwartete Fürsorglichkeit, aber manchmal frage ich mich, warum es so lange dauern musste, bis ich davon erfuhr. Hätte nicht meine Biografin Erika Rosenberg zufällig von dem Koffer erfahren und mich darüber informiert, hätte ich nie etwas davon gehört. Denn die Menschen, die den Koffer gefunden

hatten, wollten ihn mir unterschlagen. Leider habe ich erst alles viel zu spät erfahren. Nun denke ich anders über so manches und frage mich auch, ob es ein Fehler war, nicht mit Oskar nach Deutschland gefahren zu sein.
Eines Tages Ende Oktober 1974 rief mich Walter Pollack an und fragte, ob er mich besuchen dürfe, um mir etwas Wichtiges mitzuteilen. Als ich sofort fragte, worum es ging, erwiderte er mit ruhiger Stimme, ich solle mir keine Sorgen machen. Ich würde schon alles bei seiner Ankunft erfahren. Ungeduldig wartete ich auf ihn. Dabei gingen mir lauter böse Vorahnungen durch den Kopf, wie zum Beispiel, die B'nai B'rith würde aufhören, mich finanziell zu unterstützen, oder noch Schlimmeres.

Beim Kaffeekochen zitterten mir die Hände so sehr, dass ich mit der vollen Kanne gegen den Küchentisch stieß, den gesamten Kaffee verschüttete und neuen machen musste.

Als es an der Tür klingelte, fingen meine zwei Schäferhunde laut zu bellen an. Ich begrüßte Herrn Pollack und ließ ihn herein. Nachdem er Platz genommen hatte, sagte er mir, ich solle auf eine schlechte Nachricht gefasst sein. Dann holte er aus seiner braunen Ledertasche, die ihn immer begleitete, eine Zeitungsanzeige und gab sie mir. Ich setzte mir die Brille auf und las:

Am Mittwoch, dem 9. Oktober 1974, verstarb nach schweren Leidenstagen im Alter von 66 Jahren

Herr Oskar Schindler

... Es trauern um ihn seine Geretteten in Israel und in vielen Ländern der Welt, seine Freunde in Deutschland und Frankfurt/Main ...

Dr. Moshe Bejski, Propst Dr. Dieter Trautwein, ... Dr. Heinrich Staehr

Am Mittwoch, dem 9. Oktober 1974, verstarb nach schweren Leidenstagen im Alter von 66 Jahren

Herr Oskar Schindler

geehrt in Yad Vashem als „Gerechter aus Völkern",
Träger des Bundesverdienstkreuzes
und des Päpstlichen Silvesterordens

Er hat in den Jahren des Schreckens 1940 bis 1945 in der Nähe von Auschwitz und im Sudetenland mehr als 1200 jüdischen Frauen, Kindern und Männern unter Einsatz seiner Existenz das Leben gerettet.

Es trauern um ihn

seine Geretteten in Israel und in vielen Ländern der Welt,
seine Freunde in Deutschland und Frankfurt/Main,
der Bundesverband der Gesellschaften der Freunde der
Hebräischen Universität Jerusalem in Deutschland e. V.,
für den er in den letzten Jahren tätig war,
Dr. Moshe Bejski
Propst Dr. Dieter Trautwein
Stadtdekan Msgr. Walter Adlhoch
Dr. Walter Hesselbach
Dr. Heinrich Staehr

Die Trauerfeier findet am Mittwoch, dem 16. Oktober, um 14 Uhr in der Trauerhalle auf dem Hauptfriedhof in Frankfurt/Main statt.

Todesanzeige von Oskar

Wortlos betrachtete ich das Stück Papier. Sagen konnte ich nichts.

Oskar war gestorben und niemand hatte mir Bescheid geben können oder wollen. Schließlich war ich immer noch seine ihm angetraute Frau. Die Gedanken kamen und gingen und ich blieb wie angenagelt auf meinem Stuhl sitzen, ohne mich rühren zu können.

Ich hatte schon gewusst, dass er die letzten Jahre sehr krank und seit einiger Zeit halbseitig gelähmt gewesen war, dass er außerdem aufgrund seines übermäßigen Trinkens und Rauchens an Herz- und Kreislaufbeschwerden litt. Aber ich hätte nie gedacht, dass es so schlimm um ihn gestanden war.

Plötzlich fiel mir wieder ein, dass Beate Pollack, die ihn in Deutschland getroffen hatte, mir bei ihrer Rückkehr erzählt hatte, Oskar habe die Absicht, nach Argentinien zu kommen. Ich hatte das auch schon von anderen gehört. Doch seine derzeitige Geliebte Annemarie Staehr war wohl dagegen gewesen, vielleicht aus Angst, dass er zu mir zurückkehren würde.

Herr Pollack, der mir noch gegenüber am Tisch saß, fragte, ob ich etwas bräuchte. Ich konnte kaum sprechen, fragte nur, wo er begraben sei. Pollacks Antwort kam prompt: »In Israel, in Israel.«

Die Sache schien ganz klar zu sein, man hatte vergessen, mich vom Tod meines Ehemannes in Kenntnis zu setzen.

Ich wusste, dass er die letzten Jahre eine Geliebte gehabt hatte, der ich unwillkürlich den Namen Maria Magdalena gegeben hatte. Trotz der großen Entfernung zwischen uns war ich fast immer im Bilde, was Oskar anging.

Ich brauchte eine gewisse Zeit, um mich von dieser Nachricht zu erholen. Es fiel mir nicht leicht, über seinen Tod hinwegzukommen.

Einige Zeit danach erhielt ich einen Brief von meiner Nichte Traude, in dem sie mich ebenfalls über Oskars Tod informierte:

25. 10. 74

Liebe Tante Mily,

Ich muss Dir heute leider die traurige Mitteilung machen, dass am 9. 10. 74 Onkel Oskar verstorben ist. Ich nehme an, dass sie Dich genauso wenig benachrichtigt haben wie mich. Ich habe es aus unserer lokalen Zeitung erfahren und habe mir dann von Karli (mein Cousin, der in Frankfurt wohnt) die Todesanzeige schicken lassen, damit ich überhaupt wusste, wer diese aufgegeben hat. Danach habe ich die Leute der Reihe nach angerufen, um in Erfahrung zu bringen, an was er gestorben ist. Dr. Trautwein war lediglich der evangelische Pfarrer, jedoch verwies mich die Sekretärin an die Frau Pallotai von der Hebräischen Universität in Frankfurt, mit der ich mich bald in die Haare gekriegt hätte, weil sie meinte, warum ich nicht zur Trauerfeier gekommen bin, da doch die ganze Welt anwesend war, sogar Leute aus Zwittau, nur die nächsten Verwandten nicht …

Jahre später, genau 1977, erhielt ich vom Regierungspräsidenten in Hildesheim Oskars Sterbeurkunde. Als ich sie in Händen hielt, überkam mich ein tiefes, trauriges und gleichzeitig unbeschreibliches Gefühl.

Bis zu meiner Reise nach Deutschland im März 1995 war ich überzeugt gewesen, dass Oskar an einem Herzanfall gestorben war, dann fiel mir zufällig ein Brief in die Hände, den seine letzte Geliebte an Traude geschrieben hatte, aus dem die wahre Todesursache hervorging.

Sehr eigenartig finde ich nach wie vor die Tatsache, dass keiner von Oskars Verwandten von seinem Tod benachrichtigt wurde.

Im Dom zu Frankfurt wurde eine Messe für ihn gelesen. Ryziard Rechen, der Fahrer des Lastwagens bei unserer Flucht aus Brünnlitz, ließ Oskars Leichnam auf den Friedhof von Jerusalem überführen und erfüllte ihm so seinen letzten Wunsch: in jüdischem Boden begraben zu werden.

1993, fast siebenunddreißig Jahre nach Oskars Abreise, konnte ich dank Spielbergs Film sein Grab besuchen. Ich hätte nie gedacht, dass wir uns auf diese Weise wieder begegnen würden: er tot und ich als alte Frau, die im Rollstuhl sitzen muss.

G

Sterbeurkunde

(Standesamt Hildesheim -/- Nr. 1593/1974)

Oskar Schindler, katholisch, -/-

wohnhaft in Frankfurt/M. -/-

ist am 9. Oktober 1974 um 19 Uhr 3o Minuten

in Hildesheim -/-

verstorben.

Der Verstorbene war geboren am 28. April 19o8 -/-

in Zwittau. -/-

~~D////Verstorbene war~~/ Der Personenstand des Verstorbenen ist unbekannt. -/-

Hildesheim, den 26. September 1977

DER STANDESBEAMTE IN HILDESHEIM (Siegel) 1

Der Standesbeamte

(Lutze) we

Bestell-Nr. 15/111-1 · CM 251/KC 9 · (Passend z. Durchschreibesatz 15/111 bis 118)
(Komplett-StAmt-Mappe III Tasche 63).
Sterbeurkunde.
Verlag für Standesamtswesen GmbH. Frankfurt/M.
80 9 8 7 6 5 24

15/111-1

Oskars Sterbeurkunde. Auch hier war nicht angegeben, dass er verheiratet war …

Ich tat an seinem Grab das Gleiche, was alle anderen auch getan hatten. Ich legte einen Kieselstein darauf und sprach in Gedanken mit ihm:

Nun gut, Oskar, am Ende haben wir uns wieder getroffen. Dies ist nicht der Moment für Klagen und Vorwürfe, das würde weder dir noch mir gerecht: Du bist jetzt in einer anderen Welt, in der Ewigkeit, und ich kann dir die vielen Fragen nicht mehr stellen, auf die du mir im Leben mit Ausreden geantwortet hättest. Und der Tod ist die beste aller Ausreden. Ich habe die Antwort nicht, mein Lieber, ich weiß nicht, warum du mich verlassen hast. Aber weder mein Alter noch dein Tod können etwas daran ändern, dass wir immer noch verheiratet sind, vor Gott jedenfalls. Ich habe dir verziehen, alles verziehen.

Als mein Rollstuhl den leichten Abhang wieder hinuntergeschoben wurde, der zu Oskars Grab im äußeren Teil des jüdischen Friedhofs in Jerusalem führt, wusste ich, dass ich ihn gewissermaßen mit der Kraft meiner Gedanken erreicht hatte, und spürte, wie mich nach langer Zeit ein außergewöhnlicher innerer Frieden überkam.

3.
Die Rettung der Juden

Die Anfänge des Terrors

Als junges Mädchen auf der Landwirtschaftsschule verstand ich mich mit einer Schulkameradin besonders gut: Rita Gross, ein jüdisches Mädchen.

Eines Tages sagte sie zu mir: «Wir beide haben nicht denselben Gott.«

Ich antwortete: »Hör zu, liebe Rita, es gibt nur einen Gott für alle, egal ob Juden oder Christen.«

Doch Rita schien mit der Antwort nicht zufrieden. Ich spürte ihre Traurigkeit. Plötzlich brach es aus ihr heraus:

»Und warum werden Juden dann so behandelt, als wären sie weniger wert? Haben wir keine Seele, keine Gefühle, leiden und freuen wir uns nicht wie alle anderen? Warum werden wir beleidigt, warum werden unsere Sitten und Gebräuche verspottet und verhöhnt? Warum dürfen wir weder Haus noch Hof besitzen?«

Darauf wusste ich nichts zu antworten. Aber beim Abschied nahm ich ihre Hand, um ihr zu zeigen, dass ich nicht so dachte und dass ich ihre Verzweiflung verstand.

Ich mochte Rita wirklich gern, sie war meine beste Freundin in einer Zeit, in der schon erste Zeichen rassistischer Diskriminierung zu bemerken waren. Die Tatsache, dass wir nicht den gleichen Glauben hatten, hinderte uns nicht an unserer gegenseitigen Zuneigung. Bis zu Beginn des Zweiten Weltkrieges blieben wir in Verbindung. Rita und ihre Familie wurden, wie so viele andere, Opfer der Nazis. Der Kommandant der deutschen Truppen in Alt-Moletein, der für ihre brutale Ermordung verantwortlich war, wurde später von den Russen hingerichtet.

Ritas Schicksal und die Erinnerung an sie begleiteten mich lange Jahre und das Entsetzen über ihren Tod hat mich nie verlassen.

Hitlers Drohung «Wer für mich ist, wird ein sehr großes Deutschland erleben. Doch wer gegen mich ist, ist des Todes. Es wird kein Pardon geben, nur Sieger. Und die werden wir sein« hatte ihre Wirkung auf die Menschen nicht verfehlt. Natürlich waren nicht alle Nazis, das weiß ich, da ich diese Hölle selbst miterlebt habe. Doch man stand in diesen Zeiten unter einem furchtbaren Druck und nur wenige hatten den Mut, sie selbst zu sein.

Für diejenigen, die gegen ihn waren oder nicht in sein Bild von Großdeutschland passten, inszenierte er eine Tragödie unvorstellbaren Ausmaßes: Kristallnacht, Nürnberger Gesetze mit dem Berufsverbot für Juden, Konzentrationslager, »Endlösung«, Tod und Verderben für Millionen.

Ich frage mich, ob die Menschen je einsehen werden, dass nur der Frieden zur Verständigung der Völker beitragen kann. Und zur Verständigung der Nationen gilt immer noch das Wort. Schon der Philosoph Martin Buber hat gesagt: »Der Krieg beginnt, wenn das Wort fehlt.«

Wenn ich allerdings sehe, welche Interessen beim Ausbruch von Kriegen eine Rolle spielen, kommen mir meine Vorstellungen ein wenig naiv vor.

Die Umstände machten Oskar und mich in gewisser Weise zu Komplizen dieses Geschehens. Auch wenn ich heute noch stolz darauf bin, gemeinsam mit meinem Mann zur Rettung von über 1300 Juden beigetragen zu haben, bringt mich der

Gedanke daran, wie wenige das im Vergleich zu der großen Zahl derer sind, die der Grausamkeit der Nazis nicht entkommen konnten, zur Verzweiflung.

Oskar hatte im Jahr 1935 begonnen, für die Spionageabwehr des Dritten Reiches zu arbeiten. Es gefiel ihm, ausländische Spione in der Tschechei und in Polen zu enttarnen, und er erfüllte seine Aufgaben so gut, dass er kurz darauf die Sektion in Mährisch-Ostrau übernehmen konnte.

Durch den 1919 nach dem Ersten Weltkrieg in Paris geschlossenen Vertrag von St. Germain hatte sich das Österreichisch-Ungarische Reich in eine große Zahl freier Staaten aufgeteilt. Einer davon war die Tschechoslowakei; sie konstituierte sich mit Einverständnis der Siegermächte (Frankreich, England, Italien und Amerika) auf dem von Ungarn abgetretenen Gebiet der Slowakei und der Sudeten als Republik. Im Jahre 1939 lag die Einwohnerzahl bei 14,5 Millionen Menschen: davon waren sieben Millionen Tschechen, etwas mehr als zwei Millionen Slowaken, drei Millionen Deutsche und der Rest Ungarn, Ukrainer und Polen. Die Deutschen lebten vorwiegend in den Gebirgsgegenden und den großen Städten wie Karlsbad, Marienbad oder Franzensbad.

Damals hieß unser Heimatland Böhmen, der Name ist abgeleitet von dem lateinischen Namen Bohemia für das Gebiet, das von den keltischen Boiern, einem ursprünglich in Mähren beheimateten Stamm, besetzt worden war.

Die Deutschen nannten Böhmen das Sudetenland. Dieser Name kommt von der knapp über dreihundert Kilometer langen Bergkette der Sudeten.

Im Jahr 1939 errichteten die Deutschen im Sudetenland das Protektorat Böhmen und Mähren, das sich bis Kriegsende halten sollte. Die Nationalsozialisten regierten das Gebiet mit einer Mischung aus Brutalität und Demagogie. Während die Arbeiter extra Lebensmittelzuteilungen bekamen, wurden Politiker, Wissenschaftler, Künstler, Intellektuelle und Schriftsteller erbarmungslos verfolgt. Ziel der Besetzung war es, das Gebiet schnell in eine wirtschaftlich blühende Region zu verwandeln und aus dem industriellen Fortschritt so viel Profit wie möglich zu ziehen. Dabei sollte das Land rein arisch werden, indem »rassisch Geeignete« germanisiert und alle Übrigen deportiert wurden. 1942 setzte die Verfolgung der hunderttausend Juden im Protektorat ein. Von ihnen sollten annähernd zwei Drittel in Konzentrationslagern ums Leben kommen, zusammen mit 38 000 nichtjüdischen Menschen.

Unmittelbar nach der Gründung des deutschen Protektorats Böhmen und Mähren bildete der frühere tschechische Staatspräsident Eduard Beneš eine Exilregierung mit dem Ziel, die Besatzungsmacht zu bekämpfen. Das kollaborierende Regime des amtierenden Präsidenten Emil Hácha unterzeichnete 1939 die Kapitulation vor dem Dritten Reich. Kein westlicher Staat griff ein, da die von Hitler ausgehende Gefahr verkannt wurde.

Die 1933 von Konrad Henlein gegründete Sudetendeutsche Heimatfront unterstützte die Politik der Nationalsozialisten. Die meisten seiner Mitglieder waren patriotisch gesinnte sudetendeutsche Arbeiter. Schon zwei Jahre nach ihrer Gründung war sie zur zweitwichtigsten Partei in der Tschechoslowakei aufgestiegen.

Sie betrieb mit Nachdruck die Eingliederung des Sudetengebiets in das Dritte Reich. Das sollte sich später für Henlein auszahlen, denn 1938 wurde er Reichsstatthalter von Böhmen und Mähren und im Jahr darauf sogar zum Gauleiter befördert.

Oskar trat seiner Partei zwar bei, wie viele andere, war aber kein hohes Parteimitglied und besaß nicht einmal ein Parteibuch.

Ich möchte dies ein für alle Mal richtig stellen, nachdem in Steven Spielbergs Film »Schindlers Liste« genau das Gegenteil angedeutet wird. Oskar war kein Mann mit politischen Prinzipien, er war nur ein Mitläufer.

Die Begeisterung von Henleins Anhängern erlahmte in dem Maße, wie sich der Druck aus Berlin erhöhte. Der Einfluss der deutschen Regierung wurde immer offensichtlicher und anstatt mehr Selbstbestimmung zu gewinnen, verloren wir Sudetendeutschen nach und nach unsere Freiheit und fühlten uns schließlich als Fremde im eigenen Land.

Das war der Anfang vom Ende.

Die Judenverfolgungen setzten 1942 nach dem Attentat auf Neuraths Nachfolger Reinhard Heydrich ein. Heydrich hatte das tschechische Volk gleich bei seiner Antrittsrede provoziert, indem er sagte: »... die Tschechen, vor allem diejenigen in Böhmen und Mähren, haben durch die Invasion nichts verloren.« Danach ließ er ungefähr fünftausend Menschen festnehmen und vierhundert von ihnen kurzerhand hinrichten.

Die Reaktion ließ nicht lange auf sich warten: Zwei Männern, einem Tschechen und einem Slowaken, beide Offiziere der Exiltruppen, gelang ein Attentat auf Heydrich, dessen Todeskampf sich eine Woche lang hinzog. Die Vergeltungsmaßnahmen der Nazi-Regierung waren grausam und völlig unverhältnismäßig. Ein Zug aus Prag, auf dessen Waggons »AaH« (Attentat auf Heydrich) geschrieben stand, brachte tausend Juden nach Polen in ein Vernichtungslager, denen dreitausend Juden aus Theresienstadt folgten. In der Nacht zum 9. Juni 1942 wurde der Ort Lidice bei Prag umstellt, ein Kommando erschoss zweihundert Männer und über zweihundert Frauen und Kinder wurden in ein Konzentrationslager verschleppt, das nur siebzehn Kinder überlebten. Wenig später war zu erfahren, dass Lidice mit dem Attentat nicht das Geringste zu tun hatte.

Ich hatte zu der Zeit eine Nierenkrankheit und ließ mich von einer jüdischen Ärztin aus Berlin behandeln. Als wir uns etwas besser kannten, erzählte sie mir einmal, dass ihre Mutter und sie ihre Heimatstadt im Jahre 1939 verlassen mussten, da die Lage für Juden zunehmend gefährlicher geworden war. Der tiefe Schmerz und der Kummer über diese Vorgänge waren ihr deutlich anzumerken und schienen ihre gesamten Kräfte aufzuzehren.

Als ich zwei Monate später zur Abschlussuntersuchung kam, war sie nicht mehr da. Schließlich erfuhr ich, dass sie mit ihrer Mutter nach Afrika ausgewandert war. Das Wort »auswandern« war jedoch trügerisch, in Wirklichkeit war sie geflohen, um ihr Leben zu retten.

Viele Nächte lang beschäftigten mich diese völlig ungerechten Verfolgungen und ich fragte mich nach dem wahren Grund dafür, ohne je eine vernünftige Antwort zu finden.

Erste Begegnung mit dem Grauen

1939 musste Oskar dienstlich nach Krakau, in das von den Deutschen besetzte Polen. Dort ließ er sich nieder, unter anderem, weil er als 1908 Geborener im besetzten Gebiet besser vor der Einziehung zum Kriegsdienst geschützt war. Krakau liegt nur ungefähr achtzig Kilometer von Auschwitz entfernt. Die Nähe zu diesem Grauen erregenden Ort, dessen sich so viele Menschen furchtbar schämen, mag der Grund sein, weshalb Reisen in diese schöne Stadt heutzutage von polnischen Reiseveranstaltern nur selten angeboten werden. Doch Auschwitz zu ignorieren ist meiner Meinung nicht die geeignete Methode zu vermeiden, dass sich so etwas – die Diskriminierung und brutale Auslöschung ganzer Volksgruppen – wiederholt.

Als gelernter Kaufmann wollte Oskar wieder in die Wirtschaft zurückkehren. Zu diesem Zweck pachtete er über das polnische Handelsgericht in Krakau eine leer stehende Fabrikhalle aus der Konkursmasse Rekord, die er später erwarb. Major von Korab hatte ihm bei einem seiner häufigen Besuche in unserem Haus den Vorschlag unterbreitet. Das Unternehmen hatte drei jüdischen Industriellen aus Krakau gehört, war Pleite gegangen und sollte verkauft werden. Oskar hatte zunächst Einwände, weil ihm das Geschäft nicht ganz sauber erschien. Doch von Korab überzeugte ihn schließlich mit dem Argument: »Im Krieg gibt es Gewinner und Verlierer, Herr Schindler. Kaufen Sie die Fabrik, die Schlachten schlagen wir.«

Daraufhin arrangierte Oskar ein Gespräch mit Herrn Bankier, einem der drei Eigentümer. Dieser kam, soweit ich weiß,

Abraham Bankier, einer der drei ehemaligen Eigentümer unserer Emailwarenfabrik in Krakau, mit seiner Frau

im Januar 1940 zu uns. Auf mich wirkte er wie ein Mensch, der in einem sonderbaren Land zu leben scheint, in dem er sich absolut rechtlos wähnt. Seine Bewegungen und seine Mimik drückten Furcht und Misstrauen aus. Während des Gesprächs saß er auf der Stuhlkante wie jemand, der permanent auf dem Sprung und zur Flucht bereit ist. Oskar stellte ihm eine Menge Fragen und notierte sich Bankiers präzise Antworten. Der Kaufpreis war hoch, doch Oskars Entscheidung, die Fabrik zu kaufen, stand schnell fest. Damit wurde nicht nur ein Vertrag geschlossen, sondern auch ein Pakt zwischen Menschen verschiedener Religionen, über dessen Tragweite sich zu diesem Zeitpunkt noch niemand im Klaren war. Das Werk war in äußerst schlechtem Zustand und Oskar musste erst einmal eine Menge Geld investieren, um es überhaupt in Betrieb nehmen zu können. Der bisherige Buchhalter Isaac Stern und Abraham Bankier selbst standen ihm dabei zur Seite.

Bankiers Hauptbedingung für den Verkauf der Fabrik war gewesen, dass jüdische Arbeiter aus dem Krakauer Getto eingestellt werden sollten. Oskars größte Schwierigkeit für den Start des Unternehmens bestand jetzt darin, eine diesbezügliche Genehmigung von der SS zu erhalten. Als sie endlich erteilt wurde, konnten die nötigen Arbeiter nach Ausbildung, Gesundheitszustand und Alter ausgewählt werden. Nach dieser Selektion wurde die Gruppe in das Konzentrationslager Plaszow gebracht, das sich auf dem ehemaligen Terrain des jüdischen Friedhofs nicht weit von Krakau befand. Die Entlohnung der Arbeiter war theoretisch die Aufgabe der SS.

Kurz vor dem Kauf der Fabrik lernten Oskar und ich Amon Göth, den Kommandanten des Konzentrationslagers Plaszow, kennen. Er war der abscheulichste und Furcht erregendste Mensch, dem ich in meinem ganzen Leben begegnet bin. Er war eine gespaltene Persönlichkeit, trat einerseits als Kavalier alter Schule auf und setzte andererseits die ihm unterstellten Juden einem pausenlosen unvorstellbaren Terror aus. Ich weiß nicht, warum, aber Oskar hatte Göth für sich eingenommen und so brachte er ihn eines Tages mit zu uns nach Hause. Amon Göth war ein Hüne von fast zwei Metern mit breiten Hüften, dunklem Haar und einem großen Mund mit dicken Lippen. Ich habe ihn schlanker in Erinnerung, als er im Film »Schindlers Liste« dargestellt wurde. Während wir uns unterhielten, leerte er ein Glas nach dem anderen in einem Zug aus. Mit Besorgnis sah ich, dass mein Mann es ihm nachtat. Früher hatte Oskar kaum Alkohol getrunken, doch seit er ständig mit den Nazis zu tun hatte, hatte ich Angst, er würde sich wie sein Vater zum Alkoholiker entwickeln.

Es beunruhigte mich sehr, dass mein Mann so viel Zeit mit dieser Bestie verbrachte, denn es zeigte mir, wie ernst unsere Lage war. Göth ließ seinen blutrünstigen und grausamen Instinkten in Plaszow freien Lauf. Jeden Morgen holte er sein Gewehr aus dem Schrank und machte Schießübungen, indem er auf die jüdischen Häftlinge schoss. In seiner Person vereinte sich unvorstellbare Grausamkeit mit großer Kultiviertheit. Es fiel ihm ebenso leicht, kaltblütig zu morden, wie jeden falschen Ton auf einer der klassischen Schallplatten zu erkennen, die er ständig hörte.

Amon Göths polnische Geliebte Edith, die ihm von Oskar vorgestellt worden war, versuchte ihn zwar in seinen Tobsuchtsanfällen zu beruhigen, konnte ihn aber von seiner Angewohnheit, wahllos zu töten, nur selten abhalten. Sie hatten zusammen eine Tochter, die die Verbrechen ihres Vaters immer abgestritten hat. Edith lebt heute in den Vereinigten Staaten. Sie hat sich bemüht, diese Zeit zu vergessen.

Göth hatte ein jüdisches Dienstmädchen aus dem Lager, das für ihn persönlich in seiner Villa kochen und putzen musste. In sie war er unsterblich verliebt und er verprügelte sie jeden Tag, um seine wahren Gefühle nicht zu zeigen.

Oskars Beziehung zu Göth wurde mit der Zeit sehr problematisch. Schließlich brachte sie ihn sogar für ein paar Tage ins Gefängnis. Der Grund dafür war aber nicht, dass er ein jüdisches Mädchen geküsst hatte, wie im Film oder in Keneallys Buch dargestellt. Stattdessen hatte Oskar für Göth einige Kartons aufbewahrt, in denen die SS Waffen und geraubten Schmuck vermutete. Ich war dabei, als sie geöffnet wurden und nichts als alte Kleidung und unbrauchbare Uniformen zum Vorschein kamen. Der einzig wertvolle Inhalt bestand aus einer Tüte Nüsse, die die Soldaten im Handumdrehen aufaßen. Einer bot mir davon an, doch ich lehnte ab. Göth sollte nicht denken, dass ich mich hinter seinem Rücken an seinem Eigentum vergriff.

Bei Kriegsende fiel Göth den Tschechen in die Hände und wurde in einer Kaserne erhängt. Seitdem erscheint mir dieser leibhaftige Teufel im Traum, eine grässliche, bluttriefende Maske, die in tausend Stücke zerschellt.

In Plaszow wurde jeder über vierzehn zur Arbeit herangezogen. Jüngere wurden umgebracht oder zu medizinischen Versuchen benutzt. Viele Eltern machten falsche Angaben über das Alter ihrer Kinder, um sie vor dem sicheren Tod in den Gaskammern oder durch Erschießen zu bewahren. Die Frauen hatten große Angst, schwanger zu werden. Einmal kam ein ganz junges Mädchen zu mir und gestand mir weinend, dass sie von ihrem Verlobten schwanger sei. Sie wusste nicht, was sie tun sollte, mit wem reden, wen um Hilfe bitten. Allein die Tatsache, mit einem jüdischen Mädchen zu sprechen, brachte mein Leben bereits in Gefahr und noch viel gefährlicher würde es sein, ihr zu helfen. Doch ich spürte, dass ich auf jeden Fall etwas tun musste. Ich vertraute mich einem Arzt in einem Krankenhaus der Stadt an und bat ihn, sich der Sache anzunehmen. Dass es sich um eine Jüdin handelte, erwähnte ich vorsichtshalber nicht. Obwohl ich immer gegen Abtreibung gewesen war, erschien sie mir damals als die einzig mögliche Lösung.

Ein andermal kam einer der Fabrikarbeiter ganz aufgelöst zu mir. Zitternd erzählte er mir, dass seine Brille zerbrochen sei, ohne die er nicht weiterarbeiten könne. Obwohl ich bei jeder dieser Gelegenheiten selber vor Angst bebte, fand ich immer eine Möglichkeit, das Problem zu lösen. Der Mann bekam eine neue Brille.

Ich sah die zu Sklaven erniedrigten und wie Tiere behandelten Juden, denen alles und jedes verboten war. Sie durften nicht einmal Unterwäsche unter der Anstaltskleidung tragen, nicht mal im Winter. Ich sah sie, ihres gesamten Besitzes, sogar ihrer Familien beraubt, ohne jedes Recht, nicht einmal das auf einen würdigen Tod, und konnte angesichts ihres furchtbaren Schicksals nur Mitleid fühlen.

Weder damals noch heute, fast am Ende meines Lebens, kann ich verstehen, was damals vor sich ging. Ich weiß nicht, ob man das überhaupt jemals verstehen kann.

Nachdem die Frage der Arbeiter gelöst war, begann Oskar Emailgeschirr zu produzieren und war bald so erfolgreich, dass er nach nur drei Monaten schon 250 Arbeiter und Angestellte hatte. Bis 1945 stieg die Zahl der jüdischen Arbeiter auf über 1100. Um ihnen eine Unterkunft zu bieten, kaufte Oskar eine Parzelle von den Eheleuten Brilski und ließ sie herrichten. Dazu gehörte der Bau von Wachtürmen, Baracken, Waschräumen, Toiletten, Küche, Wäscherei, Krankenrevier, ärztlicher Ambulanz, die Anlage einer Kanalisation, die Umzäunung des Gebietes und vieles mehr. Insgesamt entstanden uns Kosten von ungefähr 600 000 Zloty. Aber das war ein geringer Preis angesichts der Tatsache, dass diese Menschen dadurch vor dem sicheren Tod bewahrt werden konnten. Da die Juden aus Plaszow dort nur ungefähr ein Drittel ihres Nahrungsbedarfs erhielten, waren wir von Anfang an ständig damit beschäftigt, genügend Lebensmittel zu beschaffen, um unsere Arbeiter am Leben und arbeitsfähig zu erhalten. Auch um die ärztliche Versorgung und Medikamente mussten wir uns selber kümmern.

Schnell galt unser Betrieb als judenfreundlich und das konnte zu damaliger Zeit lebensgefährlich werden. Doch hier kam uns Oskars einnehmendes Wesen zu Hilfe. Mit seiner gewaltigen Eloquenz zog er die gesamte Aufmerksamkeit auf sich und konnte jeden überzeugen, selbst in den schwierigsten Situationen. Sein selbstsicheres Auftreten und seine Fähigkeit, die jeweils richtigen Leute anzusprechen, machten es möglich, unser Unternehmen Judenrettung in diesem großen Umfang durchzuführen.

Trotzdem hatte ich ständig unendliche Angst. Mich erschreckten die dauernden Erklärungen über Deutschlands ruhmreiche Zukunft und den Ehrgeiz, den Nationalsozialismus mit Waffengewalt durchzusetzen. Ich spürte, dass diese Worte Unglück für die Welt, aber auch für uns bedeuteten, die wir – aus der Sicht jener Leute – auf der richtigen Seite standen.

Auch Oskar und ich wurden ständig vom Wachpersonal in der Fabrik belauert. Jede noch so kleine menschenfreundliche Geste einem Juden gegenüber konnte einem leicht zum Verhängnis werden. Aber auch ganz absichtsloses Verhalten konnte gefährlich sein.

Zum Beispiel warf ich eines Wintermorgens im Jahr 1943 in der Krakauer Fabrik achtlos einen Zigarettenstummel zu Boden. Ein Jude, der in der Nähe gestanden hatte, stürzte sich auf ihn und begann den winzigen Rest der Zigarette aufzurauchen. Ein SS-Oberleutnant wurde Zeuge des Vorfalls und herrschte mich wütend an: »Sie haben diesen Stummel absichtlich weggeworfen, damit dieser Drecksjude rauchen kann. Sie wissen ganz genau, dass Juden unter keinen Umständen begünstigt werden dürfen. Passen Sie von jetzt an auf, was Sie tun, denn ich werde Sie im Auge behalten.«

Ich antwortete ihm darauf so energisch, wie ich nur konnte, um ihm zu zeigen, dass ich mich von seiner Uniform nicht einschüchtern ließ: »Erstens verbitte ich mir entschieden, dass Sie in diesem Ton mit mir reden. Zweitens habe ich den Stummel weggeworfen, weil die Zigarette zu Ende war. Drittens habe ich nicht daran gedacht, dass jemand ihn aufheben könnte.«

Täglich gab es ähnliche Vorkommnisse. Ein anderes Mal begegnete ich auf einem Spaziergang mit einer jungen Polin einem SS-Offizier, der einen jungen Hund ausführte. Als das Tier an uns vorbeilief, biss es das Mädchen plötzlich ins Bein. Ich reagierte auf der Stelle, packte den kleinen Hund am Schwanz und zog ihn aus dem Weg. Der Offizier fuhr mich wütend an, was ich mit seinem Hund täte, doch ich erwiderte ihm energisch: »Wenn Sie nicht in der Lage sind, auf Ihren Hund aufzupassen, kann ich nicht für das einstehen, was ich tue. Und wenn Sie einen Schritt weitergehen, werden Sie mich gleich kennen lernen!«

Der Offizier machte einen solchen Wirbel, dass die SS sogar meinen Mann darüber informierte. Er versuchte die Situation zu entspannen, indem er wieder mal einige Offiziere reichlich mit bestem Kaviar und Wodka bedachte.

Im Laufe der Zeit verschlechterte sich die Lage immer mehr, so dass Oskar den Offizieren der SS immer teurere Geschenke machen und immer größere Summen aufwenden musste, um seine jüdischen Arbeiter behalten zu können. Die geforderten »Gefälligkeiten« bestanden aus Diamanten, Kaviar, Zigaretten, Kognak und anderen Schätzen, die es nur auf dem Schwarzmarkt gab und die uns ein Vermögen kosteten.

Die berühmte Liste

Eines Abends kam Oskar besonders niedergeschlagen heim. Er goss sich als Erstes einen Kognak ein und brütete dann vor sich hin. Schließlich konnte ich ihn dazu bringen, mir zu erzählen, was ihn bedrückte: »Schau, Emilie, die Lage wird immer unhaltbarer und manchmal weiß ich selber nicht, was ich tun soll. Göth hat beschlossen, das Lager Plaszow zu schließen und alle Gefangenen, also auch unsere Arbeiter, nach Auschwitz zu schicken. Ich hatte mehrere Unterredungen mit ihm und habe alles versucht, um ihn umzustimmen. Wir müssen unsere Leute unbedingt wegbringen, damit wir anderswo weiterarbeiten können. In Brünnlitz ist mir ein Rüstungsbetrieb angeboten worden, das wäre ideal, glaube ich. Doch ich weiß wirklich nicht mehr, was ich machen soll, damit er unseren Umzug genehmigt. Ich habe es mit Diamanten versucht, mit Schmuck, Geld, Wodka, Zigaretten, Kaviar. Mir fällt nichts mehr ein. Ich werde ihm ein paar hübsche Frauen schicken, um ihn irgendwie zufrieden zu stellen, mit seiner letzten Geliebten scheint es ja nicht mehr so recht zu klappen. Die Frau ist friedliebend und versucht andauernd, ihn von seinen sadistischen Exzessen abzubringen. Göth hat allmählich genug von ihr. Vielleicht geht es damit.

Sorgen macht mir aber auch die Liste, die wir ihm vorlegen müssen. Ich kenne die Arbeiter nicht, ihre Familien ebenso wenig, weiß kaum die Namen der wenigen, die zu mir ins Büro kommen, um zu sagen, dass etwas fehlt. Und von den anderen habe ich erst recht keine Ahnung. Mit den ehemaligen Besitzern der Fabrik habe ich bereits gesprochen. Herr Bankier meint, einer der Juden wird die Liste der Arbeiter aufstellen, die wir mit nach Brünnlitz nehmen.

Das alles macht mich nervös und deprimiert mich, ich bin es einfach nicht gewöhnt, die Dinge nicht unter Kontrolle zu haben und nicht selbst regeln zu können.«

Ich hörte mir seinen langen, traurigen Monolog still an und sah ihn zum ersten Mal wirklich besorgt. Ich spürte, dass ich ihm helfen musste, wusste aber nicht, wie, da ich nur selten in den Krakauer Betrieb ging. Nach unserer unüblich langen Unterhaltung über die heikle Situation wirkte er ruhiger und erleichtert.

So kam es zu der berühmten Liste, in die alle Arbeiter der Emailwarenfabrik aufgenommen wurden: Es waren genau 799 Männer und 299 Frauen. Soweit ich später erfahren habe, war es ein gewisser Herr Goldman, der die Arbeiter gegen Zahlung von Geld oder Schmuck auf die Liste gesetzt hatte. Ein Dr. Schwarz aus Krakau erzählte mir, dass er Goldman eine sehr große Summe gegeben habe, damit er den Namen seiner Frau auf die Liste setze. Trotzdem sei sie aber nicht mit unserem Betrieb und der gesamten Belegschaft in die Tschechoslowakei überführt worden. Stattdessen war sie in ein anderes Konzentrationslager gebracht worden, in dem sie hätte umkommen können. Es war reines Glück, dass sie sich hatte retten können und sie und ihr Mann sich nach dem Krieg wieder fanden.

Andere, die auf der Liste standen, behaupteten ebenfalls, dass sie große Summen an Herrn Goldman gezahlt hätten, um ihr Leben zu retten. Oskar und ich wussten nichts von diesen Bestechungen und Manipulationen und wir hätten sie auch nicht akzeptiert.

Diese Verlegung bereitete uns große Schwierigkeiten und war Tag und Nacht Thema bei uns, bis der Räumungsbefehl für das Werk ausgesprochen wurde. Mein Mann wurde dann von der Rüstungsinspektion an den Räumungsstab des OKH (Oberkommando des Heeres) verwiesen, welcher in Zusammenarbeit mit anderen Berliner Dienststellen endlich die Wiederaufnahme der Produktion nach Räumung zusicherte.

Der Hauptausschuss Munition erteilte dem Verlagerungsausschuss beim Reichsstatthalter in Reichenberg die Auflage, uns einen Teil der sichergestellten Spinnerei Brüder Hoffmann in Brünnlitz als Produktionsstätte und zur Unterbringung der Arbeitskräfte zuzuweisen.

Herr Hoffmann, ehemaliger Treuhänder dieser Firma und mit größtmöglicher Parteiprotektion ausgestattet, machte unserer Verlegung die größten Schwierigkeiten. Hoffmann, ein ehemaliger Butter- und Käsegroßhändler aus Wien und der Prototyp eines Nazi-Kriegsgewinnlers, war jedes Mittel recht, um unsere Verlegung zu hintertreiben. Landrat, Gestapo, Kreisleiter, alle wurden aufgeboten, nur um nicht zuzulassen, dass mein Mann Oskar Schindler die Gegend verjude, dass er Fleckfieber und andere Krankheiten mit seiner »Schindler-Bande« einschleppe, Feindflieger anlocken würde usw. Aber wir kamen doch mit unserem Betrieb nach Brünnlitz.

Ich hatte die Sache in die Hand genommen und ausgesprochenes Glück gehabt: Der Kreisleiter entpuppte sich als mein alter Schwimmlehrer und nach einem langen Gespräch über unsere Familien und dem Auffrischen gemeinsamer Erinnerungen war die Bewilligung nur noch eine Formsache.

Auch diese Fabrik war in miserablem Zustand, als Oskar sie übernahm. An unserem Ankunftstag gingen wir herum und sahen uns alles an. Die Fensterscheiben waren zerbrochen und überall stapelten sich riesige Kartons mit Wolle. Der ehemalige Besitzer, ein jüdischer Textilfabrikant, hatte alles stehen und liegen gelassen. Ich konnte mir nicht vorstellen, dass hier Waffen produziert werden sollten. Oskar gab sich optimistisch und meinte, wir würden wie der Phönix aus der Asche aufsteigen, wie immer. Doch mir blieb nicht verborgen, dass er keineswegs so sorglos war, wie er tat.

Wenige Tage später wurde der extra aus Krakau gelieferte Hochofen für die Herstellung von Munition aufgestellt und schließlich war die notwendige Ausstattung für die Produktion von Panzerfäusten komplett: Becken für Schwefelsäure, elektrische Brennöfen und riesige Lagerhallen. Chefingenieur Schöneborn war zuständig für die Instandhaltung der Maschinen, die Arbeitsabläufe und den gesamten Produktionsprozess. Doch nicht nur die Fabrikhalle selbst musste ausgestattet werden, auch das Lager für unsere Arbeiter musste in Aufbau und Sicherheitsvorkehrungen den Anforderungen der SS-Führung entsprechend hergerichtet werden. Dazu

So sah es 1944/45 in Brünnlitz aus.

gehörten Wachtürme, Stacheldrahtzäune, Latrinen, Wachblock, Unterkünfte, Krankenrevier, Lagerküche usw.

Die Männer aus Plaszow trafen im Frühling 1944 planmäßig in Brünnlitz ein, doch der Zug mit den Frauen blieb aus. Wir machten uns große Sorgen, obwohl mein Mann hohe Beträge an Göth gezahlt hatte, damit er die 1100, die auf der berühmten Liste standen, ohne Schwierigkeiten ziehen ließ.

25 Jahre nach dem Tod meines Mannes wurde sein berühmter Koffer in Hildesheim gefunden. Unter den vielen Dokumenten und Briefen, die ich in Kopie erhielt, fand ich den folgenden Brief, in dem Oskar die Verlagerung der Fabrik von Krakau nach Brünnlitz und die daraus entstandenen Schwierigkeiten ausgezeichnet schildert:

... Bei der Industrie-Räumung Krakaus beim Herannahen der Russen galt mein Hauptkampf der Erreichung der Verlagerungs-Genehmigung für meine jüdischen Arbeitskräfte. Endlich, nach langen bangen Wochen, erhielt ich in Berlin, wo ich alle Register zog, mit Unterstützung des Oberbaurat Ing. Lange vom Heereswaffenamt OKH in Oranienburg, vom Inspektorat der KZ-Lager die Genehmigung zum Transport meiner Leute nach namentlicher Liste, u. in wenigen Wochen waren die Familien meiner Leute wieder vereint. Die Verlagerung selbst blockierte in den ersten Tagen den kleinen Bahnhof des Verlagerungsortes, als 250 Waggons Maschinen u. betriebsbedingte Güter anrollten. Mit den örtlichen Stellen begann der Kampf u. die Schwierigkeiten gleich die ersten Tage, Protest gegen die Verjudung der Gegend, Gefahr der Seucheneinschleppung usw. Dann begannen für mich die Abwehrmaßnahmen gegen Hunger, es war eben nicht mehr Polen, wo man, wenn auch schwarz, jede Menge Lebensmittel kaufen konnte. Todesstrafe drohte für jeden Sack Mehl, der schwarz gekauft wurde. Zur Aufrechter-

haltung des Lebensminimums benötigte ich aber tonnenweise Lebensmittel. Die Zuteilung genügte gerade für eine Woche, die einmal monatlich ausgegeben wurde. Durch das weitere Vordringen der Russen begann nach einigen Monaten ein zermürbender Kampf mit den SS-Führern, um eine neue Räumung von Brünnlitz zu verhindern …

Nach einigen Anrufen bei der deutschen Kommandantur in Krakau konnte Oskar in Erfahrung bringen, dass der Zug mit den Frauen nach Auschwitz umgeleitet worden war. Er war besorgt und nervös, doch entschlossen, sich nicht einschüchtern zu lassen und alles zu versuchen. Ich war wie immer bereit, ihm zu helfen.

Mein Mann griff zum Telefon und rief den zum Zivilpersonal gehörenden Chefingenieur Schöneborn zu sich. Als er eintraf, fasste Oskar ihn streng ins Auge, holte ein Säckchen aus der Hosentasche, dessen Inhalt mir wohl bekannt war, und wandte sich in einem Ton an ihn, der keinen Widerspruch duldete:

»Ich muss Sie mit einer sehr wichtigen Mission betrauen. Ohne die Frauen kommen wir in der Fabrik nicht voran. Wir brauchen Hilfskräfte, außerdem werden die Männer sehr nervös und fragen sich, wo ihre Frauen geblieben sind. Sie ahnen, dass etwas nicht in Ordnung ist. Ich beauftrage Sie, sich unverzüglich nach Auschwitz zu begeben: Reden Sie, mit wem es auch immer notwendig sein mag, zahlen Sie, was es auch immer kostet, aber bringen Sie die Frauen her. Sie haben mein volles Vertrauen, ich weiß, dass Sie ein korrekter Mensch sind und ihr Wort halten!«

»Jawohl, Herr Direktor«, antwortete Schöneborn und nahm das Säckchen mit den Diamanten entgegen. Er bat, sich zurückziehen zu dürfen, drehte sich auf dem Absatz um und schloss die Tür hinter sich. Zweifellos übergab Schöneborn die Steine der SS als Gegenleistung für die Freilassung der Frauen.

Doch die Zeit verging und der Betrieb war bereits wieder angelaufen, ohne dass wir Nachricht über das Verbleiben der jüdischen Arbeiterinnen erhielten. Dagegen machten Vermutungen und Mutmaßungen über das Schicksal der armen Frauen die Runde, von denen eine schrecklicher war als die andere.

Schließlich wusste Oskar in seiner Verzweiflung über das ungewisse Schicksal unserer jüdischen Arbeiterinnen keinen Ausweg mehr, als nach Zwittau zu fahren und seine Jugendfreundin Hilde, die gute Beziehungen zu den Nazi-Bonzen hatte, darum zu bitten, sich in Auschwitz persönlich um die Freilassung der Frauen zu bemühen. Während der ganzen Fahrt sah er sehr besorgt aus und sagte immer wieder, er verstünde nicht, welchen Sinn dieser Krieg haben solle, der nur dazu diene, Menschen umzubringen. Er sprach von den Zeiten, in denen man ganz ungestört mit den Juden zusammenleben konnte, verfluchte alles, was zur Verfolgung und Vernichtung so vieler Menschen geführt hatte, und interessierte sich nicht im Geringsten für die Fabrik, außer im Hinblick darauf, dass sie dazu beitrug, ein paar Leben zu retten. Oskar hatte damals bereits eine Reihe von Gesprächen mit der jüdischen Stiftung *Joint* in Budapest geführt.

Der Kontakt war über seinen Freund Major von Korab zustande gekommen. Ich erinnere mich noch, wie es an einem Samstagnachmittag im Frühjahr 1942 an der Tür unserer Krakauer Wohnung klingelte. Als ich aufmachte, standen zwei Männer vor mir, der eine war Franz von Korab, der andere war mir unbekannt. Der Major bat dringend darum, mit meinem Mann sprechen zu können, denn er habe ihm etwas Wichtiges mitzuteilen. Ich ließ die beiden Männer ein und fragte sie nach ihrem Anliegen, da Oskar nicht zu Hause war. Der Unbekannte stellte sich mir als der Wiener Zahnarzt Dr. Sedlacek vor und versprach, ein anderes Mal wieder zu kommen, wenn Oskar zu Hause wäre.

Mir schien die ganze Sache ein bisschen merkwürdig und als Oskar zurückkam, erzählte ich ihm davon. Er schien kaum überrascht und erklärte mir: »Mily, der Mann, den du heute kennen gelernt hast, Dr. Sedlacek, ist Mitarbeiter des Budapester *Joint* und hat mich gebeten, ihm dabei zu helfen, einige Briefe aus Palästina, die er selbst aus der Türkei hergebracht habe, an Juden im KZ Krakau-Plaszow weiterzuleiten. Außerdem hat er mir schon ein paar Mal Geldbeträge gegeben, die unsere Leute zum Nutzen der Allgemeinheit im Lager verwandt haben.«

Mir wurde klar, dass Oskar damit eine neue Aufgabe gefunden hatte, nämlich die höchstmögliche Anzahl von Menschenleben zu retten. Einmal musste er in dieser Angelegenheit sogar nach Budapest fahren.

Wie Hilde es übrigens geschafft hat, die Frauen freizubekommen, haben wir nie erfahren, doch ich nehme an, dass ihre außergewöhnliche Schönheit zumindest teilweise dazu beigetragen hat. Kurz darauf verlor sich ihre Spur und wir haben nie erfahren, was aus ihr geworden ist.

Der Zug mit den dreihundert Frauen traf jedenfalls ein paar Tage später auf dem Fabrikgelände in Brünnlitz ein und sorgte für großen Aufruhr, Freudenschreie und -tränen, aber auch Gelächter. Wir waren entsetzt über den erbärmlichen Zustand der Frauen, sie waren vollkommen unterernährt und bis auf die Knochen abgemagert. Ich kümmerte mich darum, dass sie mit Grießsuppe gefüttert und mit Medikamenten

Mit meinen Hunden Rex und Karin 1944 in Brünnlitz

versorgt wurden. Fast augenblicklich ging es ihnen besser, allein durch das Gefühl, erst einmal gerettet, beschützt und umsorgt zu sein. Zwei von ihnen waren an Scharlach erkrankt. Ich versteckte und pflegte beide wochenlang in der Zahnarztkammer. Die eine wurde schließlich gesund, die andere starb an Tuberkulose, für die es damals keine Behandlung gab.

Oskar und ich wohnten die ganzen neun Monate in einem kleinen Nebenraum unserer Fabrikhalle neben einem langen Gang, in dem die Maschinen standen, obwohl wir nur hundert Meter vor der Werksumzäunung in der Villa des Barons von Daubek eine sehr komfortable Wohnung besaßen. Doch wir trauten dem Lagerkommandanten und seinen Leuten nicht über den Weg und die Sicherheit der uns anvertrauten Menschen war uns mehr wert als unsere eigene Gemütlichkeit. Nur unsere beiden Hunde Rex und Karin waren bei uns. Oskar sagte, dass wir mit dem Schicksal der Menschen in dieser Halle untrennbar verbunden waren. Diese Halle war seine und meine Front!

Doch selbst nachdem wir eine Ladung Stahlplatten erhalten hatten, die in einer Presse gehärtet werden sollten, wurde fast nichts produziert. Die Kriegsfertigung hatte immer noch »Anlaufschwierigkeiten« und unsere Gesamtlieferung aus Brünnlitz war in neun Monaten ein Waggon Munitionsteile im Wert von 35 000 Reichsmark. Die Teile kamen schon als Halbfabrikate aus Krakau. Noch weniger zu liefern war unseren Mitarbeitern beim besten Willen nicht möglich, und die Erklärung »Anlaufschwierigkeiten« wurde uns langsam gefährlich, da Speer von Monat zu Monat seine Forderungen steigerte.

Auch in Brünnlitz war der Nazi-Terror an der Tagesordnung, auch wenn es gemäßigter zuging als in Plaszow. Eines Tages wurde meinem Mann vorgeworfen, er sei ein Judenfreund, weil er ein Mädchen in seinen Armen forttrug, das beim Fensterputzen von einer Kiste herunter in lauter Blechabfälle gestürzt war und sich am Fuß eine stark blutende Schnittwunde zugezogen hatte. Als sich ein SS-Wachmann einmischen wollte, versetzte Oskar ihm einen kräftigen Stoß, so dass er das Gleichgewicht verlor und hinfiel. Solche Konfrontationen waren nicht zu vermeiden und als ich Oskar einmal darauf ansprach, sagte er zu mir: »Liebe Mily, in rauhen Zeiten herrschen nun mal rauhe Sitten und ich werde meine ›Juden‹ auf jeden Fall verteidigen.«

Trotzdem waren die Juden in Sicherheit, solange wir in Brünnlitz blieben. Aber Oskar und ich waren genauso Gefangene wie sie. Bewacht wurde unser Betrieb von über 250 Wehrmachtssoldaten, die das Gelände mit elektrischen Stacheldrahtzäunen gesichert hatten. Ihr Kommandant war

SS-Obersturmführer Luitpold, ein kleiner, untersetzter Österreicher, der zuvor im polnischen Budzin ein Konzentrationslager geleitet hatte, in dem Flugzeuge gebaut wurden.

Wir lebten in ständiger Angst, die SS könnte entdecken, dass wir die Juden schützten und ernährten. Unser zweiter großer Feind war der von Läusen übertragene Typhus. Zum Glück hatten wir in der Fabrik eine eigene Stromversorgung sowohl mit Kohle als auch mit Dampf, so dass es uns im Winter weder an Heizung noch an heißem Wasser mangelte. Wir kochten die Wäsche bei hundert Grad, um den Läusen den Garaus zu machen. Wäre bei uns der Typhus ausgebrochen, wäre das für die Nazis ein Grund gewesen, den Betrieb zu schließen.

Als Rüstungsbetrieb unterlag unser Werk der Oberaufsicht durch das Oberkommando des Heereswaffenamtes in Oranienburg. Dessen Leiter war Oberbaurat Ingenieur Lange, ein echter Kavalier der alten Schule, der bei seinen Inspektionen immer Zivil trug, vielleicht um zu signalisieren, dass er kein Freund der Nazis war. Er betonte immer wieder, dass er für sein Land arbeite und nicht für ein bestimmtes Regime oder eine Regierungsform.

Ingenieur Lange war berüchtigt für seine Korrektheit und seinen Gerechtigkeitssinn. Entsprechend besorgt waren wir, dass er bei seiner Inspektion unserer Fabrik etwas entdecken könnte, was seinen strengen Kriterien nicht standhalten würde. Deshalb lud ich ihn, als er aus Berlin eintraf, als Erstes zum Essen zu uns nach Hause ein mit dem Hinweis, er müsse sich sicher erst einmal von der anstrengenden Reise erholen. Danach verlief alles sehr freundlich und wohlwollend.

Bei der Verwaltung unseres Betriebs war uns Fräulein Kronovska eine unverzichtbare Hilfe. Sie war mit uns aus Zwit-

Die Reste unserer Brünnlitzer Fabrik im Juni 1999

tau gekommen und war berühmt für ihre außerordentliche Pingeligkeit und Genauigkeit. Als Sekretärin musste sie Listen über die gesamte Belegschaft führen. Wenn die wöchentliche Lebensmittelzuteilung eintraf, die angeblich nach den erforderlichen Kalorien berechnet wurde, mussten diese Listen vorgelegt werden, obwohl wir einmal monatlich ein Heft mit den Bezugsscheinen für jeden einzelnen unserer Arbeiter erhielten. Fräulein Kronovskas Aufgabe war äußerst heikel, denn die Nazi-Behörden verlangten eine Menge Angaben und duldeten nicht den kleinsten Irrtum. Sie überprüften die Listen akribisch und bestraften jeden Fehler mit harten Geldbußen.

Auch ich war während unseres Aufenthaltes in Brünnlitz ununterbrochen im Einsatz. Meine Aufgabe war es, die Versorgung für die gesamte Belegschaft zu regeln. Dazu gehörten außer den Juden, die auf der Liste standen, auch tschechische und polnische Arbeiter. Trotz aller Mühe und Sparmaßnahmen reichten die Lebensmittelzuteilungen, die die deutschen Behörden uns bewilligten, nicht für alle. Deshalb bekamen die jüdischen Arbeiter die gehaltvolleren Portionen, weil sie die schwerste Arbeit leisteten. Ich kümmerte mich darum, dass sie über die Zuteilung hinaus Brot erhielten und dass die Suppe so nahrhaft wie irgend möglich war. Vor dem Baden wurden sie regelmäßig gewogen und das Ergebnis notiert. Die wenigen Begräbnisse fanden auf dem kleinen Judenfriedhof in Deutsch-Bielau bei Brünnlitz statt, der auf Anregung von Oskar angelegt und mit jungen Birken umpflanzt worden war. Die Bestatter erhielten jeweils ein Kilo Brot extra. Unserem braven Rabbiner Levetov ermöglichten wir, Oskar und ich, die Leichen rituell zu bestatten, wohl der einzige Fall dieser Art während dieses Krieges in Deutschland.

Um Medikamente für unsere jüdischen Arbeiter zu besorgen, nahm ich zweimal pro Wochen, jeweils dienstags und donnerstags, den Frühzug nach Mährisch-Ostrau, was auch den Deutschen auffiel. Mehr als einmal wurde ich gefragt, was ich denn so häufig dort zu tun hätte.

Dabei erinnere ich mich an einen Brief Oskars, den er am 9. 9. 1956 in Argentinien an Dr. Ball-Kaduri, den Direktor des isralischen Dokumentationszentrums und der Gedenkstätte für die Opfer der Judenverfolgung Yad Vashem, nach Jerusalem schrieb:

Sehr geehrter Herr Doktor!
... Ob wohl eine der Gattinnen dieser Herren mit einem für einen Mann zu schweren Koffer [mit] Schnaps in dieser strengen Kälte dreihundert Kilometer gefahren wäre, um dafür Medikamente für jüdische Skelette zu tauschen, denen die deutsche Barbarei den letzten Lebensfunken genommen hatte? Für meine Frau war diese Hilfsbereitschaft eine Selbstverständlichkeit, wenn es galt, Menschen in größter Not zu helfen, kümmerte sie sich einen Teufel um Gefahr, sie hatte den Mut, SS-Führer wie Hausdiener zu behandeln ...

Diese Aussage, gemacht vor genau 45 Jahren, korrigiert ganz entscheidend die Darstellung im Film »Schindlers Liste«, wonach ich zur Rettung der Juden nichts beigetragen hätte und wo ich nur als die betrogene Ehefrau präsentiert wurde, die nicht einmal mit ihrem Mann zusammengelebt hatte.

Als ich den ständigen Anblick abgemagerter Körper, hungernder Kinder und verzweifelter Mütter nicht mehr länger ertragen konnte, fasste ich einen ebenso unvermeidlichen wie gefährlichen Entschluss.

Nicht weit von unserer Fabrik stand eine Mühle, die im Besitz einer Dame aus adligen Kreisen war. Ich hatte gehört, dass Frau von Daubek sehr offen und liebenswürdig sei. Daher beschloss ich, mein Glück bei ihr zu versuchen.

Ich bat also bei dem Verwalter der Mühle um ein persönliches Gespräch mit der Inhaberin und bereits kurze Zeit später erhielt ich einen Anruf, in dem mir mitgeteilt wurde, Frau von Daubek erwarte mich am nächsten Tag zum Tee. Ich war ehrlich überrascht über diese prompte Reaktion und legte mir möglichst überzeugende Argumente zurecht, um aus der Mühle Lebensmittel für unsere Arbeiter zu bekommen. Nach langem Grübeln beschloss ich, einfach die Wahrheit zu sagen, nämlich dass die Lebensmittel hinten und vorne nicht reichten und ich nicht länger mit ansehen könnte, wie unsere jüdischen und nichtjüdischen Arbeiter vor Hunger von Tag zu Tag schwächer und einige sogar krank wurden.

Am Vorabend war ich so nervös, dass ich mit einer Tasse Lindenblütentee zu Bett ging, um wenigstens ein bisschen schlafen zu können. Oskar hatte nach Krakau fahren müssen und ich konnte meine Aufregung und meine Angst mit niemandem teilen. Auf meinem Weg zur Villa der adligen Mühlenbesitzerin am nächsten Tag bestärkte mich allein der Gedanke an die ausgehungerten Arbeiter in unserer Fabrik und meine Entschlossenheit, nicht mit leeren Händen zurückzukehren, wuchs mit jedem Schritt.

Es war ein sonniger Herbstnachmittag und ich hatte für meine Gastgeberin einen riesigen Blumenstrauß dabei.

Frau von Daubek empfing mich in ihrem geräumigen Salon. Als ich eintrat, erhob sie sich und kam mir lebhaft entgegen. Sie war etwas über fünfzig, trug ein sehr dezentes blaues Kostüm und wirkte sehr vornehm. Ihr taktvolles Benehmen bewies eine erstklassige Kinderstube. Sogleich bat sie mich an den runden Tisch, der in der Mitte des Raumes stand, sehr schön gedeckt mit einer feinen Tischdecke, die sie, wie sie sagte, eigenhändig bestickt hatte. Mit einer leichten Handbewegung wies sie mir meinen Platz an dem Tisch zu und sagte: »Nehmen wir erst etwas zu uns, meine Liebe, danach sprechen wir über den Grund Ihres Besuches.«

Der Tee wurde nebst verschiedenen Köstlichkeiten in feinstem blaugoldenen Meißner Porzellan mit eingraviertem Familienwappen serviert.

Nachdem wir von allem, was auf dem Tisch stand, gekostet und den Tee (auf englische Art) mit Milch getrunken hatten, vertraute ich ihr den Grund meines Kommens an.

Meine Erklärung endete mit der Bitte: »Ich brauche, wenn möglich, Getreide aus Ihrer Mühle. Es ist dringend.«

Sie fragte mich, aus welchem Grund sie meinem Wunsch entsprechen solle.

»Ich möchte nur unseren Juden helfen«, antwortete ich spontan, »und unseren anderen Arbeitern, damit sie nicht verhungern.«

Die Baronin hörte mir aufmerksam zu und faltete dann gemächlich ihre Serviette zusammen, als wäre diese Tätigkeit ihr beim Nachdenken behilflich. Nach ein paar Augenblicken, die mir wie eine Ewigkeit erschienen, räusperte sie sich und sagte: »Ich verstehe genau, was Sie sagen, und bin mir im Klaren, dass die Zeiten, in denen wir leben, hart und schwierig sind, möchte aber auch etwas tun: Gehen Sie zur Mühle und sprechen Sie mit dem Verwalter. Sagen Sie ihm von mir, er soll Ihnen alles geben, was Sie für Ihre Leute benötigen.«

Kaum hatte sie zu Ende gesprochen, erhob sie sich und verabschiedete mich sehr herzlich. Die Unterredung war beendet und sofort erschien die Haushälterin, um mich an die Tür zu begleiten.

An jenem Nachmittag kam ich überglücklich mit einer ganzen Fuhre Getreide und Grieß zur Fabrik zurück.

Um Benzin, Brot, Mehl, Stoff oder Zigaretten zu organisieren, benutzten wir gefälschte Bezugsscheine, die ein Jude namens Bejski für uns herstellte. Heute lebt er in Israel.

Oskar hatte Diamanten gegen tausend Kilo Brot eingetauscht und auch ich war ständig auf dem Schwarzmarkt unterwegs, um Lebensmittel und andere notwendige Dinge aufzutreiben.

Von einer seiner vielen Reisen nach Krakau hatte Oskar tausend Flaschen Wodka und eine große Kiste polnische Zigaretten mitgebracht. Sie waren für die Bestechung der SS-Offiziere gedacht. An dem Abend nach meinem Besuch bei Frau von Daubek nutzte ich einen Moment, in dem der Dienst habende Wachsoldat gerade ein bisschen weiter weg war: Mit Hilfe eines polnischen Juden namens Oberek, der Schmiere stand, drang ich in das Lager ein und stahl mehrere Päckchen Zigaretten und ein paar Flaschen Wodka.

Mir war durchaus bewusst, dass die Strafe für einen gemeinschaftlich mit einem Juden begangenen Diebstahl die standrechtliche Erschießung sein würde. Deshalb durften wir uns auf keinen Fall erwischen lassen. Doch Gott oder die Göttin Fortuna war an diesem Abend anscheinend auf unserer Seite.

Neben meiner Arbeit für den Betrieb und die Arbeiter hatte ich so genannte »ehrenamtliche Aufgaben«. Dazu gehörte zum Beispiel die Betreuung der Gattinnen von SS- und Wehrmachtsoffizieren. So wechselte ich ständig von einer Welt in die andere, von der grausamen Wirklichkeit der Juden, deren Leben aus Hunger, Verzweiflung und Todesangst bestand, in die Scheinrealität dieser Frauen, deren Männer ihre Aufgabe darin sahen, ganz Europa mit Krieg zu überziehen.

Ein Hauptmann des Reichskriegsministeriums hatte uns aus Angst vor der bereits einsetzenden Bombardierung Berlins seine Frau und seinen Sohn mitgegeben. Zu viert fuhren wir nach Mährisch-Ostrau, wo wir noch unsere alte Wohnung besaßen. Viktoria, unsere treue und gutmutige Köchin, war bereits vorausgefahren, um alles für unsere Ankunft vorzubereiten.

In Mährisch-Ostrau gerieten die Frau des Offiziers und ich einige Male aneinander. Nicht nur, weil sie Alkoholikerin war, sondern auch weil ihr etwa zwölfjähriger Filius einen Hang zum Stehlen und sich an ein paar von meinen Sachen vergriffen hatte, unter anderem an einem Füllhalter und einem Silberväschen, das mir meine Mutter geschenkt hatte.

Aber dieses Früchtchen hatte noch ganz anderes auf dem Kerbholz. Die SS verdächtigte eine polnische Arbeiterin aus der Fabrik in Brünnlitz, Geld aus der Kasse entwendet zu haben, und hatte sie eingesperrt. Die Frau behauptete ihre Unschuld so vehement, dass die Deutschen die Sache weiterverfolgten, bis sie wie gewöhnlich beschlossen, einfach eine jüdische Familie des Diebstahls anzuklagen und unverzüglich hinzurichten. Am Ende kam heraus, dass der Sohn des Kommandanten Hartweg das Geld gestohlen hatte. Das war der Lauf der Gerechtigkeit in der Welt der Nazis.

Meine »ehrenamtlichen Aufgaben« waren unumgänglich, um meine eigene Sicherheit, aber vor allem die meines Mannes zu garantieren. Ich war deswegen ständig ängstlich und nervös und rauchte eine Zigarette nach der anderen, weil ich glaubte, das würde mich beruhigen. Eine Lieblingsmarke hatte ich nicht, ich nahm, was ich bekommen konnte, und das ging so bis zu meinem 75. Lebensjahr, als ich mich gezwungen sah, mit dem Rauchen aufzuhören: Mein linker Fuß war völlig gelähmt, und ich riskierte, dass die Lähmung sich ausbreitete, wenn ich nicht aufhörte. Ich rauchte täglich bis zu 40 Zigaretten, am liebsten polnische, die schmeckten halbwegs gut. Die meisten anderen waren ungenießbar.

Die Juden aus Goleschau

In einer sehr stürmischen Nacht bei mehr als 30 Grad unter Null, in der die Blitze unser Zimmer hell erleuchteten und der orkanartige Wind durch die Gegend peitschte, hörte ich kräftige, laute Schläge an der Tür. Oskar hatte wieder einmal nach Krakau reisen müssen und war noch nicht zurück. Ich war ganz allein im Haus. Schlaftrunken zog ich mir etwas über und lief die Treppe hinunter.

Als ich fragte, wer da sei, antwortete mir die Stimme eines Mannes: »Frau Schindler, bitte öffnen Sie, ich muss unbedingt mit Ihnen reden.«

Ich ließ ihn herein und es stellte sich heraus, dass er beauftragt war, jüdische Arbeiter aus dem polnischen Goleschau, einem Steinbruch, wo unter unmenschlichen Bedingungen gearbeitet wurde, abzutransportieren. Sie waren von einer Firma angefordert worden, die sie aber angesichts der Gerüchte vom unmittelbar bevorstehenden Einmarsch der Russen zurückgewiesen hatte. Jetzt standen die hundert Juden, in vier Waggons zusammengepfercht, draußen in der eisigen Kälte. Der Mann bat mich inständig, sie zu übernehmen. Wenn ich sie ebenfalls zurückwiese, würden sie erschossen.

Ich musste rasch handeln, wenn ich ihnen helfen wollte.

Ich rannte ans Telefon, rief Oskar an und erklärte ihm die Lage. Schließlich bat ich ihn, die Juden in unsere Fabrik aufnehmen zu dürfen. Er war einverstanden. Nachdem ich aufgelegt hatte, zog mich an und ging hinüber zu Ingenieur Schöneborn.

Ich weckte ihn und bat ihn, mich an die riesige Plattform zu begleiten, die als Bahnhof fungierte.

Draußen herrschte dichtes Schneetreiben und der Morgen begann bereits zu dämmern. Die Riegel an den Waggons waren völlig vereist, so dass es uns zunächst nicht gelang, die Waggons zu öffnen. Als wir auch mit Hilfe langer schwerer Eisenstangen nichts ausrichten konnten, holte Ingenieur Schöneborn ein Schweißgerät. Mit viel Geduld und Mühe gelang es nun endlich, die Wagen zu öffnen.

Der deutsche Lagerkommandant hatte jede unserer Bewegungen verfolgt, flankiert von seinen beiden Schäferhunden. Er wollte gleich die noch Lebendigen, auch wenn es im Grunde lebende Tote waren, auf der Stelle hinrichten.

Nur meinem entschlossenen Widerstand ist es zu verdanken, dass ich sie, gegen seinen Willen, retten konnte.

Als auch der letzte Waggon geöffnet worden war, enthüllte sich vor unseren Augen ein Bild wie aus dem schlimmsten aller Albträume. Siebzehn der Juden waren tot (erfroren). So wie sie dalagen, schienen sie bis zum letzten Moment ihres Lebens nach einer Antwort gesucht zu haben: Ihre Hände waren gefaltet und die Augen weit aufgerissen, als schickten sie ein Gebet zum Himmel.

Männer und Frauen waren kaum voneinander zu unterscheiden, so abgemagert waren alle. Die reinsten Skelette, die meisten keine 30 Kilo schwer. Ihre Augen leuchteten wie glühende Kohlen in der Dunkelheit.

Bis auf den heutigen Tag erscheint dieses Bild grauenhaften Elends zuweilen vor meinen Augen und ich spüre jedes Mal aufs Neue das gleiche Gefühl völliger Ohnmacht, das mich in jener Nacht auf unserem Fabrikgelände in Brünnlitz befiel.

Ich sorgte dafür, dass die Toten auf dem kleinen Judenfriedhof in Deutsch-Bielau bei Brünnlitz bestattet wurden.

Der Lagerkommandant hatte die Leichen im Kesselhaus der Fabrik verbrennen wollen.

Die Überlebenden dieses Transportes kamen aus Frankreich, Holland, Ungarn, der Tschechoslowakei und Polen. Sie brauchten intensivste Pflege. Wir brachten sie in einem rasch eingerichteten Notlazarett unter, wo sie über zwei Monate lang blieben.

Sie mussten besonders umsorgt und anfangs häppchenweise gefüttert werden, damit sie sich nicht verschluckten und erstickten, denn sie wussten seit langem nicht mehr, was essen hieß.

Diejenigen, die einigermaßen wieder hergestellt waren, fügten sich in den Betrieb ein, wo sie in Sicherheit waren und mit Nahrung versorgt wurden, die aus Frau von Daubeks Mühle und unseren Schwarzmarktgeschäften stammte.

Inzwischen warteten sie wie alle anderen vergeblich darauf, dass mit der Produktion begonnen würde. Wie gesagt, es wurde nicht ein einziges Stück Munition ausgeliefert. Die Fabrik war vielmehr ein Zufluchtsort für diejenigen, denen es gelungen war, dem Grauen der Konzentrationslager und dem sicheren Tod in den Gaskammern zu entkommen.

Das Ende des Krieges war bereits in Sicht. Die Russen waren nicht mehr weit und die Gerüchte über ihren baldigen Einmarsch in Polen verdichteten sich. Die Befreiung oder den Tod vor Augen, vertrieben die Männer sich die Zeit, indem sie die riesigen Hallen der Fabrik durchstreiften und überall die Schrauben nachzogen. Die Frauen strickten warme Sachen aus der Wolle, die noch von der Textilfabrik übrig geblieben war. Die Atmosphäre veränderte sich freitagabends, wenn der Sabbat begann. In die verängstigten Gebete mischte sich nun die Hoffnung der Gesänge.

Eines Tages kam der Lagerkommandant auf die schreckliche Idee, eine große Anzahl älterer, kranker oder arbeitsunfähiger Juden unserer Fabrik gegen jüngere Häftlinge aus dem Konzentrationslager Groß-Rosen auszutauschen, also von ihren bei uns im Lager befindlichen Familien zu trennen. Nur Oskars energischer Gegenwehr ist es zu verdanken, dass dieses Vorhaben nicht ausgeführt wurde.

Während die Juden zu einer wenn auch nicht allzu normalen, so doch weniger bedrohten Lebensweise zurückkehrten, versuchte ich weiterhin, in Mährisch-Ostrau Lebensmittel und Medikamente zu bekommen. Inzwischen war der Zug regelmäßig voller Tschechen, Polen und sogar Deutschen, die Hals über Kopf vor den Russen flüchteten.

Oskar war weiterhin häufig in Krakau, als könne er sich von der alten Emailfabrik nicht losreißen.

Das lang ersehnte Ende

Im Mai 1945 befreiten russische und amerikanische Truppen das Gebiet der Tschechoslowakei. Damit begann der leidvolle Auszug der Sudetendeutschen aus ihrer Heimat. Sie wurden in Viehwaggons abtransportiert oder gezwungen, zu Fuß zur Grenze zu laufen. Manchmal wurden sie zu den Konzentrationslagern geschleppt und verpflichtet, ein Erkennungsarmband zu tragen. Im Allgemeinen ließ man ihnen kaum eine Stunde Zeit, um ihre Sachen zu packen, und sie durften nur ein kleines Bündel mitnehmen. Viele Tschechen waren mit dieser Vorgehensweise nicht einverstanden und versuchten unter Lebensgefahr, ihren deutschen Freunden zu helfen.

Oskar schaltete eines Nachmittags das Radio ein und hörte, dass die Russen in Lemper einmarschierten und die Lage sich von Tag zu Tag verschlimmerte. Trotz aller Gegenbeweise glaubte mein Mann fest, die Russen würden nie kommen. Ich traute meinen Ohren nicht. Wie konnte ein so intelligenter Mann wie er nicht merken, was vorging, und still und stumm, in Lethargie versunken, dasitzen?

Am Tag des Waffenstillstands, dem 8. Mai 1945, ließ Oskar in der Fabrik Lautsprecher installieren und versammelte alle Arbeiter, Juden und Nichtjuden, im großen Hof. Nachdem sie Churchills Worten gelauscht hatten, der die bedingungslose Kapitulation der Wehrmacht verkündete, die von Admiral von Friedeburg und General Jodl in Eisenhowers Hauptquartier unterzeichnet worden war, stieg mein Mann eine hohe Eisentreppe hinauf. Dort oben sagte er, dass angesichts der neuen Situation das Werk geschlossen würde und jeder gehen könne, wohin er wolle. Er redete auch über die Sinnlosigkeit von Kriegen und das Leid, das sie über die Völker bringen. Er sprach die Judenverfolgung an, das Sterben so vieler Unschuldiger, so vieler Kinder, dankte allen für ihre Mitarbeit und rief sie dazu auf, ohne Verbitterung voneinander Abschied zu nehmen. Er riet allen, sie sollten versuchen, von nun an das Beste aus ihrem Leben zu machen, und beklagte, dass er nichts mehr für sie tun könne.

Das waren die richtigen Worte, die in so einem Moment gesagt werden mussten. Ich war sehr stolz, dort bei ihm zu sein.

Sehr viel später, im Jahre 1983, erhielt ich einen Brief samt einem Auszug aus dem Tagebuch von Henry Dressler, einem unserer Arbeiter, geschrieben in Brünnlitz im April und Mai 1945.

Das Lesen des Auszuges berührte mich tief und ließ vor meinen Augen diese bewegende Abschiedsszene wieder erstehen.

8. Mai 1945

Schindler's Rede, auf die wir so sehnsuechtig warteten, fand erst am nächsten Morgen, den 8. Mai statt. Er hatte fuer 9 Uhr alle Haeftlinge in die Halle bestellt und erschien puenktlich in Begleitung seiner Frau und von Oberscharfuehrer Motzek. Er war blass und heiser vor Aufregung, und wie er es immer zu tun pflegte, liess er die Leute mit einer Bewegung seiner Hände naeher an sich herankommen, damit er besser verstanden werden koenne. Unter Totenstille begann er seine Ansprache. »Meine lieben Mitarbeiterinnen und Mitarbeiter!« Er sprach von der Nationalsozialistischen Weltanschauung, die sich als eine falsche erwiesen hatte, … Dresslers Tagebuchaufzeichnungen halten fest, wie Oskar von der Propaganda gesprochen hatte, durch die das deutsche Volk zu dieser Weltanschauung gezwungen worden sei, *er sprach von dem Ende des Nazismus, und dass wir hier in Bruennlitz in ganz kurzer Zeit als freie Menschen aus dem Lager herausgehen werden. Er bat uns, keine Rache zu ueben und nicht selbst Gericht zu halten. Wenn wir anzuklagen haetten, dann sei das unser Recht und unsere Pflicht, dies zu tun. Aber wir sollten nicht selbst urteilen, sondern das Urteil Berufeneren ueberlassen. Er bat uns keine Rache zu ueben an unserer Wachmannschaft, die als Soldaten ihre Pflicht noch erfuellen muessen, obgleich sie schon laengst von der Sinnlosigkeit ihres Dienstes ueberzeugt sind.*

Dressler berichtet, wie Oskar von sich selbst gesprochen habe, dass er noch nicht wisse, was er machen werde. *Er gedachte unserer Toten und schaltete 3 Minuten Gedenkpause ein, die nur durch das Schluchzen aller, die ja so viele Menschen zu betrauern haben, unterbrochen wurde. Er bat die letzten Stunden Disziplin zu bewahren, damit nicht noch irgend welche unvorhergesehenen Zwischenfaelle eintreten. Er sicherte uns ferner zu, dass jeder, bevor er das Lager verlaesst, mit genuegend Stoff für 1 Anzug, 1 Mantel und Waesche ausstaffiert wird, dass die Magazine voll seien und für jeden genug da ist. Wir sollen nicht rauben und pluendern gehen, es wuerde alles regelrecht verteilt werden.* Oskar habe noch gesagt, Stern wuerde die noetigen Anweisungen dazu erhalten.

Er wuenschte uns für die Zukunft alles Gute und hoffe, dass wir jeder recht bald unseren eigenen Lebensweg, so wie wir uns ihn vorstellen, gehen koennen. Drei unserer Leute stuerzten aus den Reihen heraus, kuessten ihn spontan und hoben ihn auf die Schultern, wobei er, seine Frau und Motzek sich von unserer Gesinnung fuer sie durch das nicht enden wollende Hochleben-Lassen ueberzeugen konnten. Einer der Goleschauer Haeftlinge, die ja Schindlers damals im kaeltesten Winter durch die Annahme zweier Waggons mit teilweise vereisten und erfrorenen Haeftlingen gerettet hatte – einen Anblick, den ich (Emilie Schindler) nie vergessen sollte –, *die seit 8 Tagen von Ort zu Ort geschoben worden waren, dankten ihm und Frau Schindler für diese Tat. Eine Frau dankte ihm im Namen der Frauen. Wuessten doch alle Frauen, dass sie es nur ihm und Frau Schindler zu verdanken haetten, wenn sie zusammen mit ihren Maennern den Krieg in Bruennlitz ueberleben konnten. Er moege entschuldigen für die vielen Sorgen, die die Frauen ihm gemacht haetten – aber Frauen seien nun mal halt so.*

Viele gingen auf den Direktor und Frau Schindler zu, drueckten ihnen die Hand, und dann verlief sich alles.

4.
Mein Leben in Argentinien

Erste Eindrücke von der neuen Heimat

Das Erste, was ich von meiner neuen Heimat sah, war die Silhouette von Buenos Aires, die sich in den braunen Fluten des Rio de la Plata spiegelte. Am Himmel segelten ein paar Möwen umher, die uns willkommen zu heißen schienen. Ich war von dem überraschenden, zugleich bewegenden und eigenartig stillen Anblick so beeindruckt, dass mir unwillkürlich Tränen in die Augen traten.

Wir gingen am 3. November 1949 in Buenos Aires an Land. Mit Sack und Pack schickte man uns zunächst zur Gesundheitskontrolle. Die Richtlinien der argentinischen Behörden waren in dieser Hinsicht mehr als streng: Wer ins Land hineinwollte, musste sich tadelloser Gesundheit erfreuen.

Vor dem Untersuchungsraum, der provisorisch in einem Raum des Zollgebäudes untergebracht war, drängte sich eine Menschenmenge. Die gespannten und ängstlichen Gesichter der Wartenden drückten die Angst aus, aufgrund irgendeiner Krankheit nach Europa zurückgeschickt zu werden.

Vor uns stand ein offenbar aus Südeuropa stammendes Ehepaar mit drei kleinen Kindern. Die Frau war sehr hübsch mit großen schwarzen Augen und einer glänzenden, tiefschwarzen Haarmähne. Sie wurden hineingerufen und nach fünfzehn Minuten hörte man den Mann in einer mir unbekannten Sprache etwas brüllen, was nur bedeuten konnte, dass die argentinischen Behörden ihnen aus irgendeinem Grund die Einreise verweigerten. Als er durch die kleine Tür herauskam, fiel der Mann in seiner Verzweiflung vor einem Polizisten auf die Knie und rief: »Pietá, pietá«.

Nach diesem erschütternden Vorfall kam die Reihe an die jüdische Gruppe: zuerst Gisa Schein, dann Frau Horowitz und zuletzt Fanny Goldfarb. Dann die Männer. Oskar und ich waren als Letzte dran. Zum Glück hatten wir keine Schwierigkeiten. Die Beamten blätterten in unseren Papieren, musterten uns, als wollten sie an uns etwas entdecken, das in den Dokumenten nicht zu lesen war, und redeten miteinander. Ich verstand nur »Alemania«, ein Wort, das ganz anders klang als »Deutschland«.

Als wir die Formalitäten erledigt hatten, steuerten wir ein Hotel in der Calle Corrientes an.

Wir fuhren zu jeweils mehreren in drei Taxen. Ich kann mich noch erinnern, dass es drei schwarze Mercedes Benz waren und ich deshalb einen Moment lang glaubte, noch in Deutschland zu sein. Meine ersten Eindrücke von den Straßen von Buenos Aires werde ich nie vergessen. Die Stadt war für mich so neu und fremd: die Plaza de Mayo mit der Casa de Gobierno in verwaschenem Rosa und rundherum die ganzen Ministerien, die Banken und die Kathedrale, in der sich die sterblichen Reste des großen Nationalhelden General San Martín befinden. Gegenüber der Casa Rosada der strahlend weiße spanische Bau des Edificio del Cabildo mit seinen grünen Gittern und Türen, ein für mich sehr ungewohnter Anblick. Hier hatte es offensichtlich keinen Krieg gegeben. Alles wirkte großzügig, makellos, friedlich.

Dann kreuzten wir die riesige Prachtstraße mit dem Obelisken, dem Symbol der Stadt Buenos Aires. Ganz in der Nähe des Obelisken lag unser Hotel. Es machte einen guten Eindruck auf mich, aber nicht etwa weil es besonders luxuriös oder übertrieben sauber gewesen wäre – es schien billig, aber ganz passabel. Das Essen war gut und reichlich, für unsere europäischen Mägen seit langem eine neue Erfahrung.

Der Portier empfing uns lächelnd mit Begrüßungsworten, die keiner von uns wirklich richtig verstehen konnte, und ließ unser spärliches Gepäck auf unsere Zimmer bringen. Mir wurde klar, dass das Spanisch, das ich schon in Regensburg gelernt hatte, alles andere als ausreichend war, und nahm mir vor, es ebenso schnell zu vervollkommnen, wie ich mir früher bereits Polnisch und Tschechisch angeeignet hatte.

Die Quinta »Magnolia« in San Vicente

Über die jüdische Gemeinde bekamen wir bald das Angebot, eine *Quinta* in der Ortschaft San Vicente, 60 Kilometer südlich von der Hauptstadt Buenos Aires, zu bewirtschaften. Eine Quinta ist ein Haus mit etwas Land für Obstbäume und Tierhal-tung. Ich kannte mich ja mit der Landwirtschaft aus, hatte die Arbeit auf unserem Gut in Alt-Moletein immer geliebt. Die Aussicht, nach all den Jahren in Städten und düsteren Fabrikhallen endlich wieder unter freiem Himmel zu arbeiten, erschien mir geradezu paradiesisch. Oskar war weniger begeistert, stimmte aber schließlich zu und wir zogen voller Neugier auf das Unbekannte nach San Vicente. Der damalige Staatspräsident Juan Domingo Perón besaß nicht weit von meiner letzten Wohnung ein riesiges Anwesen. Die Straßen waren damals grundsätzlich nicht gepflastert, deshalb war die Zufahrt zu den Höfen bei Regen ein ernstes Problem.

Die Menschen in San Vicente waren meist Nachkommen von Italienern und Spaniern und führten ein bescheidenes Dasein, sie lebten von ihrer Hände Arbeit.

Der internationale Flughafen Ezeiza liegt ganz in der Nähe. Der Flugzeuglärm ist ständig zu hören. Gerade deshalb wird er aber kaum noch wahrgenommen. Als wir noch nicht lange in Argentinien waren und ich in meinen seltenen Mußestunden doch Sehnsucht nach meiner alten Heimat bekam, schaute ich zum Himmel und beobachtete die vorbeifliegenden Flugzeuge. Der Gedanke, irgendwann einmal heimzukehren, schenkte mir manches Mal neue Kraft.

Das Zentrum von San Vicente, wo ich bis voriges Jahr, genau bis zum 6. November 2000, gewohnt habe, ist nicht besonders eindrucksvoll.

Auf der vier Hektar großen Quinta bauten mein Mann und ich uns eine Hühner- und Legehennenzucht auf. Der Anfang war ziemlich schwer. Die Arbeit war hart und hörte niemals auf. Dazu kam die Anpassung an ein Land, in dem ganz andere Sitten herrschten als bei uns.

Unter anderem musste ich lernen, dass die Begriffe Zeit und Pünktlichkeit für die Gauchos und Knechte hier andere Dimensionen haben. Viele Dinge werden eben lieber *morgen* als *heute* erledigt, was nicht das gleiche Resultat ergibt. Mein Durchsetzungsvermögen und meine Sturheit waren die einzigen Waffen, mit denen ich mich gegen diese Trägheit durchsetzen konnte.

Acht Jahre ging das so, ununterbrochen derselbe Ablauf. Oskar war meist in der Hauptstadt und besuchte seine jüdische Geliebte Gisa Schein in ihrer Wohnung in der Straße Luís María Campos.

Eines Tages kam Oskar mit der glorreichen Idee aus Buenos Aires, wir müssten uns eine Nutria-Zucht aufbauen. Ich versuchte auf jede erdenkliche Art, ihm das auszureden, aber es war zwecklos.

Oskar setzte sich mit einem Herrn namens Jakobo Murmis in Verbindung und gründete mit ihm eine Gesellschaft

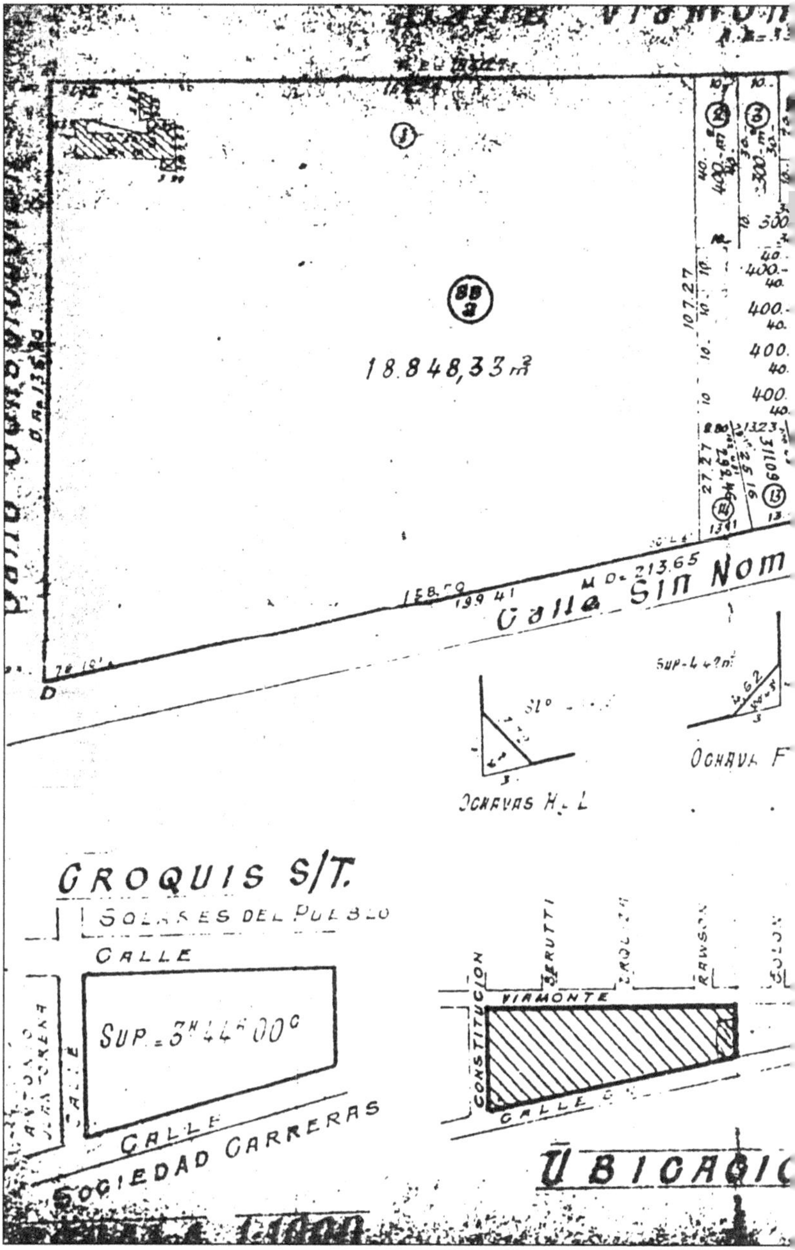

Der Plan unserer Quinta »Magnolia« in San Vicente

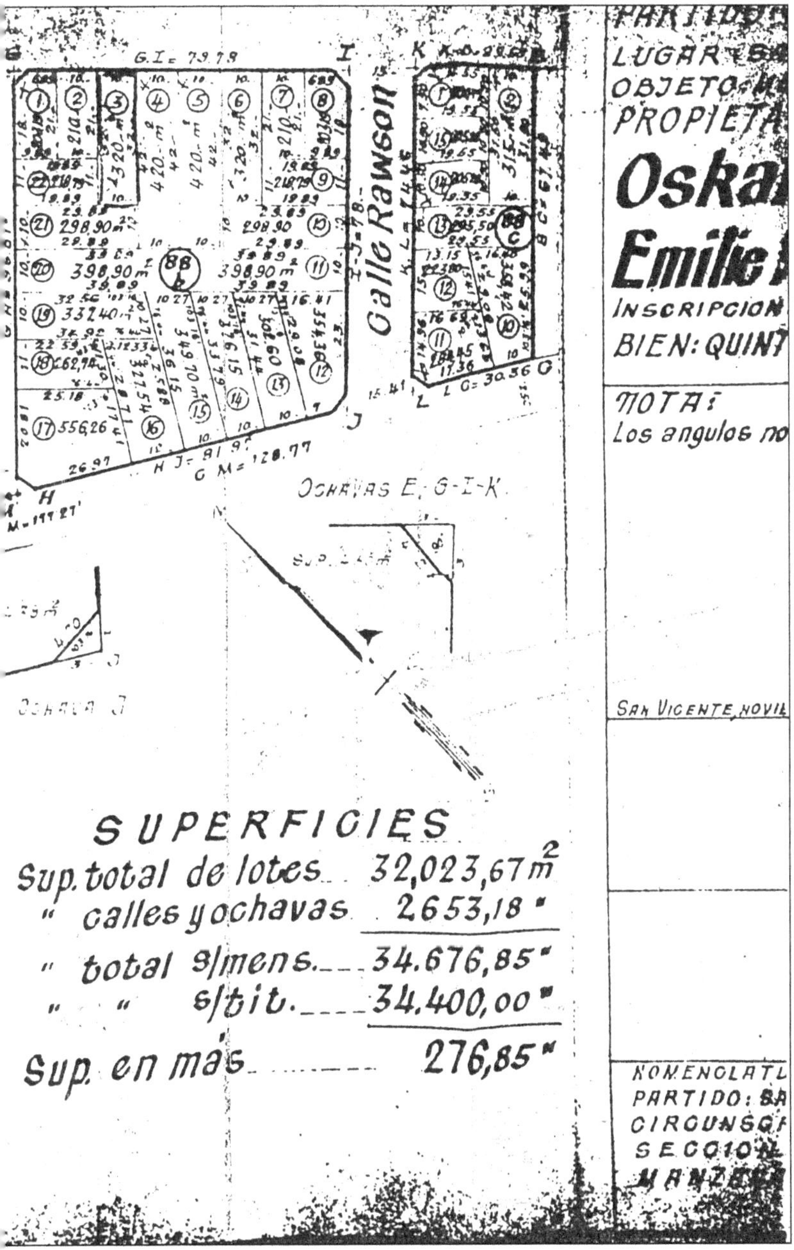
PROPIETA
Oska
Emilie
INSCRIPCION
BIEN: QUINT
NOTA:
Los angulos no
San Vicente, novi
NOMENCLATU
PARTIDO:
CIRCUNSC
SECCION
Calle Rawson
Ochavas E-G-I-K
SUPERFICIES
Sup. total de lotes 32,023,67 m²
" calles y ochavas 2.653,18 "
" total s/mens. 34.676,85 "
" " s/tit. 34.400,00 "
Sup. en más 276,85 "

Oskars große Hoffnung: unsere Nutria-Zucht

mit beschränkter Haftung zu dem Zweck, Nutrias zu züchten.

Das war am 16. März 1953 und die Gesellschaft hieß: *Oskar Schindler y Compañía, Sociedad de Responsabilidad Limitada. Oskar Schindler und Co. GmbH.*

Als ich sah, dass ich vor vollendeten Tatsachen stand, nahm ich am nächsten Tag den Frühzug nach Buenos Aires. Dort klapperte ich verschiedene Buchläden ab, um mich über Nutrias zu informieren, Tiere, die ich, zu Mänteln verarbeitet, bis dahin immer nur auf den Schultern von Oskars Freundinnen gesehen hatte statt auf meinen eigenen.

Nachdem ich ein paar der angeblich besten Bücher zu dem Thema erworben hatte, setzte ich mich in ein Café in der Calle Corrientes, bestellte eine große Tasse Kaffee, zündete mir eine Zigarette an und begann mir einen Überblick zu verschaffen. Ich entdeckte, dass Nutrias auf allen Kontinenten vorkommen, außer in Südamerika. Die Tiere, die man Oskar angeboten hatte, waren in Wirklichkeit Biberratten. Über deren Genealogie und Gewohnheiten bestens unterrichtet, machte ich mich darauf gefasst, sie in Empfang zu nehmen. Oskar strahlte, als sie eintrafen. Er war der festen Überzeugung, dass wir mit ihnen das Geschäft des Jahrhunderts machen würden. Ich widersprach ihm nicht. Ob Nutrias oder Biberratten, die Arbeit war die gleiche und würde ausschließlich an mir hängen bleiben. Und so war es auch.

Einige Monate später erfuhr ich ganz zufällig, dass einige von unseren Nutrias in Form eines Pelzmantels den Körper von Gisa Schein wärmten.

Ich hatte Oskar immer für seinen guten Geschäftssinn bewundert. Vor allem in der Krakauer Zeit, wo er die Emailwarenfabrik Rekord fast aus dem Nichts zum Aufblühen und Gedeihen brachte. Ich glaube nicht, dass es sich dabei einfach um Glück und Zufall handelte. Er besaß tatsächlich eine unbestreitbare Fähigkeit, solche Geschäfte zu führen.

Mit Knechten und Bekannten auf der Quinta 1955 (Oskar 2. von links, ich 1. von rechts)

Aber alles, was Oskar in Argentinien versuchte, wurde zum Fiasko.

Die Nutria-Zucht ging im Jahre 1955 Bankrott und musste liquidiert werden, denn unser Hauptpartner Jacobo Murmis war nicht mehr imstande, weiterhin Geld zuzuschießen.

In seiner Verzweiflung fuhr Oskar dann fast jeden Tag nach Buenos Aires, wo er sich mit allen möglichen Leute traf, mit der Absicht, weitere Geschäfte zu machen.

Eines Tages brachte er einen gewissen Señor López mit nach Hause. Er war Notar in La Plata, der Hauptstadt der Provinz Buenos Aires. Señor López sah sich unsere Farm von A bis Z an und begann, wie bei einem Verhör Fragen zu stellen.

Mir gefiel das freche Auftreten dieses Fremden nicht und mit meinem bekannt losen Mundwerk antwortete ich auf seine Fragen. Oskar wirkte sehr aufgeregt und nervös.

Meine Fähigkeit, Menschen vor den Kopf zu stoßen, tat ihre Wirkung. López stand plötzlich auf und verließ nach einem kurzen unhöflichen Gruß unser Haus.

Oskar machte mir deshalb Vorhaltungen. Mit meinem unmöglichen Verhalten hätte ich einen guten Geschäftspartner abgeschreckt. Der Grund war ganz einfach: Dieser Señor López gefiel mir überhaupt nicht. Ich fand, er sah aus wie ein echter Betrüger. Er wollte zusammen mit Oskar eine Gesellschaft zum An- und Verkauf von Bauteilen für Fertighäuser gründen. Das war scheinbar ein ganz einfaches Geschäft.

Obwohl ich Oskar gegenüber mit meiner Meinung nicht hinter dem Berg hielt und ihm dringend sowohl von diesem Unternehmen als auch diesem Partner abriet, schloss er das Geschäft im Jahre 1956 ab. Er investierte ziemlich viel Geld, 60 000 Pesos von unseren Ersparnissen. Und da er sich nicht die Zeit nahm, sich um das Geschäft zu kümmern, merkte er nicht, dass sein Partner uns betrog. Das Geschäft

Zunächst wurde ich von Knechten bei der Landarbeit unterstützt.

ging Pleite. Alles, was uns blieb, waren Schulden in Höhe von ca. 360 000 Mark.

1956 erfuhren wir dann vom Lastenausgleichsgesetz, das die deutsche Regierung 1952 verabschiedet hatte. Zur Durchführung wurden Ausgleichsabgaben erhoben, die dem so genannten Ausgleichsfonds zuflossen. Die Gelder dieses Fonds durften nur zur Finanzierung von Ausgleichsleistungen wie zum Beispiel Kriegsschadenrente, Eingliederungsdarlehen oder Härtefonds verwendet werden. Die Hauptentschädigung diente der Abgeltung für Vertreibungs-, Kriegssach- und Ostschäden an Vermögen, die nach diesem Gesetz festzustellen waren.

Wir bekamen in San Vicente einen Brief, in dem unsere Anwesenheit in Deutschland gefordert wurde, damit eine Entschädigung für die Fabrik in Brünnlitz festgesetzt werden könne. Die zu erwartende Summe lag bei ungefähr zwei Prozent des Gesamtwerts, was angesichts unserer schwierigen Lage in Argentinien einen keineswegs zu verachtenden Betrag ergab.

Nachdem wir ausführlich darüber gesprochen hatten, beschlossen wir einvernehmlich, dass Oskar nach Deutschland fahren sollte. Ich würde die Arbeit in San Vicente weiterführen und er würde mit dem Geld zurückkommen, um unsere Schulden aus der Nutria-Zucht und dem Geschäft mit den Fertighaus-Bauteilen zu begleichen.

Oskar versprach, sofort nach Erledigung der Formalitäten zurückzukommen. Ich ahnte bereits, dass etwas geschehen würde. Trotzdem unterschätzte ich die lange Geschichte seiner Affären, Unterschlagungen und Lügen, die unser gemeinsames Leben durchzogen und eine Liebe und Ehe zugrunde gerichtet hatten, die einmal für die Ewigkeit geschlossen worden war.

PRIMER TESTIMONIO: NUMERO CIENTO SESENTA Y CINCO.-En la ciu
dad de La Plata, Capital de la Provincia de Buenos Aires,-
República Argentina, a siete de junio de mil novecientos -
cincuenta y siete.-Ante mi, Escribano autorizante y los tes
tigos que al final se expresan y firman, comparecen el se-
ñor Oskar SCHINDLER ó Oscar SCHINDLER, casado en primeras-
nupcias con la señora Emilie Pelzl de Schindler, checoeslo
vaco, vecino del Partido de San Vicente, mayor de edad, hábil,
persona de mi conocimiento, doy fe, y DICE: Que confiere PO-
DER GENERAL AMPLIO, a favor de su señora esposa doña Emilie
Pelzl de Schindler, para que en su nombre y representación
y con jurisdicción en todo el territorio de esta República,
pueda ejecutar los siguientes actos: PRIMERO: Intervenga en
todos los asuntos judiciales y administrativos que actual
mente tenga en curso, se le inicien o tenga que iniciar como
actor o demandado, de jurisdicción voluntaria o contensiosa,
que versen sobre su persona, bienes, acciones y derechos de
carácter civil, comercial, criminal o correccional, como tam
bién en los arreglos sobre cuestiones de daños y perjuicios,
SEGUNDO: Pida y tome cuentas a quienes puedan y deban dar-
las rinda las del otorgante y pague sus deudas, recogiendo
y dando los recibos correspondientes y cartas de pago y -
cancelaciones.-TERCERO: Demande, cobre y perciba judicial -

Bei seiner Abreise nach Deutschland hinterließ mir Oskar eine Vollmacht zur Vertretung seiner Interessen. Hier die erste Seite

Vor seiner Abreise übergab er mir eine notariell beglaubigte Vollmacht, ihn während seiner Abwesenheit in sämtlichen wirtschaftlichen Angelegenheiten zu vertreten – faktisch war es eine Vollmacht zur Verwaltung der Schulden.

An einem Donnerstag lernte ich ihn kennen, an einem Donnerstag heirateten wir und an einem Donnerstag ging er für immer. Oskar verließ Argentinien im Frühjahr 1957, um nie wieder zurückzukommen. Auf der Fahrt zum Flughafen wechselten wir kaum ein Wort. Hatten wir uns nach dreißig Jahren des Zusammenlebens gar nichts zu sagen?

Hatten uns die gemeinsam überstandenen Entbehrungen und Schwierigkeiten nicht zusammenschweißen können? Waren wir einander so fern?

Als wir heirateten, waren wir sehr verliebt, doch wir waren charakterlich zu verschieden. Für ihn kamen immer erst seine Wünsche und dann seine Pflicht und das konnte ich weder verstehen noch akzeptieren. Aber trotz seiner Unbeständigkeit und Seitensprünge war Oskar kein ganz und gar schlechter Ehemann.

Mit dem heutigen Abstand betrachtet, war es fast ein Wunder, dass unsere Ehe so lange dauerte. Für Oskar war sie vielleicht eine schöne Gewohnheit. Sie stand ihm bei dem, was er tun wollte, nie im Wege. Mehr noch, mit mir verheiratet zu sein half ihm oft dabei, sich seine Wünsche zu erfüllen. Ich vertraute ihm schon ziemlich lange nicht mehr: Er war nicht mehr der Mensch, mit dem ich Freud und Leid teilen konnte.

Jenes Schweigen auf dem Weg zum Flughafen sagte mehr als tausend Worte über die traurige Lage, in die wir gekommen waren. Ich hatte von Oskar zumindest in dem Moment mehr Aufrichtigkeit erwartet, da es ja die letzte Chance sein sollte, mir die Wahrheit zu sagen. Aber nichts dergleichen geschah. Er verabschiedete sich von mir, ohne mich anzusehen. Mit gesenktem Kopf verschwand er durch die Tür zum Flugsteig.

Ich sah ihm nach und hatte ein eigenartiges Gefühl. Ich wusste nicht genau, wem oder was ich da Adieu sagte.

Ich fuhr auf die Quinta zurück und trat gegen einen der Käfige. Das Tier darin – ob Nutria oder Biberratte war jetzt gleichgültig – schüttelte sich schlaftrunken und rollte sich wieder in einer Ecke zusammen. Die Tage vergingen und eine mir fremde Beklemmung breitete sich in meinem Inneren aus, eine deutlich spürbare Leere entstand.

Ich stürzte mich wie wild in die Arbeit.

Eines Tages erhielt ich eine Ansichtskarte von Oskar aus New York, wo er sich vor seiner Reise nach Deutschland zwei Wochen bei Familie Rosner aufgehalten hatte.

Er schrieb:

Liebe Mili, bin gut angekommen und sehr herzlich aufgenommen worden, habe ueber alle Eindruecke einen langen Brief zu schreiben beabsichtigt, aber da ich noch einige Erledigungen abwarte, werde ich erst Ende der Woche schreiben. Bei Manzi bin ich sehr gut betreut und alle haben sich ueber mein Kommen sehr gefreut. Gestern war ich bei Marta zum Mittag eingeladen und anschließend mit Artek einkaufen. Der Junge ist schon gross und schrecklich klug. Jetzt ist Artek auf einen Moment hier zu Manzi gekommen, Marta wird einen ausfuehrlichen Brief schreiben.
Herzliche Kuesse:
Oskar

Kurz darauf bekam ich wieder Post von ihm, aber diesmal aus Frankfurt und in Form eines ausführlichen Briefes. Die ganze

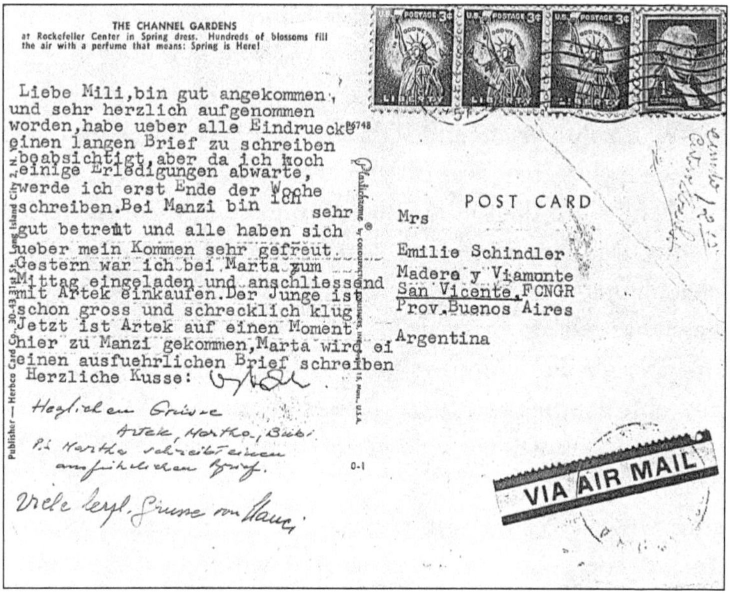
THE CHANNEL GARDENS
at Rockefeller Center in Spring dress. Hundreds of blossoms fill the air with a perfume that means: Spring is Here!

Liebe Mili,bin gut angekommen,
und sehr herzlich aufgenommen
worden,habe ueber alle Eindruecke
einen langen Brief zu schreiben
beabsichtigt,aber da ich noch
einige Erledigungen abwarte,
werde ich erst Ende der Woche
schreiben.Bei Manzi bin ich sehr
gut betreut und alle haben sich
ueber mein Kommen sehr gefreut.
Gestern war ich bei Marta zum
Mittag eingeladen und anschliessend
mit Artek einkaufen.Der Junge ist
schon gross und schrecklich klug
Jetzt ist Artek auf einen Moment
hier zu Manzi gekommen,Marta wird ei
einen ausfuehrlichen Brief schreiben
Herzliche Kusse:

Herzlichen Grüsse
Artek, Martha, Bubi.
P.S. Martha schreibt einen
ausführlichen Brief.

Viele herzl. Grüsse

POST CARD
Mrs
Emilie Schindler
Madero y Viamonte
San Vicente, FCNGR
Prov. Buenos Aires
Argentina

VIA AIR MAIL

Oskars erstes Lebenszeichen nach der Abreise: eine Postkarte aus New York

restliche Post von ihm aus den kommenden Jahren habe ich verbrannt, nur die Postkarte und den Brief auf S. 148 f habe ich als einzige Erinnerung an meinen Mann Oskar Schindler in einer dunklen Ecke meines Schrankes aufbewahrt.

Mir ist vollkommen klar, dass Oskar in Deutschland gegen vieles kämpfen musste, um Fuß zu fassen, doch mir erging es hier nicht anders. Durch unseren gemeinsamen Bekannten Walter Pollack, der auch Mitglied des jüdischen Ordens B'nai B'rith und lange Jahre mein Betreuer war, erfuhr ich, dass Oskar die Absicht hatte, in Deutschland so schnell wie möglich eine Arbeit zu finden, um mir zu helfen, den Berg von Schulden abzubezahlen, mit dem er mich in Argentinien zurückgelassen hatte. Er schien deswegen Schuldgefühle zu haben.

Dazu kam, dass die Altersgruppe der 75-Jährigen als Erste beim Lastenausgleich berücksichtigt werden sollte. Oskar war damals erst 50 Jahre alt und das Warten seine Pflicht.

Dagegen musste ich lernen, mich als allein stehende Frau durchzusetzen. In dieser mit Machos bevölkerten lateinamerikanischen Gesellschaft keine leichte Sache. Mein Schicksal war nach wie vor schwierig, aber mir blieb nichts anderes übrig, als es zu akzeptieren und zu meistern.

Unerwartete Hilfe von der B'nai B'rith

Meine wirtschaftliche Lage wurde immer schwieriger. Irgendwann reichte das Geld nicht mehr, um meine Hilfskräfte zu bezahlen. Anfangs konnte ich sie noch mit Eiern, Tieren oder Früchten entlohnen. Der letzte Arbeiter verließ mich eines Nachmittags im Winter mit den Worten:

»Doña Emilia, bedauerlicherweise kann ich zu diesen Bedingungen nicht weiter für Sie arbeiten. Ich muss auch meine Familie ernähren und brauche das Geld. Sie waren immer gut zu mir, wie traurig, dass ich Sie verlassen muss. Adiós, Doña Emilia. Gott schütze Sie.«

Er senkte den Kopf und verschwand durchs Hoftor in der Abenddämmerung.

Vor mir lag die Quinta in ihrer gesamten Ausdehnung und ich war auf mich allein gestellt. Geld besaß ich nicht, Spanisch konnte ich nur ein paar Brocken, mir fehlte ein Mann an meiner Seite und die Schulden wuchsen Tag für Tag. Eine Million Pesos waren es (360 000 Mark), eine nicht nur zur damaligen Zeit mehr als ansehnliche Summe, und ich sah keine Möglichkeit, sie zu begleichen. So sah meine Lage aus: inmitten von Tieren, mit denen ich nicht reden konnte, die aber nach mir schrien, damit ich sie fütterte.

Oskar Schindler
Arndtstrasse 46,p. Fankfurt/Main,8.Okt.57

Liebe Mily,

Dem Umstand,daß dreiviertel meiner Bekannten an Grippe liegen,incl. meinen Rechtsanwalt,daß Karl auf drei Tage nach Düsseldorf keilen fuhr und ich so ohne Wagen bin und daß Schöneborn erst morgen Eintrifft, ist es zu danken,daß ich Zeit habe,einen Brief zu schreiben.

(Eigentlich sollte ich nicht schreiben,da ich in vier Monate zwei sage und schreibe zwei Briefe erhielt,gerade so ALS OB SICH IN SAN-VICENTE nichts neues ereignet,dabai hast Du eine neue Kuh,neue Eintagskücken usw Gott sei Dank erfahre ich von Bekannten noch einiges.)

Wenigstens die Zeit solltest Du Dir nehmen,mir den Erhalt des Geldes zu bestätigen,das ich Dir vor Wochen an die Bank Hollando Un.überwiesen habe,das ist wohl das Mindeste,was ich erwarten darf.

Für Herrn Pollack habe ich einen Teilerfolg erreicht und bin umsomehr froh darüber,weil es Menschen sind,die zu den wenigen Anständigen und Hilfsbereiten gehören.An Fam.Pollack habe ich darüber ausführlich geschrieben,ein diesbezügl.telef.Versuch war erfolglos,da keine Verständigung möglich war,vielleicht hängt das mit dem Poststreik zusammen.

Meine Angelegenheit ist gut weitergegangen,ich hoffe in cca 6 Wochen das Geld für das Objekt anfordern zu können.Morgen muß ich noch den Nachweis für die ganze Fertigungseinrichtung Schöneborn,3.7cm,erbringen, also Beweise von Siemens-Bau Union,für die neue Halle,dann alle dazugehörigen Maschinen,alles was I944 gekauft resp gebaut worden ist,alle neuen Pressen,Bonderanlage,Revolverbänke usw Kontoauszüge für ungefähr zweieihalb Millionen Mark,leider von einen Dutzend Firmen,für die aus der Ostzone werde ich mir mit Eidesstattliche Aussagen helfen.Das Amt hat wohl alle Firmenschulden gerne geglaubt,aber für die für das Geld anglegten Werte verlangen sie Beweise.

Der Minister Shinar von der Israel-Mission hat mir versichert,meine Produktion in Kunststoffen bevorzugt abzunehmen,soweit der Preis der Konkurenz entspricht,hat mich aber angehalten,unbedingt auf zwei Wochen nach Israel zu kommen,um mit Außenhandelsministerium und Großhandel das Technische festzulegen.(Vorerst habe ich kein Geld auf einen Mantel,es wird schon ganz schön kühl,sodaß ich wohl bis Monatsende warten muß, irgendwie komm ich schon durch.(Überigends hat mich Ando Schulz mit frau Schindler besucht,mit neuem Wagen,auf Rückzahlungs-resp Teilrückzahlungsanspielungen hat er sehr schwerhörig reagiert,wollte sogar Tatsachen verdrehen,daß der Hauptverdienst der Rettung ihm zukommt,da er die Frau dann bei seiner Mutter in Brünn versteckte.Daß er dazu aber nicht in der Lage gewesen wäre,wenn ich sie nicht freigekauft hätte, wollte er nicht verstehen,auch wäre er zu blau gewesen,um genau zu wissen wieviel Geld ich zahlte,sodaß ich ihm drohte,in die Augen zu spucken, typische Brünner Laus,in der Maske eines dicken,behäbigen Bürgers.Als Endefekt soll ich in drei Wochen nach Wien zu Besuch kommen,um,wenn es nur irgend möglich sein wird,2-3 Tausend Mark zu erhalten.Die Frau ist durch das lange Zusammensein schon genau so schlecht wie Ando.Ich werde aber nur bis München fahren,da sie dort eine Filiale haben,auf Gastfreundschaftliche Bewirtung pfeif ich.

Heute war ich mit Mister Kagan aus New York u.meinen Rechtsanwalt zusammen,Kagan ist seit fünf Tagen im Bett,mit Grippe,heute war sein erster Ausgang.Er will mir in New York mit Geschäftsverbindungen zu meinen Projekten helfen,falls ich es brauchte,er ist der stärkste Mann der Claimes Conf.und hatte meiner Sache sehr genützt,er hat sich über die Entwickelung meiner Arbeit genau unterrichtet.Auch ist Kurt Großmann aus New York eingetroffen,sein Buch:die unbesungenen Helden"ist hier auf der eröffneten Buchausstellung herausgekommen.Die nächsten Tage werde ich einmal mit ihm Kaffee trinken.

Von Traude hab ich einen Brief bekommen,sie freut sich,nach zehn
Jahren auch von Dir persönlich ein Schreiben erhalten zu haben,ich lege
Dir den Brief bei,damit Du auch über den Zuwachs bei Lois unterrichtet
bist.
Joel Brand,von dem ich Dir im letzten Brief schrieb,daß er einen Herz-
infact hatte,liegt immer noch in der Universitätsklinik,inzwischen ist
seine Frau aus Israel gekommen.(Brand ist der Erbe und Herausgeber des
Buches in Sachen Dr.Kastner,auch ein Freund von Dr.Sedlatschek)

Überigends wird Dich interessieren,daß ich den neuen Vertriebenen-Ausweis
um den ich schon mit Hilfe des famosen Dr.Wolf München seit 1955 zum
Reg.Präs.Köln schreibe,in genau 15 Minuten in Händen hatte.Aus dem Kaffe
haus hatte ich mir Skoupy und Ing.Prakty aus Brünn als Zeugen mitgenommen
die mit gutem Gewissen bestätigen konnten,daß ich Zwittauer bin.Das
Verzögern bei den Ämtern geschieht nur,um die Vögel zu beschäftigen.

Vor einigen Wochen war ich mit Lois,Hübel u.Maly,Heinz Kathi,Schestag usw
bei den Göppinger Schönhengster Treffen verabredet und hatte einen sehr
schönen Zusammenstoß mit einer Moleteiner Kuh,Frau Dr.Berg,die erst be-
hauptete,Ernst wäre schon drei Jahre tot und Du wirst Dich sehr freuen,
den ganzen Lastenausgleich zu erben,ich erklärte ihr laut am "Moleteiner
Tisch",daß es außerhalb Ihres Inteligenzbereiches liegt,zu verstehen,
daß Du dich mehr freuen wirst,ihn am Leben zu wissen und seine Anschrift
zu erlangen.Eine Rothaarige erklärte,ihn noch vor einem Jahr in Stuttgart
gesehen zu haben,Frau Dr.Berg ließ nicht locker,..Sind Sie doch der Herr
Schindler,sind sie noch immer mit der Mily zusammen,die ist doch genau
so unmöglich,wie der Ernst...worauf ich Ihr zur Belustigung des ganzen
Tisches erwiederte,daß Du trotzdem in den 30 Jahren mehr Weltstädte ge-
sehen hast,wie sie Misthaufen,da wurde sie krebsrot und packte aus,
der Ernst war gegen uns,ich mußte sogar bei den Tschechen bei ihm arbei-
ten,worauf ich ihr sagte,bestimmt das einzige Mal in Ihren Leben.Worauf
sie sich ihre Leica umhängte und abrauschte.Blöde N.S.Gnädige Gans.
Später erfuhr ich die Telefonnummer von der Pelzl Emmi u.Frau Tutsch,
die beide bei der Stuttgarter Bundesbahn arbeiten,die Pelzl ist eine
Tochter vom Pelzl Franz,aber die haben Ernst auch länger als ein Jahr
nicht gesehen,wollen sich aber erkundigen.Die Pelzl wollte alles über
Dich wissen,war sehr nett am Apperat,auch viele Grüße,ich werde sie
demnächst wieder anrufen,vielleicht weiß sie schon etwas.Beim Lois war
der Ernst seit dem Tode der Elly nicht,was soll er auch dort,wenn seine
gute Freundin nicht mehr ist.

Hier wird jetzt Erdäpfel gegraben und ich bin gestern mit Karls Wagen
aus Manheim gefahren und habe über dreißig neue Wagen gezählt,also war
es damals nicht übertrieben,der große Mercedes zum Mistbreiten.Der
Killer-Binder war doch der Zeit voraus,der hatte schon vor dreißig
Jahre einen Sportsteyer,um Mist zu führen.

Was ist aus Deinem Schweinegeschäft geworden?Wieviel hast Du?Bringt der
Mann die Milchabfälle?Von wo hast Du Kücken gekauft? Gib dem Notar die
Adresse,falls er sie braucht und sag ihm,bis Dezember wird hoffendlich
der Betrieb laufen,dann kriegt er auch etwas Geld.Gib Deine Post in Buenos
Aires auf,die Briefe kommen offen an!Mache um Himmelswillen nicht wieder
ein Schwimmbad,es sei für einige Bekannte,wie Mundek,Weitz etc.

Wenn Du Dich nicht zum Schreiben konzentrieren kannst,kaufe Dir eine
Schachtel Ritalina,nimm jeden zweiten Tag früh zwei Pillen,es wird
Dir dann leichter gehen,natürlich nicht daran gewöhnen.Ich habe die
optimistische Hoffnung,vor Weihnachten noch einen Brief zu erhalten und
schließe mit vielen Grüßen an Alle Freunde,vor allem an Willy,der ja
auch einmal schreiben könnte,an Fam .Horowitz u.Gisa,an Fam.Pollack u.A.

viele Küsse

Oskar.

Was machen die
Hunde u.a.Viecher?

Einer der wenigen ausführlichen Briefe, die mir Oskar aus Deutschland schrieb, vom 8.10.1957.

Hatte es sich gelohnt, dafür das Nachkriegseuropa verlassen zu haben, oder sollte sich meine Geschichte voller Schicksalsschläge hier weiter fortsetzen? Ich weiß wohl, das klingt ein bisschen, als sei ich auf Mitleid aus. Nichts liegt mir ferner. Bei der Erinnerung an meine damalige Verzweiflung will mir nur nicht in den Kopf, wie auf unserer Welt die Gerechtigkeit funktioniert. Heute empfangen mich Staatsmänner oder ich soll vor Tausenden Menschen sprechen, während meine Einsamkeit damals so absolut war, dass ich nicht begreife, wie ich sie ertragen konnte. Nachts lag ich wach und grübelte, käute die Vergangenheit wieder, durchforstete die Gegenwart und versuchte mir die Zukunft auszumalen. Nur dunkle, kummervolle Bilder erschienen mir und mehr als einmal überraschte mich das Morgengrauen am Küchentisch, wo ich auf dem Stuhl eingeschlafen war.

Meine Ernährung bestand nur noch aus Mandarinen, die ich im Garten pflückte, etwas Brot und viel Kaffee, um mich wach zu halten, damit ich mich um Nutrias, Hühner, Gänse, Hunde und Katzen kümmern konnte. Einmal pro Woche ging ich mit meinen geringen Einnahmen in eine nahe gelegene Fleischerei und kaufte Leber für meine Hunde. Wenn ich hereinkam, sagte der Fleischer immer: «Da kommt die Frau mit der Leber.« Unter diesem Namen war ich in San Vicente lange bekannt. Zu Hause würfelte ich die Leber und teilte sie salomonisch in je zwanzig Stückchen für jeden meiner drei Hunde auf.

Mir scheint, dass mein ganzes Leben daraus bestand, für andere zu sorgen, und dieser Verantwortung konnte ich auch hier in Argentinien nicht entgehen.

Oskars Briefe kamen immer seltener. Die einzige finanzielle Hilfe, die ich jemals von ihm bekam, bestand aus einer einmaligen Zahlung von zweihundert Mark. Ich hielt mich über

Wasser, indem ich die Milch der Kühe verkaufte, die ich jeden Morgen selbst melkte. Jeden Tag musste ich fünfzehn Kilometer zurücklegen, um ihnen das Futter von General Peróns Quinta zu holen. Trotzdem hatte ich die armen Kühe gern, da ich wusste, dass ich letzten Endes ihnen mein Überleben verdankte.

Irgendwie gelang es mir immer, die Kraft für den nächsten Tag aufzubringen. Es war wie ein heimliches Wunder, eines von denen, die man sich mit Gottes Hilfe selbst bereitet. Viele Jahre lang lebte ich unter solchen Bedingungen. Mit der Zeit überraschen uns Wunder nicht mehr, wir erleben sie ganz selbstverständlich und doch sind sie das keineswegs. Ich gab Oskar die Schuld an meiner Lage.

Erst viele Jahre später erfuhr ich aus den Dokumenten aus Oskars berühmtem Koffer, dass er sich durchaus um mich gesorgt hatte. Nur konkrete Hilfe hatte ich von ihm nie erhalten.

Unterdessen erfuhr ich über Bekannte, dass Oskar in Deutschland eine Entschädigung von hunderttausend Mark für die Fabrik in Brünnlitz bekam. Doch ich sah erwartungsgemäß nie einen Pfennig von dieser Summe. Das erzürnte und betrübte mich sehr. Nachdem er mir in einem Brief geschrieben hatte: »Liebe Emilie, ich werde immer dicker, so oft wie ich hier Hummer esse und den guten Wein trinke …«, beschloss ich endgültig, ihm nicht mehr zu schreiben. Wozu die Ironie? Meines Wissens hatte ich ihm je weder etwas getan noch geschadet. Das habe ich nie verstanden. Und Gott weiß, wie oft ich das versucht habe.

Was Oskar mit dem Geld anstellte, wusste niemand. Obwohl er immer leidenschaftlich gern ein Vermögen gemacht hätte, blieb die Emailwarenfabrik in Krakau sein einziger geschäftlicher Erfolg. In Regensburg wurde ihm damals die Verwaltung eines Parkhauses angeboten, was sicherlich nichts Schwieriges gewesen wäre. Da aber einer seiner Freunde andeutete, eine Beschäftigung dieser Art sei doch wohl unter der Würde des Herrn Direktor Schindler, nahm mein Mann Abstand davon, dabei hätte uns die Stelle in jenen schweren Zeiten sehr helfen können.

Glücklicherweise erfuhr die jüdische Organisation B'nai B'rith von meiner verzweifelten Lage. Im Oktober 1953 kamen eines Nachmittags ein paar dunkel gekleidete Herren auf meine Quinta in San Vicente, sahen sich überall um und kehrten wenige Tage später mit einem Vorschlag zurück. Ich sollte den Hof verkaufen und von dem Geld meine Schulden bezahlen. Der Preis, den ich erzielte, reichte gerade, um mich über Wasser zu halten, aber keineswegs, um mir eine neue Existenz aufzubauen. Mit sechsundfünfzig Jahren war ich keine junge Frau mehr, ich stand sozusagen mit dem Rücken zur Wand. Ich machte mir ernsthafte Sorgen, bald unter einer Brücke schlafen zu müssen.

Aber als ich es am wenigsten erwartete, entdeckte ich plötzlich, dass ich mehr Freunde besaß, als ich je gedacht hatte.

Dr. Heinemann, der damalige Präsident der B'nai B'rith, überließ mir in San Vicente das Haus, in dem ich bis November 2000 wohnte, in Niesbrauch, so dass ich bis zu meinem Lebensende die alleinige Eigentümerin bin. Obwohl ich kaum glauben kann, jemals wieder dorthin zu ziehen. In dem Haus leben noch meine zwei Schäferhunde, Rex und Lady. Außer den Hunden vermisse ich am meisten die von mir gepflanzten Bäume und Blumen in dem Garten vor und hinter dem Haus. Leider ist es mir im Moment nicht möglich, mich persönlich um alles zu kümmern. Diese Aufgabe erfüllt meine ehemalige

In meinem geliebten Garten in San Vicente 1993.

Betreuerin Isabel, die von der argentinischen Regierung ein Gehalt in Form eines Ehrensoldes an mich erhält.

Ich erinnere mich noch gut, wie die Loge Tradición der B'nai B'rith mir im Jahr 1963 mitteilte, dass ein Haus für mich gebaut werden sollte. Man gab mir einen Plan des Hauses und fragte mich, ob ich damit einverstanden wäre. Die Höflichkeit und Großzügigkeit von den Herrschaften, hauptsächlich von Dr. Heinemann, beeindruckte mich sehr.

Zwei Jahre später, am 12. März 1965, erschien ich zusammen mit Dr. Heinemann und anderen Mitgliedern des Vorstandes beim Notar, der die Urkunde über mein lebenslanges Wohnrecht ausstellte.

Als der Notar die Urkunde verlas, vergoss ich Tränen der Dankbarkeit. In der Urkunde stand:

... KRAFT DESSEN erklären die erschienenen Personen: Dass sie von diesem Datum an, in unentgeltlicher und lebens-

länglicher Form Emilie Schindler, geb. Pelzl, das Recht der Benutzung und Bewohnung auf die bewohnbare Liegenschaft einräumen, die der von ihnen vertretenen Institution B'nai B'rith gehört …

Nun hatte ich wieder ein Dach über dem Kopf und konnte weiterarbeiten. Das Haus lag und liegt heute noch an einer Hauptstraße. Ein großer Vorteil war, dass ich an regnerischen Tagen nicht mehr über schlammige, unbefestigte Wege laufen musste.

Wenn das mein Haus sein sollte, dann wollte ich auch etwas dafür tun. Es war von einem riesigen Garten umgeben. Also fuhr ich in die Stadt und kaufte Setzlinge und Samen aller Art: Pflaumen, Äpfel, Zitronen, rote, gelbe und weiße Rosen, Dahlien, sogar eine Tanne. Nach und nach pflanzte ich alles ein.

Eines Tages hörte ich von einem Knecht, dass in einem nahe gelegenen Dorf Kälber verkauft würden. Da ich mich immer auch für Rinder interessiert hatte, kaufte ich neun Stück, ließ sie mir per Lastwagen bringen und hielt sie im hinteren Garten. Die Kälbchen waren noch so klein, dass ich sie zuerst mit der Flasche füttern musste, aber sie wuchsen heran und entwickelten sich zu großen Tieren. Ursprünglich hatte ich die Absicht, sie wieder zu verkaufen, aber dann gewann ich sie so lieb, dass mir bei dem Gedanken, sie wegzugeben, schauderte. So verging die Zeit und aus den Kälbern wurden Bullen und die Bullen brüllten in der Dämmerung, wenn ich einmal nicht da war. Die Nachbarschaft fing an sich zu beschweren und zwei Jahre später, nachdem meine Rinder im Garten einiges zerstört hatten und die Polizei mich verwarnt hatte, musste ich sie schweren Herzens verkaufen.

Erst danach begann mein Hausgarten so richtig zu gedeihen.

Das Leben verändert sich

Auf meine alten Tage entdeckte ich dann noch einmal die Reiselust in mir.

Es begann mit dem Film von Steven Spielberg, der mich zu den Schlussdreharbeiten zu »Schindlers Liste« nach Israel einlud. Bei dieser Gelegenheit begegnete ich vielen der von uns geretteten Juden wieder und besuchte das Grab meines verstorbenen Mannes. Zur Premiere des Films flog ich nach New York, wo ich die Ehre hatte, von Bill Clinton und seiner Frau begrüßt zu werden.

Schon im März 1995 begab ich mich erneut auf die Reise über den Atlantik. In Rom hatte ich eine Audienz beim Heiligen Vater und traf den Oberrabbiner von Rom. Dann ging es weiter nach Bonn zum damaligen Bundespräsidenten Roman Herzog und zu Rita Süßmuth, der Präsidentin des Deutschen Bundestages. Die größte Freude aber war das Wiedersehen mit meiner Nichte Traude und ihrem Mann.

1999 unternahm ich dann eine Reise an die Stätten meiner Kindheit und Ehe mit Oskar. Dabei begleitete mich ein Filmteam, das einen Dokumentarfilm über mich drehte. Zuvor war ich als Gast in der Talkshow von Jürgen Fliege aufgetreten.

Am Freitag, dem 3. November 2000, veränderte sich mein Leben sehr nachhaltig: Meine beiden Betreuer, die abwechselnd zu mir kamen, hatten sich verspätet. Isabel blieb normalerweise über Nacht und am Vormittag, Leandro kam meistens mittags und blieb einige Stunden.

Ich wollte gerade in die Küche gehen, um mir eine Tasse Tee zu machen. Plötzlich rutschte ich aus und verlor das Gleichgewicht. Ich konnte mich nirgends mehr festhalten und fiel hin. Als ich versuchte wieder aufzustehen, hatte ich so fürchterliche Schmerzen an der Hüfte und am Bein, dass es mir nicht gelang.

Ich weiß nicht mehr, wie lange ich so dalag, ich kann mich nur noch erinnern, dass ich mit einer Hand nach einem Telefonbuch greifen und es mir unter den Kopf legen konnte.

Isabel fand mich auf dem Boden liegend. Sie half mir, mich ins Bett zu legen, und rief dann gleich den Notarzt an. Die Ärzte untersuchten mich und bestätigten mir, dass die linke Hüfte gebrochen sei. Die rechte war schon drei Jahre zuvor operiert worden.

Im Krankenhaus stellte sich wieder das ewige finanzielle Problem. Wer würde die Behandlungskosten übernehmen, da ich ja nie in einer Krankenversicherung gewesen war. Ich bat meinen Betreuer, eine Dame von der B'nai B'rith anzurufen, in der Hoffnung auf Hilfe, aber Frau Quadt meinte, wir sollten auf Erika Rosenberg warten, die in der folgenden Woche aus Deutschland zurückkehren sollte.

So blieb ich eine Woche in diesem Zustand und erst nachdem Erika meine Einweisung ins Deutsche Hospital organisiert hatte, wurde ich operiert.

Die Operation selbst verlief erfolgreich und dank der Ärzte vom Deutschen Hospital, die auf ihre Honorare verzichteten, und einer Spendenaktion brauchte ich nichts zu bezahlen.

Eine Woche lag ich auf der Station, dann wurde mir vorgeschlagen, zur Rehabilitation in ein Heim zu gehen. Auch diese Reha-Zeit verbrachte ich dank vieler Spenden als Gast des Hauses.

Seitdem hat sich vieles in meinem Leben geändert. Ich wohne nicht mehr in dem kleinen netten Häuschen in San Vicente, habe keine Hunde und Katzen mehr um mich herum und bin auf einen Rollstuhl angewiesen. Die Ärzte sagen, ich bin pfle-

Erika Rosenberg besucht mich regelmäßig im Altersheim Los Pinos, wo ich seit Ende 2000 lebe.

gebedürftig. Ich kann weder kochen noch arbeiten, weder putzen noch aufräumen. Aber eine Sache kann ich immer noch sehr gut, nämlich denken und verstehen.

Hier im Pflegeheim verbringe ich den Tag wie andere Heimbewohner auch mit Aufstehen, Waschen, Frühstücken, Pillen schlucken, Rehabilitationsübungen, wieder Schlafen, Mittagessen, Siesta, Kaffeestunde usw.

Diese Eintönigkeit ist neu für mich. Bisher war mein Tagesablauf immer sehr arbeits- und abwechslungsreich. Aber eines steht fest: Ich habe viel, viel Zeit, um mich an alles zu erinnern, was in den letzten Jahren geschehen ist und was mich schließlich in dieses Heim geführt hat.

Nun lebe ich seit einem halben Jahr in Los Pinos, und langsam, aber sicher zieht es mich wieder nach Deutschland. Ich habe Sehnsucht nach der alten Heimat, obwohl ich noch nicht weiß, ob ich mich dort tatsächlich wohl fühlen werde.

Der Leser wird sich vielleicht wundern, wenn ich sage, dass ich mit fast 94 Jahren noch Reisepläne habe. Eine Einladung von dem Museum *Haus der Geschichte* in Bonn weckt neue Hoffnung in mir. Vielleicht ist das Leben im Heim doch nicht das Ende, wie ich an manch traurigem Tag schon vermutet habe. Vielleicht gibt es auch ein *Danach*!

Vielleicht ist dieses *Danach* gerade für mich reserviert, nachdem mir in meinem Leben so viele andere Sachen versagt blieben.

(Ja – es gab ein Leben danach, *liebe Emilie, aber davon muss* ich *erzählen.* – Erika Rosenberg*)*

5.
Die Filmgeschichte

Von der Idee zum Film

Die ursprüngliche Idee zu einem Filmprojekt über Oskars Leistung bei der Rettung der Juden stammt von Poldek Pfefferberg. Er riet Oskar, unsere Geschichte niederzuschreiben und sich mit dem Stoff an den österreichischen Filmregisseur Fritz Lang zu wenden. Oskar war von der Idee sehr angetan und schrieb tatsächlich 1951 an den berühmten Regisseur. Zu meinem Erstaunen antwortete Fritz Lang meinem Mann: Oskar solle ein wenig Geduld haben, er, Lang, würde darüber nachdenken, ob das Projekt realisierbar sei. Er hat sich dann aber nie wieder bei uns gemeldet.

Mir schien diese Filmidee von Anfang an vollkommen absurd und sinnlos, trotzdem ließ ich Oskar schreiben und träumen. Im Laufe der Jahre stellte sich dann heraus, dass ich wieder einmal Recht gehabt hatte mit meiner Einschätzung, denn letzten Endes waren es die anderen, die von unserer Geschichte profitiert haben.

Mein Leben in Argentinien bestand aus viel Arbeit, Schmerzen, Schwierigkeiten und wenig Geld, um über die Runden zu kommen. Seit Oskars Rückkehr nach Deutschland waren mir als Begleitung nur meine treuen Hunde und die vielen zugelaufenen Katzen geblieben, die bei mir Unterkunft und Futter fanden.

Einmal im Monat fuhr ich in die Stadt, um meine Rente von der Deutschen Botschaft abzuholen.

Im Jahre 1963 erhielt ich einen Brief von Oskar, in dem er mich darum bat, einen Vertrag über die Filmrechte an unserer Geschichte zu unterschreiben, was ich dann widerwillig tat, denn ich hatte bereits eine Vorahnung, dass uns die ganze Angelegenheit nichts bringen würde.

Der amerikanische Filmproduzent Martin Gosch, der für Metro-Goldwyn-Mayer (MGM) arbeitete, war auf den Stoff aufmerksam geworden, nachdem Poldek Pfefferberg alias Leopold (Paul) Page Goschs Frau davon erzählt hatte. Eine Klausel des Vertrages besagte, dass alle Zahlungen für Oskar und mich zuerst an Paul Page gehen sollten. Meinem Mann und mir wurden darin zunächst 50 000 US-Dollar zugesprochen, jeweils 25 000 bei Vertragsabschluss und 25 000 bei Produktionsbeginn. Von dieser Summe sollte Oskar 80 Prozent und ich 20 Prozent erhalten. Zusätzlich sollte nach Fertigstellung Oskar fünf Prozent und Page zweieinhalb Prozent vom Filmproduzentengewinn erhalten. Für sich selbst als auch für Oskar hatte Paul Page außerdem durchgesetzt, dass sie als »technische Berater« an der Filmproduktion mitwirken und dafür ein gesondertes Honorar von 300 Dollar pro Woche bekommen sollten. Warum mir eine solche Position nicht angeboten wurde, obwohl mein Erinnerungsvermögen genauso gut war wie das ihre, verstehe ich bis heute nicht. Am 13. November 1964 unterzeichnete ich den Vertrag auf dem amerikanischen Konsulat in Buenos Aires. Unser Vertragspartner war Gosch im Namen der MGM, Oskar und ich wurden durch Paul Page vertreten.

MGM legte das ganze Projekt dann aber zunächst auf Eis, es hieß, die Amerikaner wollten auf keinen Fall einen Film über einen guten Deutschen drehen. Für mich war das ein total absurdes Politikum, aber ich musste mich mit der Tatsache abfinden.

Das Thema Konzentrationslager blieb für die Studios zunächst tabu. Für Oskar war es wohl eine große Enttäuschung, unsere Geschichte nicht auf Leinwand zu sehen. Was ich nicht wusste, war, dass nach seinem Tod hinter meinem Rücken die Verhandlungen in dieser Sache weitergingen. Besonders enttäuschend war für mich, dass gerade die Menschen, denen wir geholfen hatten, mich vergessen hatten. Einerseits fühlte ich mich sehr traurig, weil ich unter der Undankbarkeit der Menschen litt, andererseits war ich auch zufrieden, weil ich wusste, ich hatte sowohl nach christlichem als auch nach jüdischem Glauben richtig gehandelt. Wenn man einen Menschen rettet, rettet man das ganze Volk und ich half meinem Nächsten, denn der Nächste war ich selbst.

Im Januar 1983 erhielt ich einen Brief von Mila Pfefferberg, Poldek Pfefferbergs Frau. Sie waren bei uns in Krakau und Brünnlitz als jüdische Arbeiter beschäftigt gewesen und nach dem Krieg nach Amerika ausgewandert. Dort hatten sie beschlossen, ihre Namen zu ändern, und ließen sich in Mila und Leopold (Paul) Page umtaufen.

Als ich den Brief las, traute ich meinen Augen nicht, denn sie schrieb, dass ein australischer Schriftsteller ein Buch über uns verfasst habe, ohne meine Kenntnis und auch ohne meine Genehmigung. Es scheint in meinen Sternen zu stehen, dass ich alles immer erst hinterher schriftlich erfahre. Was war passiert? Im Jahr 1980 hatte ein gewisser Irving Glovin die Filmrechte von MGM gekauft und sie auf Universal Pictures übertragen. Zu dieser Zeit traf Paul Page zufällig einen australischen Schriftsteller, dem er unsere Geschichte erzählte. Dieser war sofort begeistert und bereit, das Buch »Schindlers Liste« zu schreiben, auf dem der gleichnamige Film basiert. Obwohl der Autor wusste, dass nur ich zu bestimmten Umständen und Vorkommnissen in Brünnlitz die exakte

Beschreibung liefern konnte und er meine Adresse hatte, hat Thomas Keneally zu keiner Zeit mit mir gesprochen. Er hat dann zwar recherchiert, aber eben nicht an der richtigen und zuverlässigen Quelle, denn die Pfefferbergs waren Oskar und mir in der Fabrik nicht besonders nahe gewesen.

Wie Herr Keneally ohne mein Wissen die Rechte an einer Geschichte verkaufen konnte, die zu einem nicht unwesentlichen Teil die meine ist, ist mir bis heute ein Rätsel.

Mila Pfefferbergs Brief vom 13. Januar 1983 lautete:

Liebe Frau Schindler,

Erstens wollen wir Ihnen ein glückliches und gesundes Neues Jahr wünschen.

Wir wissen wirklich nicht, wieso der Kontakt zwischen uns unterbrochen wurde. Wir erinnern uns, dass wir an Sie vor einigen Jahren geschrieben haben, leider haben wir keine Antwort erhalten.

Mein Mann und ich, so wie viele unserer Freunde, die Sie und Ihren Mann gekannt haben, denken an Sie oft und mit Liebe.

Und hier kommt für mich die große Überraschung: *Wie Sie wissen, ein sehr gutes Buch unter dem Titel: »Schindler's List« ist herausgekommen, nämlich über Sie, Ihren Mann, über Plaszow und Brünnlitz …*

Einige Monate später erhielt ich per Post eine englische Originalausgabe des Buches. Da ich dieser Sprache nicht mächtig bin, ließ ich es von einer Dame der B'nai B'rith lesen. Sie berichtete mir dann über den Inhalt, mit dem ich ganz und gar nicht einverstanden war. Doch mich von Argentinien aus dagegen zu wehren, war ein Ding der Unmöglichkeit.

Ich entschloss mich dann, meine Bekannten in New York, die Scheuers, die ich seit der Zeit in Regensburg kannte, einzuschalten mit der Bitte, mir in dieser Angelegenheit zu helfen. Bernhard Scheuer führte daraufhin einen regen und teilweise wohl nicht sehr höflichen Briefwechsel mit Irving Glovin, der inzwischen die Rechte an Buch und Film besaß.

Scheuers antworteten mir mit den folgenden Briefen:

Plainview 12/06/83

Liebe Milli,
Ich habe einen Brief from Herrn Glovin erhalten. Zu meinen Nachfragen betreffend der Rechte zu der »Schindler Geschichte« er behaupt jetzt daß er und Poldek [Pfefferberg] haben alle Rechte von M.G.M. abgekauft und Herrn Keneally beauftragt ein Buch zu schreiben. Jetzt hat er die Rechte zu der Geschichte, wie im Buch dargestellt, an Universal Pictures verkauft. Er behaupt wieder, daß nachdem Oskar seine Geschichte an M.G.M. verkauft hat, Du hast nie mehr einen Anspruch und das Geld, dass ich erhalten hätte, sei ein großzügiges Geschenk. *Er hat auch einen Auszug von dem Vertrag zwischen M.G.M. und Herrn Gosch beigelegt. Von diesem Auszug kommt es vor, daß M.G.M. sollte die Geschichte für $ 50 000,– kaufen mit der Bedingung, daß $ 25 000, wird sofort ausgezahlt und die bleibigen $ 25 000,– nachdem M.G.M. sich entschieden hat, den Film zu produzieren. Von der Bescheinigung die Glovin beigelegt hat kommt es vor daß Poldek, als Anwalt für Oskar, hat von Herrn Gosch $ 25 000 erhalten.*

Wie mir bekannt sei, habe M.G.M. beschlossen, *den Film nicht zu produzieren und auch die bleibigen $ 25 000.– nicht ausgezahlt.*

Jetzt ist es nicht klar ob M.G.M. hat mit dem $ 25 000.– Vorschuß die Rechte zu der Geschichte erworben oder das ganze Geschäft ist dur[ch]gefallen. Jedenfalls es ist fast sicher, das Glovin und Poldek hatten kein Recht das Geschäft mit Universal

Liebe Milli; Plainview 12/6/83

Ich habe einen Brief from Herrn Glovin erhalten. Zu meinen Nachfragen betreffend der Rechte zu der "Schindler Geschichte" er behaupt jetzt daß er und Poldek haben alle Rechte von M.G.M abgekauft und Herrn Keneally beauftragt ein Buch zu schreiben. Jetzt ~~haben~~ hat er die Rechte zu der Geschichte, wie im Buch dargestellt, an Universal Pictures verkauft.

Er behaupt wieder daß nachdem Oskar seine Geschichte an M.G.M. verkauft hat, Du hast nie mehr einen Anspruch und das Geld daß Du erhalten hast war ein großzügiges Geschänk. Er hat auch einen Auszug von dem Vertrag zwischen M.G.M und Herrn Gosch beigelegt. Von diesem Auszug kommt es vor daß M.G.M sollte die Geschichte für $ 50000.- kaufen mit der Bedingung daß $ 25000.- wird sofort ausgezahlt und die bleibigen $ 25000.- nachdem M.G.M sich entschieden hat den Film zu produzieren. Von der Beschinigung die Glovin beigelegt hat kommt es vor daß Poldek, als Anwalt für Oskar, hat von Herrn Gosch $ 25000 erhalten.

Wie es Dir bekannt ist M.G.M. hat beschlossen den Film nicht zu produzieren und auch die bleibigen $ 25000.- nicht ausgezahlt.

Jetzt ist es nicht klar ob M.G.M hat mit dem $ 25000.- Vorschuß die Rechte zu der Geschichte erworben oder das ganze Geschäft is durchgefallen. Jedenfalls es ist fast sicher das Glovin und Poldek hatten kein Recht das Geschäft mit Universal Pictures und mit Keneally ohne

Bernhard Scheuer versuchte mir zu helfen, meine Rechte an Buch und Film durchzusetzen, und erstattete mir regelmäßig Bericht (Brief vom 12. 6. 83).

Deiner Teilnahme abzuschließen und es scheint daß die haben was verkauft daß denen nicht gehörte. Die Sache muß from gesetzlicher Ansicht erforscht werden und das kan ich selbst nicht unternehmen. Ich habe darum einen Anwalt Konsultiert und beauftragt die Sache zu erforschen und Herrn Glovin zu benachrichtigen daß falls er sofort die Sache nicht vollständig erkläre wir werden gegen ihm gesetzlich vorgehen.

Der Anwalt glaubt daß Glovin wird nicht einen Rechtshandel riskieren und wird einen Vergleich vorschlagen. Bis jetzt habe ich den Anwalt $1000 bezahlt und ich glaube daß die Sache wird ohne gerichtlichen Verhandlungen erledigt. Ich werde Dich über die Entwicklungen benachrichtigen.

Sonst da gibt es nicht viel neues. Ich bin immer noch unter ärztlichen behandlung mit meiner Wirbelsäule. Es heilt sehr langsam. Diese Woche war ich beim Arzt und er sagt mir ich muß sehr vorsichtig sein und vorläufig nichts besonderes zu planen. So leider wird es unmöglich für uns Dich zur Weinachten besuchen. Wir haben uns shon gefreut auf paar Wochen of schönes Sommerwetter aber leider es geht nicht. Wir haben jetzt ellendes kalt mit Regen und Schnee. Später wenn der Winter wirklich kommt ist es shon besser aber solange wir keinen Schneesturm haben. Martha wird shon mähr über uns schreiben so ich möchte Dir alles beste für Weinachten und Neues Jahr wünschen und mit herzlichen

Grüssen Bernie.

Pictures und mit Keneally ohne Deine Teilnahme abzuschließen und es scheint daß die haben was verkauft daß denen nicht gehörte …

Bernie

Plainview, Sep. 16, 83

Liebe Milli,
Wir haben Deinen Brief erhalten. Leider konnte ich nicht gleich antworten, da ich im Bett flach am Rücken bleiben muß … Ich schrieb wieder zu Glovin und Poldek für eine Erklärung der Sachen.

Von verschiedenen Zeitungsberichten es scheint, daß die jetzigen Verhandlungen mit Universal Pictures haben nichts zu tun mit den vorigen Verhandlungen mit M.G.M.

Der Film werde nach Keneallys Buch gedreht *und Keneallys Buch ist hauptsächlich an Material begründet, das Oskar zusammengestellt hatte, und ich glaube nicht mal M.G.M. gebe.*

Die Frage ist, wer hat dieses Material zu Keneallys Verfügung gestellt und einen Vertrag mit Universal Pictures gemacht ohne Deine Genehmigung und ohne Dir einen rechtlichen Anteil in der Transaktion zu versichern. Ich glaube, Du hast niemandem eine solche Vollmacht gegeben …

Ich habe Herrn Glovin über die Angelegenheit angefragt und die einzige Antwort erhalten, dass die Rechte zu der Geschichte an M.G.M. verkauft seien und ich hätte *nicht mehr eine rechtliche Interesse in den Verhandlungen mit Universal Pictures …*

Ich erwarte jetzt eine Antwort vom Glovin und soll er wieder mit seinem Geschwätz antworten, so wird es notwendig, durch einen Anwalt zu schreiben. Bitte schreibe, ob Du damit einverstanden bist …
Mit herzlichsten Grüßen
Bernie

Jahre später, schon in den 90ern, bekam eine Bekannte von mir von der B'nai B'rith eine kurze Nachricht, dass in Uruguay anlässlich eines Jahrestages des Warschauer Ghettos eine Veranstaltung stattfinde und ich dazu eingeladen sei. Bei dieser Feierlichkeit sollte auch Thomas Keneally anwesend sein, wobei er mir 2000 US-Dollar aus dem Erlös des Buches als Geschenk übergeben wollte. Obwohl dieser Betrag ziemlich lächerlich war, fühlte ich mich nicht imstande, mit dem Autor des berühmten Buches, das meinen und meines Mannes Namen trug, zu streiten, und ich entschloss mich, ihm in Uruguay freundlich gegenüberzutreten. Umso größer war meine Überraschung, als ich erfuhr, dass Keneally seine Teilnahme abgesagt und sich entschuldigt hatte. So lernte ich bei dieser Gelegenheit dann weder den Autor kennen noch erhielt ich die 2000 Dollar.

Als von Schindler »Gerettete« in Jerusalem

Eines schönen Tages im Jahre 1993 schrieb mir Steven Spielberg und lud mich nach Jerusalem ein. Überrascht und ein wenig misstrauisch ging ich mit dem Brief zu Erika Rosenberg, um nachzufragen, um was es da ging. So erfuhr ich, wie die Filmrechte auf Universal Pictures übergegangen waren, und von Spielbergs Film über Oskar und die Liste, dessen Ende er in Jerusalem mit den Überlebenden der Geschichte drehen wollte.

Er schrieb:

STEVEN SPIELBERG

May 7, 1993

Mrs. Emilie Schindler
Avenida San Martin 365
San Vincente
Provinica Buenos Aires
1865 Argentina

Dear Mrs. Schindler:

You are part of a remarkable story. I first read about Oskar Schindler's improbable rescue of you and more than 1,300 other Jews from the threat of Nazi death camps more than ten years ago, and it has taken me until now to bring this important piece of history to the screen.

I am currently in Krakow, Poland, where I am filming *Schindler's List*, based on the novel by Thomas Keneally. The story of how your lives were saved will be shared with people all over the world as a major motion picture by the end of this year.

But *Schindler's List* is not merely an overview of an event in history. It is a story about people, as relevant now as it was when it happened fifty years ago. In making this film, it has been very important to me to emphasize *names* and *faces*, not just dates and places. Which brings me to the reason I am writing to you. I will be traveling to Israel with my crew to film an epilogue scene at Oskar Schindler's grave site. I would be deeply honored if you would appear in the scene and allow me to include your important face in the film.

You and your spouse are invited to come to Jerusalem as my guests May 25-May 30, 1993. We will host a special reunion reception for all Schindler Jews in attendance on May 27, and film at the grave site on May 28. A coordinator from my office will contact you with further details and travel arrangements.

I hope you can join me in Jerusalem to be part of this important message of peace for the world; the reminder that "He who saves a single life, saves the world entire," a tribute to a time that must never be forgotten. I look forward to seeing you.

All my best,

Steven Spielberg

Steven Spielberg lud mich am 7. Mai 1993 nach Israel ein – als eine Gerettete, nicht als Retterin.

Als der Brief dann vom Englischen ins Deutsche übersetzt worden war, staunte ich nicht schlecht: Spielberg lud mich als eine »Gerettete« ein. Für seinen Film brauchte er Gesichter, Gesichter von Überlebenden, und dafür war er bereit, *mir und meinem Mann* die Flugtickets nach Israel zu bezahlen. Es war klar, dass er über meine wahre Identität und meine Leistung an der Seite meines Mannes, des »Hauptdarstellers«, gar nicht informiert war. Das ärgerte mich zu Tode und zuerst weigerte ich mich, die Einladung anzunehmen, doch auf Anraten von Bekannten überlegte ich mir die Sache noch einmal und fuhr dann doch.

In Israel begegnete ich vielen der Überlebenden, ihren Kindern und Enkeln, und sie waren überrascht zu erfahren, dass ich noch lebte und in einer kleinen Stadt in Argentinien wohnte. Es war nicht ihre Schuld, dass sie das nicht wussten. Aber die Pfefferbergs in Los Angeles waren bestens über meine Existenz unterrichtet gewesen, als sie die Filmrechte verkauften und eine Menge Geld damit verdienten, ohne mich im Geringsten zu berücksichtigen.

In früheren Jahren wollte ich diese und andere unangenehme Affären lieber verschweigen und nicht an die Öffentlichkeit bringen. Heute aber, wo ich fast am Ende meines Lebens angekommen bin, möchte ich die Wahrheit über alles erzählen. Wer weiß, wie lange ich noch zu leben habe, und für diese Zeit möchte ich mich seelisch erleichtern.

Die Kriegsjahre innerlich wieder zu erleben griff mich geistig und körperlich so sehr an, dass ich zusammenbrach und ein Arzt gerufen werden musste. Aus diesem Grund bin ich in dem Film im Rollstuhl zu sehen, denn normalerweise brauchte ich bis November vorigen Jahres zum Gehen nur einen Stock.

Als Spielberg erfuhr, wer ich in Wirklichkeit war, blickte er

Bei der Filmpremiere von »Schindlers Liste« begegnete ich Bill Clinton.

mich nur unschuldig an, grinste und griff sich mit beiden Händen an den Kopf. Dann sagte er etwas auf Englisch, das ich nicht verstand, drehte sich um und ging weg.

Er lud mich dann noch zur Premiere seines Films in Washington ein, an der auch Bill Clinton und seine Gattin Hillary teilnahmen. Obwohl der Film auf einem Buch basiert, das die Wirklichkeit nicht genau beschreibt, fand ich ihn hervorragend und ich glaube, er hat alle Preise, die ihm verliehen wurden, völlig zu Recht erhalten. Wahr ist aber auch, dass ich darin in keiner Weise als Schindlers Frau anerkannt werde.

Eine der Szenen, die mir am meisten missfielen, war der Moment, in dem Oskar mit seiner Geliebten zu Pferd vor den Toren des Krakauer Ghettos auftaucht. Die Tiere gehörten nämlich nicht der deutschen Armee, wie in Keneallys Buch angedeutet, sondern waren das Eigentum meines Mannes, der sie unter denkwürdigen Umständen erworben hatte:

Eine polnische Gräfin von Haller hatte Oskar auf ihr Gut eingeladen. Sie war in einer verzweifelten finanziellen Lage und brauchte dringend Geld. Das bescheidene Mahl aus Kartoffeln mit Quark, das sie Oskar vorsetzte, wurde von einem Bediensteten in fadenscheinigen weißen Handschuhen serviert. Als einziges Getränk gab es Wasser dazu. Dennoch verlor die Gräfin keinen Augenblick ihre aristokratische Haltung. Nach dem Essen führte sie Oskar in den Pferdestall und verkaufte ihm die besagten Tiere. Sie waren nie von großem Nutzen für uns, sie waren alt und schienen zu versuchen, auf ihre alten Tage so viel wie möglich zu fressen, um sich für ihr vorheriges Hungerleben zu entschädigen.

Ein erfolgreicher Film macht Verlust

Als »Schindlers Liste« 1994 in die Kinos kam, war Oskar schon lange nicht mehr am Leben und ich ganz weit weg von Amerika und Israel, wo der Film auf große Resonanz stieß. Es ist schon ziemlich auffällig, dass man mich gerade zu dieser Zeit mal wieder für tot erklärt hatte …

Zunächst veränderte sich mein Leben durch den Film nicht großartig. Ich verdankte ihm lediglich einige Einladungen anlässlich seiner Aufführung.

Doch das Jahr 1994 war dann sehr bewegt, denn ich hatte zahlreiche Termine in den Vereinigten Staaten, in Panama und Argentinien.

Seit der Film in den Kinos lief, höre ich immer wieder von Journalisten, Bekannten und Freunden dieselbe Frage: »Frau

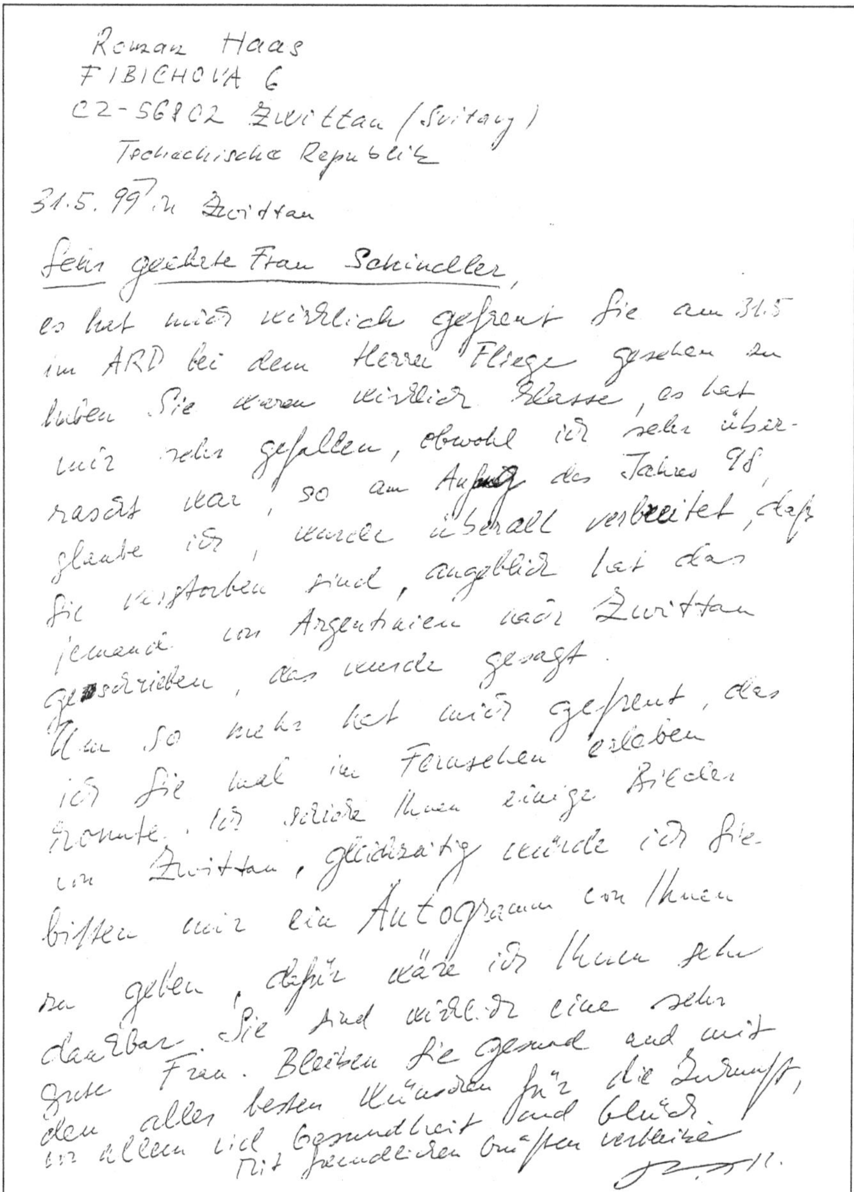

Roman Haas
FIBICHOVA 6
CZ-56802 Zwittau (Svitavy)
Tschechische Republik

31.5.99 in Zwittau

Sehr geehrte Frau Schindler,

es hat mich wirklich gefreut Sie am 31.5 im ARD bei dem Herrn Fliege gesehen zu haben. Sie waren wirklich Klasse, es hat mir sehr gefallen, obwohl ich sehr überrascht war, so am Anfang des Jahres 98, glaube ich, wurde überall verbreitet, daß Sie verstorben sind, angeblich hat das jemand von Argentinien nach Zwittau geschrieben, das wurde gesagt. Um so mehr hat mich gefreut, das ich Sie mal im Fernsehen erleben konnte. Ich schicke Ihnen einige Bilder von Zwittau, gleichzeitig würde ich Sie bitten mir ein Autogramm von Ihnen zu geben, dafür wäre ich Ihnen sehr dankbar. Sie sind wirklich eine sehr gute Frau. Bleiben Sie gesund und mit den allerbesten Wünschen für die Zukunft, vor allem viel Gesundheit und Glück.

Mit freundlichen Grüßen verbleibe

Bis vor kurzem glaubten viele Menschen, dass ich bereits tot sei (Brief von Roman Haas vom 31. 5. 99).

Schindler, warum sind Sie so arm, haben Sie kein Geld von dem berühmten Film erhalten? Hat man Ihnen keinen Anteil gegeben?«

Auf meine verneinende Antwort reagieren alle empört. Von den 25 000 Dollar, die bei Vertragsabschluss an Leopold Page bezahlt worden waren, überwies er mir 6000. Von dem Erlös des Films, der immerhin nach Presseberichten 123 Millionen Dollar betragen soll, erhielt ich nichts. Bei sechs Prozent, die mir von diesem Gewinn zustehen, wäre das eine Summe von fast sechs Millionen Dollar, die ich zu bekommen hätte. Aber das Einzige, was ich erhielt, war eine einmalige Zahlung über 50 000 Dollar von Steven Spielberg. Allerdings händigte er den Betrag nicht mir persönlich aus, sondern meinem Bevollmächtigten Bernard Scheuer. Er hatte ein Konto bei der City Bank von New York für mich eingerichtet. Doch ich erhielt von ihm nur dann und wann kleinere Beträge von insgesamt einigen tausend Dollar. Bis vor kurzem wusste ich nicht einmal, dass das Geld von »Schindlers Liste« stammte. Bernard Scheuer hielt mich die ganze Zeit in dem Glauben, dass ich die kleinen Überweisungsbeträge nur seiner ganz persönlichen Großzügigkeit zu verdanken hatte. Auch von den Spenden jüdischer Stiftungen, die auf das Konto eingezahlt worden waren, erhielt ich nichts. Zu seiner Entschuldigung führte er immer wieder Probleme mit der Bank, mit der Überweisung oder überhaupt mit seiner Gesundheit an. Dagegen versicherte er sich schon 1994, wem ich einmal das wenige, das ich besitze, vererben würde: nämlich seinem Sohn und meiner Nichte Traude. Entsprechend erstaunt war ich, als ich Ende Mai diesen Jahres mit ihm telefonierte. Ich erinnerte ihn daran, dass er noch Geld von mir auf einem Konto bei der City Bank von New York hätte, und bat ihn, es mir auf ein Konto von dem Heim, in dem ich lebe, zu überweisen. Als er dann den Kontostand

March 8, 1966

Mr. Martin Gosch
10655 Wilshire Boulevard
Los Angeles 24, California

Dear Mr. Gosch:

Reference is hereby made to agreement dated May 1, 1964 as amended by agreements dated November 13, 1964 and February 28, 1966 (said agreement as amended being hereinafter referred to as the "Acquisition Agreement") between you and myself (acting individually and as attorney-in-fact for Oskar Schindler) relating to the acquisition by you of all motion picture rights and all television rights and allied rights in and to the life of Oskar Schindler, and more particularly to Paragraph 1(b)(ii) thereof.

Receipt is hereby acknowledged of a check in the sum of TWENTY FIVE THOUSAND ($25,000) DOLLARS made payable to me as attorney for Oskar Schindler and Emilie Schindler which sum was payable in accordance with the provisions of said Paragraph 1(b)(ii) of the Acquisition Agreement.

Very truly yours,

Leopold Page

Leopold Page, Individually

Oskar Schindler

By Leopold Page

Leopold Page
Attorney-in-fact

Die ersten 25 000 Dollar, die bei Vertragsabschluss fällig waren, hat Leopold Page definitiv erhalten.

nannte, nämlich sage und schreibe 90 000 Dollar, traute ich meinen Ohren kaum. Wenn ich das früher gewusst und er mir vor allem das Geld schon eher geschickt hätte, wären mir viele Schwierigkeiten und Unannehmlichkeiten erspart geblieben.

1997 war für mich ein schwieriges Jahr. Immer wieder hatte ich gesundheitliche Probleme und mein Einkommen reichte nicht, um meine beiden Betreuer zu bezahlen. Auf Anraten von Bekannten schaltete ich schließlich einen Rechtsanwalt in Buenos Aires mit der Bitte ein, mir in der Angelegenheit Filmgeschichte, Rechte usw. zu meinem Recht zu verhelfen.

Das Problem an der Sache war das gleiche wie sonst auch: mir fehlte das Geld für die Honorare. Die Kanzlei verlangte 100 000 Dollar Vorschuss, um überhaupt mit Nachforschungen zu beginnen. Schließlich versprach mir der Anwalt, er würde einen Partner in Washington fragen, ob dieser den Fall übernehmen wolle. Nachdem ich die nötigen Vollmachten unterzeichnet hatte, ging ich nach Hause in der erneuten Hoffnung auf Anerkennung meiner Rechte. Jedes Mal, wenn mein Weg mich in die Stadt führte, fragte ich bei dem Anwalt nach. Ich diktierte sogar alles, was ich noch über die Filmgeschichte in Erinnerung hatte. Ich suchte verzweifelt in allen meinen Schränken nach Unterlagen, um sie den Rechtsanwälten auszuhändigen. Man bat mich um Geduld und Zeit, aber in meinem Alter hat man weder das eine noch das andere.

Die Nachforschungen der Washingtoner Anwaltskanzlei konzentrierten sich auf zwei Personen, die in der Angelegenheit eine undurchsichtige Rolle gespielt hatten: Leopold Page und Irving Glovin. Innerhalb kurzer Zeit kam es zu einem umfangreichen Schriftwechsel, der dadurch gekennzeichnet war, dass alle Beteiligten sich so gut wie möglich herauszure-

November 13, 1964

Mr. Martin A. Gosch
10655 Wilshire Boulevard
Los Angeles 24, California

Dear Mr. Gosch:

Reference is hereby made to Agreement dated November 13, 1964 (hereinafter referred to as the "Agreement") between Leopold Page, individually; Leopold Page as my Attorney-in-Fact and yourself relating to the acquisition by you of all motion picture rights, all television rights, and all allied rights in and to my life.

I hereby ratify, affirm and approve of the execution of the Agreement by Leopold Page on my behalf, and agree to be bound by all of the terms and conditions contained therein. I hereby further acknowledge and agree that any and all payments made to Leopold Page, on my behalf, shall constitute payment to me.

Very truly yours,

Emelie Schindler

Der Brief, in dem ich angeblich Leopold Page bevollmächtige, in meinem Namen Geschäfte zu machen.

den versuchten. Als Erstes versuchte die Kanzlei herauszufinden, welche Rolle Leopold Page in den 60er Jahren beim Vertragsabschluss mit MGM gespielt hatte und warum ich von den 25 000 Dollar bei Vertragsabschluss, die nachweislich an ihn überwiesen worden waren, nur 6000 erhalten hatte. Plötzlich tauchte ein angeblich von mir unterschriebener Brief auf, in dem ich Martin Gosch, damals Bevollmächtigter der MGM, mitteile, dass Page berechtigt sei, in meinem Namen Geschäfte zu machen. Ich kann mich jedoch beim besten Willen nicht erinnern, besagten Brief jemals gesehen, geschweige denn unterzeichnet zu haben. Ich weiß aber, dass Oskar in einigen seiner Briefe, die in dem berühmten Koffer gefunden wurden, ebenfalls mutmaßte, dass Page ihn betrogen hätte.

Auch die Umstände, unter denen Irving Glovin 1980 die Filmrechte von MGM erworben hatte, sollten rekonstruiert werden. Dies stellte sich als äußerst schwierig heraus, da von dem damaligen Vertrag plötzlich nur noch Teile existierten und nicht alles meinem Anwalt zur Einsicht vorgelegt werden konnte. Zuerst behauptete Glovin, bei Vertragsabschluss ausdrücklich keinerlei Verpflichtungen mir oder Oskar gegenüber übernommen zu haben. Doch schließlich gab er zu, dass er mit den Rechten von der MGM auch die Verpflichtung übernommen hatte, Oskar bzw. mir als seiner Erbin sechs Prozent vom Produzentengewinn auszuzahlen. Kurze Zeit später tauchte eine Bilanz der Universal Pictures auf, aus der hervorgeht, dass »Schindlers Liste« 13 Millionen Dollar Verluste eingespielt hat. Ich kann das angesichts des großen internationalen Erfolges des Films beim besten Willen nicht glauben. Aber da laut Universal Studios Irving Glovin niemals auch nur einen Cent Produktionsgewinn gesehen hat, kann er mich daran auch nicht beteiligen.

UNIVERSAL PICTURES
A DIVISION OF UNIVERSAL CITY STUDIOS INC

PHOTOPLAY: SCHINDLER'S LIST

STATEMENT TO: IRVING GLOVIN F-09401-22

ACCOUNTING FROM: 03-29-97 TO: 09-27-97	CURRENT PERIOD	INCEPTION TO DATE
ACCOUNTABLE GROSS:		
SUBJECT TO A DISTRIBUTION FEE OF 30%		
UNITED STATES-THEATRICAL	$ 4,259	$ 38,932,267
UNITED STATES-PAY TELEVISION		9,549,325
UNITED STATES - NON-THEATRICAL	3,432	193,897
U.S. TELEVISION		7,150,000
CANADA	139	3,842,974
CANADIAN-PAY TELEVISION	2,852-	552,966
CANADA TELEVISION	106,225	106,225
U.S. ARMY/NAVY		143,721
TOTAL	111,203	60,471,375
SUBJECT TO A DISTRIBUTION FEE OF 35%		
GREAT BRITAIN	2,980	6,896,824
GREAT BRITAIN-PAY TELEVISION	308,475	3,883,342
GREAT BRITAIN TELEVISION	629,615	631,865
TOTAL	941,070	11,412,031
SUBJECT TO A DISTRIBUTION FEE OF 40%		
FOREIGN SUBSIDIARIES	40,110	91,319,801
OUTSIDE DISTRIBUTORS	21,647	4,087,111
FOREIGN-PAY TELEVISION	1,368,408	9,087,963
FOREIGN TELEVISION	5,438,418	10,018,989
TOTAL	6,868,583	114,513,864
SUBJECT TO A DISTRIBUTION FEE OF 15%		
OUTRIGHT SALES-FOREIGN		10,000
TOTAL		10,000
NOT SUBJECT TO A DISTRIBUTION FEE		
MUSIC ROYALTIES		89,317
MERCHANDISING/PUBLISHING		3,468
VIDEODISC	2,376-	1,529,171
VIDEOCASSETTE	609,596	15,299,346
TOTAL	607,220	16,921,302
TOTAL ACCOUNTABLE GROSS	8,528,076	203,328,572
DISTRIBUTION FEES:		
30% OF $ 60,471,375	33,361	18,141,413
35% OF $ 11,412,031	329,375	3,994,211
40% OF $114,513,864	2,747,433	45,805,546
15% OF $ 10,000		1,500
TOTAL DISTRIBUTION FEES	3,110,169	67,942,670
BALANCE	5,417,907	135,385,902
DISTRIBUTION EXPENSES:		
TAXES	154,641	3,502,795
PRINTS-35MM	5,128	17,630,482
PRINTS-16MM		73,129
DUPING PRINTS, TITLES, FOREIGN VERSIONS	1,393-	3,206,472
FREIGHT, DUTIES, CENSORSHIP, CHECKING,	17,763	2,901,660
ADVERTISING	9,473-	40,808,131
TRADE ASSOCIATION FEES	36	670,506
GUILD FEES	330,742	2,433,611
OTHER TELEVISION EXPENSES	83,689	86,682
LEGAL EXPENSES		316,549
TOTAL DEDUCTIONS	581,133	71,630,017
BALANCE (CARRIED FORWARD)	4,836,774	63,755,885
OTHER DEDUCTIONS:		
COST OF PRODUCTION*	206,045	33,060,916
GROSS PARTICIPATION	1,265,381	30,364,209
INTEREST	779,175	12,015,862
DEFERMENTS		1,378,897
TOTAL OTHER DEDUCTIONS	2,250,601	76,819,884
NET PROCEEDS (OR LOSS) PER EXHIBIT A	$ 2,586,173	$ 13,063,999-

7.5% OF 100% OF NET PROCEEDS

*COST OF PRODUCTION SUBJECT TO ADJUSTMENT

Laut Bilanz soll der Film einen Verlust von 13 Millionen Dollar eingespielt haben.

Immerhin, haben mir meine Anwälte berichtet, soll Steven Spielberg signalisiert haben, dass er bereit sei, mir in meinen finanziellen Schwierigkeiten zu helfen, selbstverständlich ohne dass ich rechtlichen Anspruch darauf hätte. In diesem Zusammenhang wurde mir geraten, Herrn Spielberg nicht weiterhin mit meinen Forderungen zu verärgern, da er sonst vielleicht seine Zusage, mir freiwillig Unterstützung zukommen zu lassen, wieder zurückziehen könnte. Ich bin jedoch nicht an irgendwelchen Almosen von Herrn Spielberg interessiert, so freundlich sie auch gemeint sein mögen. Ich möchte nur das, was mir als Mitwirkender an der Rettung von über 1300 Juden und als rechtmäßiger Ehefrau und Erbin von Oskar Schindler zusteht.

Irving Glovin ist mir ein Unbekannter, aber Poldek Pfefferberg alias Leopold Page war immerhin ein von Oskar und mir Geretteter. Deshalb hat mich sein Verhalten besonders enttäuscht. Er hat dafür gesorgt, dass er an dem Film über unsere Geschichte, die ja nur zum Teil seine war, gut verdient hat. Interviews zum Film ließ er sich als Kenner der Materie und guter Bekannter Oskars jeweils mit 10 000 Dollar bezahlen. Als ich zur Filmpremiere in den USA war, hat er sich kein einziges Mal mit mir getroffen. Im Gegenteil, ich hatte das Gefühl, dass er mich mied. Warum? Ich habe immer gehofft, das Leben gäbe mir irgendwann die Möglichkeit, Poldek Pfefferberg meine Meinung zu diesem Thema direkt ins Gesicht zu sagen, aber leider starb er am 9. März 2001 und ich werde nie mehr erfahren, was aus meinem Geld geworden ist.

Das *Argentinische Tageblatt* widmete ihm am Samstag, dem 17. März 2001, folgenden Nachruf:

Leopold Page tot - er inspirierte „Schindlers Liste"

Los Angeles (dpa) - Der Holocaust-Überlebende Leopold Page, der Buch und Film über „Schindlers Liste" inspirierte, ist im Alter von 87 Jahren in Los Angeles (Kalifornien) gestorben. Page gehörte zu den etwa 1200 Juden, die mit Hilfe des Industriellen Oskar Schindler dem Konzentrationslager entkommen waren. Er starb bereits am vergangenen Freitag, wie US-Medien am Mittwoch berichteten. Page wurde als Leopold Pfefferberg in Krakau geboren und siedelte nach dem Krieg in die USA über. In Los Angeles eröffnete er ein Lederwarengeschäft und erzählte Jahrzehnte lang jedem Kunden, in dem er einen Schriftsteller vermutete, von seinen persönlichen Erfahrungen. Sein Traum war es, Schindlers Verdienst für die Nachwelt festzuhalten. Page musste bis 1980 warten, als der australische Autor Thomas Keneally in den Laden kam, um eine Aktentasche zu kaufen. 1982 entstand sein Buch und elf Jahre später unter der Regie von Steven Spielberg der preisgekrönte Erfolgsfilm „Schindlers Liste"

(AP-Foto)

Nachruf auf Leopold Page im Argentinischen Tageblatt *vom 17. 3. 2000*

Daraufhin verfasste meine Freundin Erika Rosenberg den folgenden Leserbrief, der am 24. März 2001 erschien:

Schindlers Liste
Buenos Aires. Am Samstag habe ich in der Rubrik Kultur/International/Schaufenster (AT v. 17. 3.) eine Nachricht gelesen, die mich als Biografin von Emilie und Oskar Schindler außerordentlich aufregte. Es handelte sich um eine Notiz über den Tod von Leopold Page. Nach Angaben der dpa Los Angeles inspirierte er »Schindlers Liste«. Ich weiß nicht, wie diese Ente in die Welt gesetzt werden konnte, denn die Filmgeschichte begann viel

früher und sogar mit einem Brief von Oskar Schindler an Fritz Lang im Jahre 1951.

Zur Korrektur der dpa-Meldung möchte ich Folgendes betonen: Leopold Page oder Leopold Pfefferberg war tatsächlich auf der berühmten Liste, kannte aber nicht Einzelheiten aus dem Leben der Schindlers, wie er behauptete. Als er nach Amerika auswanderte, gründete er Jahre später eine Stiftung, die »Schindler Survivor's Fund«, deren Präsident er war. Oskar Schindler beschuldigte Page in Briefen, viel Geld von dieser Stiftung in die eigene Tasche gesteckt zu haben. Jahre später ließ er Schindler einen Vertrag in Amerika unterschreiben, damit ein Film von MGM produziert würde. Daraus wurde nichts, aber die Verträge waren schon von Oskar und Emilie Schindler unterzeichnet worden. 1974 starb Oskar Schindler in Hildesheim, ohne dass die Idee eines Filmes je realisiert worden war. Als Page Spielberg traf, informierte dieser den Regisseur auch nicht über die Existenz von Emilie, der Witwe Schindlers, die schon mehrere Male für tot erklärt worden war.

Emilie Schindler wurde dann als eine Gerettete der Schindler-Liste für die letzte Szene des Filmes in Israel von Spielberg eingeladen. Niemand wusste, dass sie die Frau war, die neben Oskar hart um die Rettung der Juden gekämpft hatte. Im Übrigen hat man übersehen, Frau Schindler 6% des Filmerlöses zu zahlen.

Schließlich musste ich die Nachforschungen über den mir zustehenden Anteil am Filmgewinn aus Geldmangel aufgeben und so ist die Frage bis heute nicht geklärt. Das bedeutet aber keinesfalls, dass ich die Absicht hätte, die Sache auf sich beruhen zu lassen. Sowie ich finanziell dazu in der Lage bin, werde ich weiterkämpfen. Ich weiß nicht, wie diese Geschichte ausgehen wird, ich bitte nur den lieben Gott um genügend Kraft und Gesundheit, um mich mit meinen berechtigten Ansprüchen durchsetzen zu können …

6.
Der Koffer

Ein Koffer und viele Erben

Die letzte in einer langen Reihe von Enttäuschungen erlebte ich im Oktober 1999.

Aus den vorigen Kapiteln geht hervor, wie mein Leben immer wieder von Ungerechtigkeit und dem Schicksal des Vergessenwerdens gekennzeichnet war. Vielleicht ist dies der Stern, unter dem ich geboren wurde. Vielleicht ist dies der rote Faden, der mein Leben bis zum heutigen Tag durchzieht. Meine Frage wäre dann: *Wie lange noch?* Bis zu meinem letzten Atemzug wahrscheinlich. Aber nur weil ich in meinem hohen Alter nicht mehr die Kraft zum Kämpfen habe, bedeutet das nicht, dass ich mich für die Dinge nicht mehr interessiere.

Heute, am 1. Mai 2001, sitze ich wie die letzten sechs Monate in meinem Zimmer im Heim. Die erste Zeit war ich hier Gast, inzwischen kostet mich die Unterbringung 1800 Dollar monatlich. Draußen regnet es und die wunderschönen, gepflegten Gärten sind menschenleer. Nur ab und zu sieht man die Silhouette eines Pflegers oder einer Krankenschwester, die schnell vorübereilt, um nicht nass zu werden. Es ist ein melancholisch stimmendes Bild, das sich bietet. Plötzlich geht die Tür auf und eine Stimme durchbricht die Stille des Zimmers und holt mich in die Wirklichkeit zurück:

»Frau Schindler, Sie haben Besuch. Ein Journalist ist gekommen und möchte Ihnen einige Fragen stellen. Sind Sie damit einverstanden?« Ich werfe einen Blick auf den jungen

Mann, der sich bücken muss, um mir die Hand zu reichen. Sein Gesicht, seine Brille, sein Lächeln, sein jugendlicher Typ erinnern mich an alte Zeiten, als ich auch jung war.

Ich zeige auf einen Stuhl und biete ihm Platz an. Nach der ersten Frage nach meinem Wohlergehen will er etwas über die Geschichte mit dem Koffer wissen und was ich in der Angelegenheit unternehmen werde. Er möchte wissen, ob ich den am 26. April von dem Richter des Landgerichts Stuttgart meinem Gegner vorgeschlagenen Vergleich annehmen werde. Ich höre mich antworten: »Nein, nein, mein Lieber. Ich kämpfe weiter, es geht doch um meine Rechte. Die gebe ich nicht auf …«

Dann fragt er mich, ob ich schon etwas von der Zeitung gehört hätte, und schlägt vor, mir einen Artikel aus den Stuttgarter Nachrichten vom 27. April 2001 vorzulesen. Ich gebe meine Zustimmung dazu.

Streit um das Erbe Oskars Schindlers

Witwe des Judenretters fordert Schadenersatz – Gericht entscheidet Ende Mai

In dem Prozess um Schadenersatzansprüche, die die Witwe Oskar Schindlers gegen die Stuttgarter Zeitung geltend macht, ist am ersten Verhandlungstag keine Entscheidung gefallen. Die 17. Zivilkammer des Landgerichts versucht, beide Parteien zu einem Vergleich zu bewegen …

Der zentrale Streitpunkt vor der 17. Zivilkammer: Ist Emilie Schindler die rechtmäßige Erbin des Koffers – immer noch wird das anscheinend nicht überall anerkannt – *und hat sich die Zeitung durch die Veröffentlichung einer Verletzung des Urheberrechts schuldig gemacht? …*

Emilie Schindler fordert neben 100 000 Mark Schadenersatz

auch noch Auskunft darüber, welchen Gewinn die Zeitung mit der Veröffentlichung des Kofferinhalts erzielt hat … Gleichwohl unterbreitete die Kammer einen Vergleichsvorschlag aus einer karitativen Geste heraus und ohne eine Rechtspflicht anzuerkennen …

Während ich ihm zuhöre, denke ich darüber nach, wie die Geschichte mit dem Koffer anfing.

Erika Rosenberg war zur Frankfurter Buchmesse nach Deutschland geflogen. Eines Morgens, nämlich am 16. Oktober 1999 stieß sie beim Durchblättern der *FAZ* auf folgende Meldung:

»Oskar Schindlers schriftlicher Nachlass in Koffer entdeckt«.

Sie rief mich sofort an und fragte, ob ich schon darüber informiert worden sei. Ich wusste von nichts, bat sie aber, mir den Koffer mitzubringen, damit ich nachsehen konnte, was er enthielt. Erika kümmerte sich darum und erfuhr, dass der Sohn der letzten Geliebten meines Mannes, Christian Staehr, die Dokumente der *Stuttgarter Zeitung* übergeben hatte, um daraus eine Serie und ein Buch zu machen. Ob er wohl finanzielle Vorteile dadurch hatte? Die darauf folgenden Tage bombardierte mich die Presse aus allen Himmelsrichtungen telefonisch und auch persönlich mit der Frage, ob ich dafür meine Genehmigung erteilt hätte, ich sei doch die Alleinerbin meines verstorbenen Mannes. Erika nahm Kontakt zu Dr. Uwe Vorkötter, dem Chefredakteur der *Stuttgarter Zeitung* auf, fragte, warum man mich nicht informiert habe, und sagte ihm, dass sie von mir als Oskar Schindlers Ehefrau und Alleinerbin beauftragt sei, die Dokumente einzusehen bzw. sie nach Argentinien zu bringen. Dr. Vorkötter antwortete ihr, dass bereits alles juristisch geklärt sei. Selbst wenn ich nach

Deutschland käme, hätte ich kein Recht auf Einsicht in den besagten Koffer. Der Inhalt des Koffers gehöre mir nicht, denn es wäre nichts von mir darin.

Oskar Schindlers schriftlicher Nachlass in Koffer entdeckt

lr. FRANKFURT. Der umfangreiche schriftliche Nachlass von Oskar Schindler ist überraschend gefunden worden. Wie dpa gestern Abend berichtete, befindet er sich im Besitz der „Stuttgarter Zeitung". Der Industrielle, der von 1958 bis 1974 in Frankfurt lebte, hatte während des Nationalsozialismus mehr als 1000 Juden vor der Ermordung in Auschwitz gerettet. Zum Inhalt des Koffers gehöre auch eine Originalfassung der Liste mit den Namen von 1200 jüdischen Zwangsarbeitern, die der Fabrikant vor dem Tod bewahrte. Nach Angaben der Zeitung gibt es keine Zweifel an der Echtheit des Materials. So seien Fotos, auf denen Schindler mit „seinen Schindler-Juden" zu sehen sei, von einem ihrer prominentesten Vertreter in Israel begutachtet worden. Der Nachlass befinde sich in einem Koffer, den ein Stuttgarter Ehepaar beim Auflösen des elterlichen Haushalts entdeckt habe. Es handele sich um hunderte Briefe, Urkunden und andere Dokumente, die Zeugnis von Schindlers Leben während des Zweiten Weltkriegs und der Zeit bis zu seinem Tode 1974 ablegten.

Mit dieser Meldung fing die »Koffergeschichte« an (FAZ vom 16. 10. 1999).

Erika verabredete trotzdem ein persönliches Gespräch mit Dr. Vorkötter. Darin teilte er ihr mit, dass der Koffer von Christian Staehr gefunden und der *Stuttgarter Zeitung* nur vorübergehend übergeben worden war. Tatsächlich hätte der Eigentümer die Dokumente schon lange der israelischen Holocaust-Gedenkstätte Yad Vashem versprochen und dorthin würden sie nach ihrer Verwertung überführt werden. Darauf fasste Erika den Entschluss, mit einem Team des ZDF, das mit ihr zusammen von Mainz nach Stuttgart gefahren war, Christian Staehr persönlich zu besuchen. Er erzählte ihr sogar im Beisein des Redakteurs Eberhard Bitz, dass er den Koffer auf dem Dachboden seines Elternhauses nach dem Tod seines Vaters gefunden hatte. Dieser sei zwei Jahre zuvor, 1997, gestorben, die Mutter bereits 1984. Seine Mutter sei Oskar Schindlers Vertraute gewesen und ihr hätte er den Koffer kurz vor seinem Tod übergeben. Doch als sein Vater gestorben war, hätten er und sein Bruder die Erbschaft ausgeschlagen.

Annemarie Staehr war ja die letzte Geliebte meines Mannes, wie ich schon anlässlich des Todes von Oskar von meiner Nichte Traude erfahren hatte:

Tauberfeld, 25. 10. 74

Liebe Tante Mili,

ich muss Dir heute leider die traurige Mitteilung machen, dass am 9. 10. 74 Onkel Oskar verstorben ist … Sie [die Sekretärin des evangelischen Pfarrers Dr. Trautwein, mit dem Oskar Schindler in Frankfurt Kontakt hatte] verwies mich danach an Frau Ami Staehr, die anscheinend seit einigen Jahren eng vertraut mit Onkel Oskar war … Er ist im Krankenhaus in Hildesheim, wo Frau Ami wohnt, unter der Pflege ihres Mannes, Dr. Staehr, gestorben …

Frau Staehr hat aus seiner Wohnung in Frankfurt kistenweise Papier herausgeholt und nachher soll die Wohnung vom Lastenausgleichsamt versiegelt worden sein. Ich habe die Bitte an sie gerichtet, mir eventuell einige Fotos zu schicken. Sie sagte es mir zu, aber sie weiß noch nicht, wann sie dazu kommen wird, da sie jedes einzelne Stück Papier lesen muss. Ein Teil der Dokumente soll nach Jerusalem ins Yad Vashem gebracht werden (wichtige Dokumente). Ich lege Dir die Adresse bei, falls Du etwas brauchen solltest, was Du im Besitz von Onkel Oskar vermutest.

Ich würde mich an Deiner Stelle auch ein bisschen rühren, denn letzten Endes hat Onkel Oskar nicht allein die Juden gerettet, sondern einen großen Teil hast Du auch dazu beigetragen …

Auf einen Brief von meiner Nichte Traude antwortete Ami Staehr Folgendes:

Hildesheim, 15. 12. 74

Liebe Frau Traude Ferrari,

Es tut mir leid, dass Sie so lange auf die versprochenen Fotos von Ihrem Onkel warten mussten. Es war wohl alles ein bissel zu viel, die lange Krankheit, die Klinik, die Operation Ihres Onkels, dann die 16 Tage auf der Intensiv-Station, was eigentlich einem 16 Tage Sterben gleichkam, es war nicht zu ertragen, was ich mitansehen musste – – – und nicht helfen konnte. Aber alle Ärzte behaupteten, dass der gute Oskar davon nichts mitbekam, denn er kam nie mehr nach der Narkose richtig zum Bewusstsein. Es sei mehr ein Verlöschen seines Geistes, ein Nachlassen aller Kräfte, ein Versagen aller Funktionen gewesen, *nur der eingesetzte Herzschrittmacher lief und lief noch. Dann die Überführung nach Frankfurt, dort die große Trauerfeier in 3 Konfessionen, die Vorbereitungen für die Überführung nach Israel (Einbalsamierung, 3 Särge, Flug u.s.w.), die Papiere dafür und selbst die christliche Beerdigung in Israel bereitete ich telefonisch von hier aus vor.* Frau Staehr schreibt, dass es eine Zeit gewesen sei, wo alle und jeder nur fragte und erwartete, dass sie entscheide, anordne und richtig handle. Man habe ihr nicht einmal Zeit zur Trauer gelassen, *um so mehr kam es danach. Ich bin nicht mit nach Israel mitgeflogen, ich war total fertig. Außerdem glaubte ich richtig zu handeln, denn ab Flugplatz Ffm. gehörte Oskar seinen »geretteten Kindern«, für die er sich ja in jeder Reise geopfert hat. Das Begräbnis in Jerusalem soll laut allen Zeitungsnachrichten einmalig gewesen sein, wie es noch nie ein Deutscher gehabt hat. Ehrungen in Zeitungen, Radio und TV jeder Art. Aber was nützt das alles unserem lieben Oskar. Wenn doch zu seinen Lebzeiten sooo viele an ihn gedacht hätten, ihm geholfen, ihn unterstützt, ihn nicht so viel allein gelassen hätten.* Sie glaube, dass alles aus schlechtem Gewissen heraus getan worden sei.

Mit der Auflösung seiner Wohnung, seines Nachlasses hatte ich nichts zu tun. Das tat eine sehr eifrige Bekannte von Oskar, die sich als ehem. Senatorin von Ffm. vom Gericht als Erblasserin einsetzen ließ und Hals über Kopf alles verschenkte, verschleuderte, noch draufzahlte, dass alles wegkam. Sie habe noch schnell ihren Sohn aus Ffm. in Oskars Wohnung geschickt und gebeten, *dass man Sie informierte und Sie benachrichtigte, was los ist, aber die Dame wollte nicht davon wissen.*

Frau Schindler ist von der gleichen Dame zwar darüber benachrichtigt worden, aber meines Wissens viel zu spät bzw. man wartete keine Antwort ab, was mit Oskars Sachen geschehen sollte …

Aber auch Ami Staehr scheint aus ihrer Beziehung zu Oskar Kapital geschlagen zu haben, wie aus einem Brief von meiner Nichte Traude vom 13. Januar 1976 hervorgeht:

Liebste Tante Mily,

… Die Frau Ami Staehr hat über Onkel Oskar einen Fernsehfilm drehen lassen (und wahrscheinlich auch Geld eingeheimst), der Ende November im Stuttgarter Fernsehen zu sehen war …

Der Kampf um Gerechtigkeit

Ich beauftragte einen Stuttgarter Anwalt mit der Vertretung meiner Interessen in der Koffergeschichte und schickte ihm im November 1999 eine Vollmacht, die leider nicht rechtzeitig in Stuttgart ankam, wodurch sich die ganze Angelegenheit verzögerte. Das Anwaltshonorar streckte mir ein argentinischer Sponsor vor, der mir helfen wollte, und sobald das Verfahren abgeschlossen ist, muss ich ihm den Betrag zurückzahlen.

Die Überweisung an den Stuttgarter Rechtsanwalt Hübner erfolgte dann am 8. November 1999. Rechtsanwalt Hübner informierte mich im März 2000 über den genauen Verlauf der Vollstreckung der einstweiligen Verfügung des Landgerichts Stuttgart vom 12. 11. 1999 und schickte mir mit gleicher Post die Aktennotiz über die in den Geschäftsräumen der *Stuttgarter Zeitung* durchgeführte Hausdurchsuchung:

Aktennotiz

Am Freitag, den 12. 11. 1999 habe ich mich gegen 17.15 Uhr mit Herrn Gerichtsvollzieher Neumeier in den Kanzleiräumen der Rechtsanwälte Thümmel, Schütze und Partner eingefunden. Es sollte der Beschluss des Landgerichts Stuttgart in Sachen Schindler gegen Staehr und Stuttgarter Verlagsgesellschaft Eberle GmbH & Co. vom 12. 11. 1999 zugestellt werden, da ich davon ausgegangen bin, dass die Rechtsanwälte Thümmel, Schütze und Partner zustellungsbevollmächtigt sind, nachdem sie die Interessen der Antragsgegner im vorgerichtlichen Schriftverkehr vertreten haben. Von der Empfangsdame wurde uns mitgeteilt, dass weder Herr Rechtsanwalt Bodendorf, der bei Thümmel, Schütze und Partner der Sachbearbeiter in dieser Angelegenheit ist, noch seine Sekretärin bzw. Anwaltsgehilfin noch da sind. (Anmerkung: Ich hatte ca. 1 Stunde vorher, so gegen 16.00 Uhr, mit den Rechtsanwälten Thümmel, Schütze und Partner telefoniert. Dabei ist mir gesagt worden, dass sowohl Herr Rechtsanwalt Dr. Bodendorf als auch seine

Sekretärin bis mindestens 18.00 Uhr im Haus sein würden.) *Die Empfangsdame selbst hat die Unterzeichnung unter dem Zustellungsnachweis verweigert mit der Behauptung, sie sei grundsätzlich nicht befugt, solche Unterschriften zu leisten. Ich habe sie dann darum gebeten, sie möge doch eine sich noch im Haus befindliche Rechtsanwaltskollegin bzw. einen sich noch im Haus befindlichen Rechtsanwaltskollegen nach unten bitten, dass diese bzw. dieser den Zustellungsnachweis unterzeichnet. Es erschien sodann ein Rechtsanwalt, der – ohne die sonst üblichen Umgangsformen zu beachten – sich mir und dem Gerichtsvollzieher gegenüber dahingehend geäußert hat, dass die Rechtsanwälte Thümmel, Schütze und Partner in dieser Sache nicht zustellungsbevollmächtigt seien. Auf weitere Diskussionen wollte sich der Kollege nicht einlassen, vielmehr hat er uns sofort wieder verlassen. Ich habe ihn beim Hinausgehen noch nach seinem Namen gefragt, woraufhin er mir mitteilte, dass dieser Dr. Raiser lautet.*

Da der Gerichtsvollzieher dazu bereit war, die Untersuchung in den Geschäftsräumen der Stuttgarter Zeitung auch dann durchzuführen, wenn der Zustellungsnachweis nicht von den Rechtsanwälten Thümmel, Schütze und Partner unterzeichnet wird, haben wir die für die Antragsgegner bestimmten beglaubigten Abschriften auf dem Tresen der Kanzlei liegen lassen und sind sodann zu den Geschäftsräumen der Stuttgarter Zeitung in der Plieninger Straße 150 in Stuttgart gefahren.

Der Gerichtsvollzieher hatte zwischenzeitlich mit den Polizeibeamten der dortigen Polizeidienststelle telefoniert und angekündigt, dass wir gegebenenfalls mehrere Beamte zur Durchsuchung der Geschäftsräume benötigen. In Reaktion auf diesen Anruf hat sich kurz darauf der Pressesprecher der Polizei Baden-Württemberg, Herr Hermann Karpf, telefonisch beim

Gerichtsvollzieher gemeldet und mitgeteilt, er werde bei der Durchsuchung zugegen sein, um gegebenenfalls zu vermitteln.

Ich war mit dem Gerichtsvollzieher ca. gegen 18.00 Uhr vorort, wir haben dann noch abgewartet, bis Herr Karpf und 5 Polizisten der Polizeidienststelle Möhringen erschienen sind. Sodann sind Herr Karpf, der Gerichtsvollzieher, seine Auszubildende und ich in die Geschäftsräume der Stuttgarter Zeitung gegangen. Wir wurden empfangen vom stellvertretenden Chefredakteur Herrn Martin Hohnecker. Der Gerichtsvollzieher hat Herrn Hohnecker den Beschluss des Landgerichts Stuttgart vom 12. 11. 1999 vorgelegt und ihm mitgeteilt, dass er beabsichtigt, die Geschäftsräume der Stuttgarter Zeitung zu durchsuchen. Herr Hohnecker hat daraufhin versichert, dass sich der Koffer nicht in den Geschäftsräumen der Stuttgarter Zeitung befindet und dass die Stuttgarter Zeitung den Koffer auch nicht in Besitz hat. Angesprochen auf den Inhalt des Schreibens des Bundesarchives vom 9. 11. 1999 wies Herr Hohnecker darauf hin, dass sich diesem Schreiben wohl nicht eindeutig entnehmen lässt, an wen das Bundesarchiv den Koffer zurückgesandt hat. Daraufhin habe ich Herrn Hohnecker das Schreiben des Bundesarchivs vom 28. 10. 1999 vorgelegt, aus dem sich eindeutig ergibt, dass der Koffer an die Stuttgarter Zeitung zurückgegeben werden soll. Darauf ist Herr Hohnecker nicht mehr weiter eingegangen.

Ich habe dann auf einer Durchsuchung der Räume bestanden, Herr Hohnecker hat sich dazu bereit erklärt, uns bei der Durchsuchung zu begleiten, um uns alle erforderliche Hilfe zukommen zu lassen. Da absehbar war, dass es bei der Durchsuchung keine größeren Probleme geben wird, wurden die erschienenen Polizeibeamten, die bisher unten vor dem Gebäude gewartet hatten, entlassen. Sodann wurde die Durchsuchung durchgeführt, wobei wir von Herrn Hohnecker durch die Geschäftsräume der Stuttgarter Zeitung geführt worden sind. Die Durchsuchung verlief erfolglos und war gegen 20.15 Uhr beendet. Noch während der Untersuchung hat sich der Präsident des Amtsgerichts Stuttgart telefonisch beim Gerichtsvollzieher gemeldet, diesen danach gefragt, welche Kammer des Landgerichts den Beschluss erlassen und welches Aktenzeichen das Verfahren trägt und ihn dann dazu angewiesen, die Durchsuchung ordnungsgemäß durchzuführen …

Kurz danach erfuhr ich, dass der Koffer am 12.11.1999 bereits auf dem Weg nach Israel gewesen ist. Und dies war der Grund, weshalb mir die Kosten des Verfahrens auferlegt worden sind …

Der Rechtsstreit ist bis heute nicht entschieden. Zwischendurch wurde behauptet, dass ich auf meine Ansprüche auf den Koffer und die Dokumente verzichtet hätte, aber das stimmt nicht. Es ärgert mich immer wieder, dass sich alle an der Geschichte von mir und meinem Mann und an den Dokumenten bereichern wollen. Die Tatsache jedenfalls, dass ich in Südamerika lebe und man mich schon mehr als einmal für tot erklärt hat, berechtigt niemanden dazu.

Bevor der Koffer nach Israel geschickt wurde, hatte das Bundesarchiv Koblenz noch die Gelegenheit, die Dokumente auf Mikrofilm zu kopieren. Dr. Buchmann vom Bundesarchiv heftete die Kopien der Dokumente in vierzig DIN-A4-Ordnern ab, die er mir freundlicherweise nach Argentinien schickte.

Beim Lesen kamen Erika und ich auf die Idee, ein Buch zu verfassen. Das wäre das letzte Denkmal, das wir Oskar nach so langer Zeit setzen könnten, denn schließlich spiegelten diese Schriftstücke sein Leben wider. Entgegen der

Aussage von Dr. Vorkötter, der Koffer enthielte nichts, was mich betrifft, entdeckte ich, dass sehr wohl Briefe und Berichte von meinem Mann darin waren, in denen er mich erwähnte.

Zum Beispiel folgende Zeilen, die Oskar am 12.8.1955 in einem Bericht an Dr. Binyamin Eliav in Buenos Aires schrieb:

... Ich kann daher diesen Bericht nicht schließen, ohne in Dankbarkeit an die Hilfe und Verdienste der leider so wenigen Deutschen zu denken, die den Mut hatten ... mir und meinen Juden immer wieder Schutz und Hilfe angedeihen ließen, direkt oder indirekt, ohne dies von einer Gegenleistung abhängig zu machen ...

... Und für ihre unermüdliche, aufopferungsvolle Arbeit in Brünnlitz meiner Gattin Emilie Schindler.

Erst jetzt, durch die Kopien der Dokumente, erfuhr ich von allen Leidenswegen und finanziellen Niederlagen Oskars, nachdem er wegen des Lastenausgleichs nach Deutschland zurückgegangen war.

Vielleicht ist es sogar eine Art Wunder, dass mir diese Dokumente doch in die Hände fielen, damit ich endlich die richtige der vielen »Wahrheiten« kennen lerne – oder zumindest wichtige Puzzleteile aus dem Leben meines Mannes.

Der Kofferinhalt wirft ein neues Licht auf das Nachkriegsleben Oskars und zeigt gleichzeitig, dass ich keinesfalls in seinem Schatten stand, sondern an seiner Seite.

Ich wusste immer, er hatte sein ganzes Vermögen für unsere Juden geopfert, aber ich hatte nicht geahnt, dass es sich dabei um 2,64 Millionen Reichsmark gehandelt hatte.

Die Stimme des Journalisten holte mich plötzlich wieder in die Wirklichkeit zurück. Er hatte Fragen gestellt, vorgelesen,

YAD VASHEM יד ושם

The Holocaust Martyrs' and Heroes' Remembrance Authority רשות הזיכרון לשואה ולגבורה

Jerusalem, 25 November 1999

Mrs. Emilie Schindler
Avenida San Martin 353
1865 San Vicente
Prov. Buenos Aires
ARGENTINA

Dear Mrs. Schindler,

We have just learned that the Argentinean Parliament has bestowed upon you the title of Distinguished Citizen of Argentina.

On behalf of the Yad Vashem Board of Directors, and the Commission for the Designation of the Righteous – we should like to extend our congratulations on this well-deserved honor.

May we assure you that the Jewish people will not forget your contribution to the rescue of numerous Jews, at the side of your husband, during the Holocaust – especially during the crucial seven-month period in Brunnlitz. Humanitarian deeds such as yours will serve as an example for proper human conduct in times of great moral stress, for generations to come.

With best personal wishes.

Avner Shalev
Chairman of the Yad Vashem Directorate

Judge Yaakov Maltz
Chairman of the Commission for the Designation of the Righteous

P.O.B. 3477, JERUSALEM 91034, TEL. 02-6751611, FAX. 02-6433511 ת.ד. 3477, ירושלים 91034, טל. 02-6751611, פקס. 02-6433511

Die Gedenkstätte Yad Vashem gratuliert mir zur argentinischen Ehrenbürgerschaft.

meine Aussagen bezüglich des Koffers und Prozesses angehört, sie aufgeschrieben und auf Band mitgeschnitten. Nun wollte er sich verabschieden.

Er war schon auf dem Weg zur Tür, als ich ihn noch einmal zurückrief. Diesmal war ich es, die eine Frage stellte: »Was meinen Sie, junger Mann, wie wird diese Geschichte enden?«

Er lächelte und antwortete zögernd: »Ich hoffe gut, Frau Schindler.« Ich sah ihm in die Augen und sagte: »Hoffen wir, hoffen wir.«

Der Koffer samt Inhalt befindet sich nun in Yad Vashem, was ich auch richtig finde. Allerdings bestätigten mir die Verantwortlichen der Gedenkstätte nie, dass sie die Sachen meines Mannes erhalten hätten.

Dagegen schrieben sie mir, kurz nachdem der Koffer dort angekommen war, um mir zur Verleihung der argentinischen Ehrenbürgerschaft zu gratulieren und mir zu versichern, dass das jüdische Volk meine Verdienste während des Holocaust – besonders in den letzten Monaten in Brünnlitz – niemals vergessen wird.

Die letzte Verhandlung im Prozess vor dem Landgericht Stuttgart fand übrigens am 26.4.2001 statt. Das Gericht schlug einen Vergleich zwischen mir und der *Stuttgarter Zeitung* vor, die mir im Rahmen dieses Vergleichs eine gewisse Summe zahlen sollte. Diesem Vergleich habe ich schließlich zugestimmt, auch wenn ich mir ursprünglich mehr erhofft hatte.

7.
Späte Anerkennung

Mutter Courage wird entdeckt

Einer, der mir oft und gern half, war der verstorbene Journalist und Chefredakteur Peter Gorlinsky, der Leiter des *Argentinischen Tageblatts*, einer Zeitung der deutschen Gemeinde Argentiniens, die sich in den schweren Jahren des Zweiten Weltkriegs auf die Seite der Freiheit gestellt hat.

Im Jahre 1963 erschienen in fast allen deutschen Zeitungen und Illustrierten Artikel über Oskars Reise nach Israel. Man taufte ihn »*Vater Courage*«. Auch Peter hörte davon und rief mich eines Tages an. Wir kannten uns von der B'nai B'rith. Er lud mich ein, in die Redaktion zu kommen, doch ich schob meine viele Arbeit auf der Quinta vor und lehnte zunächst ab. Irgendwann konnte ich ihn nicht länger vertrösten und fuhr mit dem Frühzug in die Stadt, um ihn zu besuchen. Das war im Januar 1964 und Buenos Aires stöhnte unter einer Hitzewelle. Wir suchten uns ein kühles Eckchen in der Redaktion in der Calle Juncal und ich fragte ihn gleich, worum es ginge. Worauf er antwortete: »Liebe Frau Schindler, ich bin nicht derjenige, der erzählen soll, sondern Sie … Ich spitze meine Ohren und meinen Bleistift.«

Offensichtlich wollte er meine Geschichte hören. Bis dahin wussten die meisten Menschen gar nicht, was nach dem Krieg aus mir geworden war. Bis auf einige der von uns Geretteten, die immer Kontakt gehalten hatten und mir zum Beispiel zu Oskars Ehrung in Israel ein Dankes-Telegramm geschickt hatten, war ich für die Öffentlichkeit nicht vorhan-

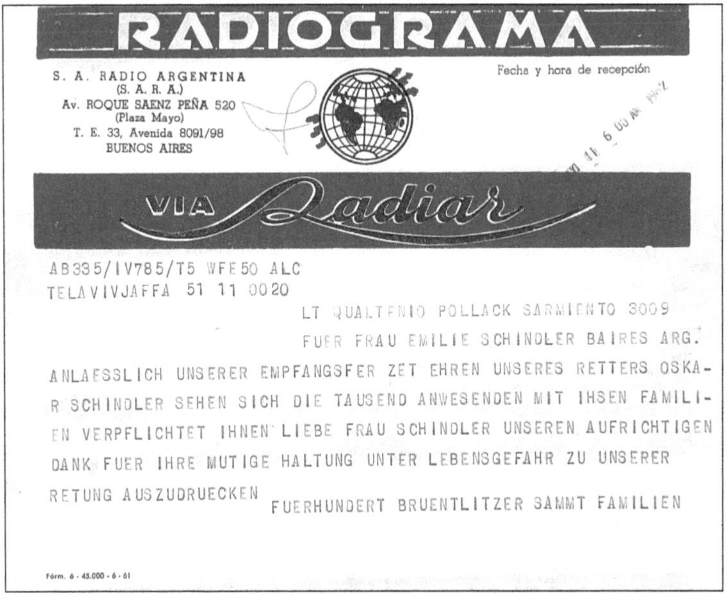
RADIOGRAMA

S. A. RADIO ARGENTINA
(S. A. R. A.)
Av. ROQUE SAENZ PEÑA 520
(Plaza Mayo)
T. E. 33, Avenida 8091/98
BUENOS AIRES

Fecha y hora de recepción

VIA Radiar

AB335/IV785/T5 WFE50 ALC
TELAVIVJAFFA 51 11 0020

LT QUALTENIO POLLACK SARMIENTO 3009
FUER FRAU EMILIE SCHINDLER BAIRES ARG.

ANLAESSLICH UNSERER EMPFANGSFER ZET EHREN UNSERES RETTERS OSKA-
R SCHINDLER SEHEN SICH DIE TAUSEND ANWESENDEN MIT IHSEN FAMILI-
EN VERPFLICHTET IHNEN LIEBE FRAU SCHINDLER UNSEREN AUFRICHTIGEN
DANK FUER IHRE MUTIGE HALTUNG UNTER LEBENSGEFAHR ZU UNSERER
RETUNG AUSZUDRUECKEN FUERHUNDERT BRUENTLITZER SAMMT FAMILIEN

Form. 6 - 45.000 - 6 - 61

1962 bedanken sich Überlebende von Brünnlitz in einem Telegramm bei mir.

den. Peter Gorlinsky war der Erste, der sich für meine ganz persönliche Geschichte interessierte. Während ich sie ihm ausführlich erzählte, merkte ich, wie sie ihn, je mehr sich die Ereignisse zuspitzten, tief bewegte. Er unterbrach mich kein einziges Mal, stellte keine einzige Zwischenfrage. Ungefähr nach einer guten Stunde dachte ich meine Pflicht zur Schilderung unserer Rettung der Juden nun erfüllt zu haben. Peter holte tief Luft und meinte: »Frau Schindler, Sie haben mit Ihrer Tat eine große Leistung erbracht. Sie erinnern mich an die Mutter Courage. Wenn Sie es mir erlauben, schreibe ich einen Artikel, damit man Sie nicht übersieht oder vergisst.«

Drei Tage später, am 30. Januar 1962, kaufte ich mir die Zeitung und fand den Artikel gleich auf Seite 2:

»Vater Courage« bleibt unvergessen – aber wie steht es mit »Mutter Courage«?

Die Ehrungen, die Oskar Schindler, dem »Vater Courage«, wie ihn ein Bericht aus Frankfurt am Main nennt, anlässlich seines Besuches in Israel zuteil geworden sind, haben einen bescheidenen internationalen Widerhall gefunden. Sie haben einem Mann gegolten, der außergewöhnlichen persönlichen Mut mit einem flammenden Gerechtigkeitssinn verbindet. Diese Charakterlegierung ist heutzutage sehr selten geworden …

… Aber es gibt auch eine »Mutter Courage« in diesem Drama. Und diese scheint bei allen Ehrungen, die Oskar Schindler in Israel oder anderswo zugedacht wurden, vergessen worden zu sein. Von Frau Schindler, seiner Gattin, ist nur wenig oder gar nicht gesprochen worden, obwohl sie an allem, das zum Gelingen der Rettungsaktion beitrug, den genau gleichen Anteil hat wie ihr Mann. Und ist Todesverachtung und Selbstvergessenheit im Dienste des Nächsten beim Mann bewundernswert, so haben solche Eigenschaften bei einer Frau vielleicht noch mehr Gewicht …

… Es ist wenig von »Mutter Courage« die Rede, keine Einladung ist an sie ergangen, keine persönliche Ehrung ist ihr zuteil geworden, dass man der Meinung sein könnte, sie lebe auf einem anderen Planeten. Aber dem ist nicht so. Diese einzigartige Frau lebt seit langen Jahren, was manche erstaunen und verwundern wird, in Südamerika …

Auf diese Weise gab Peter Gorlinsky auch weltweit bekannt, dass ich noch lebte. Das machte die jüdische Gemeinde in Argentinien auf mich aufmerksam, deren Mitglieder mir eine kleine Pension verschafften. Zusammen mit meiner Rente und einem Zuschuss der deutschen Regierung komme ich bis zum heutigen Tage zurecht. Die B'nai B'rith räumte mir im

Jahr 1965, als ich die Quinta nicht mehr halten konnte, Wohnrecht auf Lebenszeit in einem Häuschen mit Garten in San Vicente ein. Und das Deutsche Hospital in Buenos Aires verzichtete auf sein Honorar, als ich im Herbst 2000 schwer gestürzt war und operiert werden musste.

Ein denkwürdiger Geburtstag

Bis 1987, das Jahr, in dem ich meinen 80. Geburtstag feierte, konnte ich auf viel Leiden, Schmerzen und finanzielle Probleme zurücksehen, aber mein Mut zum Leben war ungebrochen. Ich wunderte mich selbst, wie ich so alt werden konnte, nachdem ich so viele Härten und schwierige Situationen erlebt hatte. Der Vorschlag von Bekannten, groß zu feiern, begeisterte mich nicht besonders, da ich mich zu der Zeit gerade von gesundheitlichen Problemen erholten musste.

Bei dieser Gelegenheit erfuhr ich abermals, dass die Welt mich nicht vergessen hatte. Briefe aus allen Himmelsrichtungen füllten meinen Briefkasten. Es erschienen Artikel über mich in der *Jerusalem Post* und im *Argentinischen Tageblatt.* Viele fremde Menschen aus der ganzen Welt, ja ganze Schulklassen sandten mir Glückwünsche. Zum Beispiel schrieb ein Herr aus Israel:

Israel, 29. 8. 1987

Geehrte Frau Schindler,

Ich las in der hiesigen »Jerusalem Post«, dass Sie in diesen Tagen Ihren 80sten Geburtstag feiern werden.
Ich bin gebürtiger Prager, habe Auschwitz, Dachau und andere Konzentrationslager überlebt – ich gehöre nicht zu denen, die

Sie mit Ihrem Mann gerettet haben, doch möchte ich diese Gelegenheit ergreifen, Ihnen mitzuteilen, was in Worten fast gar nicht ausdrückbar ist.

Ich habe in jenen Jahren nur sehr, sehr wenig Menschen getroffen, die bereit waren, Juden zu helfen. Es sei bei fast allen eine Frage der Bequemlichkeit gewesen – *geschweige denn dass Leute die Lebensgefahr auf sich nehmen wollten, dem Regime zuwider zu handeln, welches ja für seine Grausamkeit auch »Judenfreunden« gegenüber berüchtigt war.*

Deshalb hat mich Ihr und Ihres Mannes Betragen, als ich später davon erfuhr, so ganz besonders tief beeindruckt. Da kann ich nicht von Dank sprechen – nur vom Gefühl, dass Sie (und die ganz wenigen andren Ihresgleichen) zu den Gründen gehören, doch nicht völlig an der Menschheit zu verzweifeln.

Zu Ihrem Geburtstag alles, alles Beste

Mordechai Livni

Es machte mich sehr glücklich, dass so viele Menschen auf der Welt meiner gedachten, und nach einigem Überlegen entschloss ich mich doch noch zu einer Feier. Ich buk mir selbst einen riesigen Geburtstagskuchen mit vierzehn Eiern, viel Butter und Schokoladenraspeln. Vorher gab es Huhn, Fleisch, verschiedene Salate und Getränke. Meine Gäste ließen nicht auf sich warten und gemeinsam setzten wir uns an die gedeckte Tafel und ließen uns das Festmahl schmecken.

Der Film und seine Folgen

Dem Film »Schindlers Liste« habe ich es zu verdanken, dass ich eine gewisse späte Anerkennung fand. Nach dem Kinostart wurde ich mehrmals nach Amerika eingeladen und

THE WHITE HOUSE

WASHINGTON

May 9, 1994

Mrs. Emilie Schindler
Buenos Aires
ARGENTINA

Dear Mrs. Schindler:

I am delighted to congratulate you as you receive The Righteous Among the Nations Award from the Simon Wiesenthal Center.

Humanity will always be indebted to you for your courage and selflessness. Working side by side with your late husband Oskar, you provided hope and deliverance from the darkness for hundreds of innocents. In risking your life to save the lives of others amidst the horrors of the Holocaust, you taught the world the power of compassion in the face of injustice. Millions of people around the globe, especially the families that survived because of you, will always remember what you did in the name of "Menschlichkeit" - simple human decency.

Hillary and I extend best wishes for every future happiness.

Sincerely,

Bill Clinton

Gratulationsschreiben von Bill Clinton aus dem Jahr 1994

ausgezeichnet. Bis dahin hatten viele Menschen geglaubt, ich sei schon lange tot. Im Jahre 1994 erhielt ich ein Gratulationsschreiben von dem damaligen amerikanischen Präsidenten Bill Clinton und die Stadt Pittsburgh ehrte mich im Oktober 1994. Von der Zionistischen Organisation von Amerika erhielt ich den Justice-Louis-D.-Brandeis-Preis in besonderer Würdigung meiner »dem jüdischen Volke zum Segen gereichenden großen Taten der Menschlichkeit«. Im Jahre 1995 wurde mir das Bundesverdienstkreuz der Bundesrepublik Deutschland verliehen, das argentinische Heer ehrte mich mit dem »Maiorden«. Dazu kamen ein israelischer und ein französischer Orden. Ein große Freude war mir auch die Verleihung der argentinischen Ehrenbürgerschaft.

Heute sind alle diese Auszeichnungen und Ehrungen als Dauerausstellung im *Haus der Geschichte* in Bonn zu besichtigen. Ich hoffe, dass die kommenden Generationen daraus lernen werden, damit im Geist der Menschen und Völker nie mehr eine solch menschenverachtende Ideologie gedeihen kann.

Im März 1995 brach ich zu einer der wichtigsten Reisen in meinem Lebens auf. Ich sollte in Rom vom Heiligen Vater empfangen werden. Und nach der Audienz beim Papst war ein Treffen mit dem Oberrabbiner von Rom geplant. Für mich als gläubigen Menschen zwei besondere Auszeichnungen an einem Tag. Im Anschluss daran sollte ich auf Einladung der deutschen Regierung nach Bonn fahren und dort mit dem damaligen Bundespräsidenten Roman Herzog und Rita Süssmuth, damals Bundestagspräsidentin, zusammentreffen. Ich hatte zwar schon Erfahrung mit hohen Politikern, schließlich hatte ich Bill Clinton bereits kennen gelernt, aber das hier war etwas anderes, denn ich war der einzige Ehrengast.

Allerdings stand es mit meiner Gesundheit damals nicht zum Besten und ich fragte mich, wie ich die ganzen Termine überstehen sollte.

Leider gab die Presse bekannt, dass ich den Papst besuchen würde, und daraufhin wurde meine Wohnung in den Tagen vor meiner Abreise von Menschen belagert, die Johannes Paul II. etwas zukommen lassen wollten, sei es ein Buch, ein Brief oder eine Familienreliquie. Ununterbrochen klingelte das Telefon, jeder wollte mir eine Botschaft mitgeben. Ich bemühte mich, jedem Einzelnen klarzumachen, dass seine Bitte unerfüllbar war, und spürte, dass ich damit nicht nur wertvolle Zeit, sondern auch langsam, aber sicher die Geduld verlor. Ich gebe zu, dass ich vor lauter Nervosität dem ein oder anderen gegenüber, der mich als päpstlichen Kurier missbrauchen wollte, ziemlich unfreundlich wurde.

Endlich war der Tag der Abreise da. Während ich mir in der Küche einen besonders starken Kaffee braute, musste ich an Oskars Abreise aus Argentinien im Jahr 1957 denken.

Mir wurde plötzlich klar, dass Oskar mir immer noch viel bedeutete, und das machte mich so wütend, dass ich die Hälfte des Kaffees über meinen Bettvorleger goss. Ich wollte diese Reise einfach als Emilie machen. Ich weiß nicht, wen ich in diesem Moment am meisten dafür hasste, ihn oder mich, dass ich die Erinnerung an ihn nicht ganz loswerden konnte.

Schließlich versuchte ich mich einfach nur auf das Nächstliegende zu konzentrieren und packte meinen Koffer. Auf dem Weg zum Flughafen Ezeiza war viel Verkehr. Wieder sah ich Oskar vor meinem inneren Auge. Warum immer wieder Oskar? Waren unsere gemeinsamen Jahre nicht genug? Wie lange kann eine Liebe dauern? Kann uns erst der Tod von unseren Leidenschaften erlösen?

Ich reiste in Begleitung von Erika Rosenberg. Bei unserer Ankunft am Flughafen Fiumicino in Rom wartete bereits eine ganze Schar Journalisten, die mich mit den üblichen Fragen überhäufte: »Vedova Schindler, wie lange werden Sie bleiben: Wo werden Sie wohnen, Signora Schindler? Haben Sie sich irgendwann von Ihrem Gatten scheiden lassen?«

Ich antwortete ziemlich einsilbig, wollte einfach nur weiter und ins Hotel. Niemand schien zu merken, dass ich von der Reise müde und erschöpft war. Sie wollten ihre Informationen, und zwar sofort, um dann zum nächsten Thema übergehen zu können. Ich dagegen wollte so schnell wie möglich weiter. Irgendwann ergriff mich Erika am Arm, verabschiedete die Journalisten und wir fuhren endlich ins Hotel. Auf der Fahrt schaute ich aus dem Fenster und versuchte mich daran zu erinnern, was ich einmal über Rom gelernt hatte. Ich bombardierte den Taxifahrer mit Fragen nach allem, was mir ins Auge fiel. Er antwortete mir liebenswürdig und sehr kompetent. In seinem dunklen Anzug wirkte er auf mich wie ein seriöser Geschäftsmann. Besonders beeindruckend fand ich, dass er die Namen sämtlicher Kirchen wusste, an denen wir vorbeifuhren. Eine beachtliche Leistung, wenn man bedenkt, dass es davon in Rom über sechshundert gibt.

Unser Hotel war die Albergo D'Inghilterra in der Boca de Leone. Unsere Zimmer waren wunderschön, die Einrichtung elegant und praktisch zugleich. Über dem Kopfende des Bettes hing ein zartes Marienbild mit Jesuskind, das mich an meine Jugendzeit in der Nonnenschule erinnerte. Wie aus weiter Ferne sah ich mich wieder als winzige, kniende Gestalt, die zu Gott betete und ihn um Dinge bat, die sich nie erfüllen sollten.

Am nächsten Morgen erwachte ich wie gewöhnlich um sechs Uhr. Noch im Bett sah ich ein letztes Mal meine Termine für diesen Tag durch: um elf Audienz bei Johannes Paul II., um ein Uhr Pressekonferenz in der argentinischen Botschaft.

Ohne meiner Erschöpfung und meinen Schmerzen die geringste Beachtung zu schenken, ging ich ans Fenster und öffnete es weit.

Mir bot sich ein prachtvoller Blick: Roms berühmte rötliche Schieferdächer und Balkone voller bunter Blumen, alles im Glanz der Sonne, die von einem klaren blauen Himmel auf mich herunterstrahlte. Mir fiel der Spruch ein: »Alle Wege führen nach Rom.« Nun hatten sie auch mich in die Ewige Stadt geführt.

Nach dem Frühstück erwartete Erika und mich eine schwarze Limousine vor dem Eingang des Hotels, um uns in den Vatikan zu bringen. Beim Einsteigen in das Luxusgefährt fiel mein Blick auf ein Plakat mit der Aufschrift: *Sienkiewicz, polnischer Schriftsteller, Autor von Quo vadis.*

Was sonst noch auf dem Plakat stand, weiß ich nicht, doch während der Fahrt verfiel ich seinetwegen in düstere Gedanken. Diese Frage: *Quo vadis?* Wohin gehst du, Emilie? hatte sich in meinem Leben ständig gestellt. Zumindest seit ich mich auf unserer Flucht in Deutsch-Brod gezwungen gesehen hatte, mich von meinem Pass zu trennen, um mein Leben zu retten. Später hatte ich ein Schiff bestiegen und war in ein fremdes Land auf einem anderen Kontinent gereist und jetzt befand ich mich nach einer langen Flugreise vor den Toren des Vatikans, um auf keinen Geringeren als den Papst zu treffen. Waren diese beiden Frauen – die Emilie von früher und die jetzige – ein und dieselbe?

Die Limousine bremste abrupt und holte mich in die Wirklichkeit zurück. Diesmal wusste ich genau, wohin ich ging, obwohl ich mir das nie hätte träumen lassen. Mir war friedlich zumute und ich hatte das Gefühl, dass sich die Stadt mit ihrer Schönheit und der blühende Frühling an meinem persönlichen Festtag beteiligten.

Der Platz vor dem Petersdom war überfüllt mit Gläubigen jeden Alters, die stehend oder auf dem Boden sitzend auf das Erscheinen von Johannes Paul II. warteten. Wir überquerten den Platz und betraten einen Gang. Dort mussten wir, auf einer der Bänke sitzend, fast eine Stunde warten, bis der Heilige Vater in Begleitung seiner Erzbischöfe und Kardinäle erschien.

Wegen der Fastenzeit war der Papst in ein weißes Gewand mit schwarzer Schärpe gekleidet. Sein Gefolge trug schwarze Soutanen mit einem roten Band quer über der Brust. Als er bei mir angelangt war, hielt Johannes Paul II. inne. Ich stand auf und blickte in seine tiefen, hellen Augen.

Er hob die Hand, segnete mich und berührte dabei meinen Kopf. Ich wollte etwas sagen, brachte aber nichts heraus, ich war wie gelähmt und zitterte vor Aufregung. Da sagte er in perfektem Deutsch:

Audienz bei Papst Johannes Paul II. in Rom 1995

»Ich weiß genau, wer Sie sind, und danke Ihnen sehr für das, was Sie getan haben. In Polen und besonders in der Gegend von Krakau konnten sich dank Ihrer und dank Ihres Mannes viele jüdische Polen retten.«

Er fügte hinzu, dass das polnische Volk Hochachtung und Zuneigung für mich empfinde. Dann ging er weiter zur nächsten Gruppe und ließ mich zurück mit einer Erinnerung, die mich bis ans Ende meines Lebens begleiten wird.

Ein bewegender Moment: Treffen mit dem Oberrabbiner von Rom 1995

Als wir wieder ins Freie traten, war starker Wind aufgekommen. Meine Haare gerieten durcheinander und ich suchte sie mit den Fingern zu ordnen. Hatte ich jetzt Spuren des Papstsegens an meinen Händen?

Die Begegnung mit dem Oberrabbiner von Rom war nicht weniger bewegend: Ein älterer Herr, ganz in Grau, kam mit dem Hut in der Hand auf mich zu. Er schob den linken Ärmel hoch und zeigte mir mit einer Mischung aus Stolz und Trauer die Nummer, die ihm von den Nazis eingebrannt worden war. Drei Konzentrationslager hatte er überlebt: Auschwitz, Dachau und Treblinka. Einzig und allein seiner Willenskraft und Gottes Hilfe verdankte er seine Rettung. Gemeinsam betraten wir die Synagoge. Hier begegnete ich der Geschichte des Holocaust auf Schritt und Tritt, sie war lebendig wie eh und je. Die Gegenwart dieses Mannes versetzte mich nach Plaszow zurück, zur SS und Amon Göth. Ich konnte mir ungefähr vorstellen, wie die Opfer in den Konzentrationslagern gelebt hatten. Schließlich war ich mit einigen der Henker ja häufig zusammengetroffen und hatte sie gut kennen gelernt. Es hilft nichts, die Nazis mit Tieren gleichzusetzen, um ihre Grausamkeit zu verstehen. Sie waren das Böse in seiner reinsten und vollkommensten Form, ohne Verwandtschaft mit der Natur. Sie repräsentierten das Widerlichste und Grauen Erregendste, dessen der menschliche Geist fähig ist.

Der Oberrabbiner bereitete mir einen wirklich überwältigenden Empfang. Er beschenkte mich mit zwei wunderschönen Büchern über die Geschichte der Juden in Italien, dann führte er mich in einen Saal mit lauter alten Dokumenten und Schriften, in dessen Mitte ein runder Tisch stand, auf dem sich ein gewaltiger, hölzerner siebenarmiger Leuchter erhob. Die Worte, mit denen der Rabbi an die Kriegsjahre erinnerte, gingen mir sehr zu Herzen. Es war eine sonderbare Mischung aus Freude und Rührung, in der ich diesen denkwürdigen Tag beschloss.

Am folgenden Tag machten wir uns gegen Mittag zu einem Spaziergang durch Rom auf. Ich fühlte mich schon nach dieser kurzen Zeit merkwürdig vertraut mit der Stadt und fand alles liebenswert, besonders die aufgeschlossene und herzliche Art ihrer Einwohner.

Leider war unser Aufenthalt in Rom damit auch schon beendet und es ging weiter nach Bonn. Ich hatte es wieder einmal geschafft, im Flugzeug einen Fensterplatz zu ergattern, und betrachtete fasziniert die Welt von oben. Wie immer löste sich dabei jedes Gefühl für Zeit und Raum auf. Als wir über die Alpen flogen, fiel mir Oskar wieder ein. Das letzte Mal, als ich sie überquert hatte, waren wir gemeinsam auf dem Weg nach Genua, um von dort aus mit dem Schiff nach Argentinien aufzubrechen.

Am Flughafen Köln-Bonn begrüßte uns ein blondes junges Mädchen in einem pastellfarbigen Kostüm: Julia Pabsch, die Tochter des deutschen Botschafters in Buenos Aires. Sie teilte mir mit, sie werde sich während unseres Aufenthalts in Bonn um uns kümmern.

Auf einem Spaziergang durch Rom

Zunächst fuhren wir ins Hotel Bristol. Ich war sofort beeindruckt von seiner grandiosen Empfangshalle, in der rote Teppiche zu den beiden Restaurants und zur Rezeption führen. Alles war großzügig und einladend und ich fühlte mich sofort wohl. Am Nachmittag wurden wir durch die Stadt geführt. Dass Bonn die Vaterstadt Beethovens ist, nahm ich noch zur Kenntnis. Die zahlreichen historischen und geografischen Fakten jedoch verschlief ich. Gott sei Dank kann man in meinem Alter darauf rechnen, dass einem derlei Unhöflichkeiten verziehen oder sogar mit Wohlwollen zur Kenntnis genommen werden. Denn schließlich schläft man ja nur an Orten, an denen man sich wohl und sicher fühlt, oder?

Der nächste Morgen war kühl und windig. Dass bereits der Frühling angebrochen war, hatte sich offenbar noch nicht von Rom nach Bonn herumgesprochen. Als ich am Frühstückstisch Platz nahm, kam lächelnd eine Kellnerin auf mich zu und sagte: »Guten Morgen, Frau Schindler.«

Es war der erste Gruß auf Deutsch seit vielen Jahren und er klang angenehm und merkwürdig zugleich.

Als wir das Hotel verließen, machte ich erneut Bekanntschaft mit etwas, das ich fast fünfzig Jahre, seit meiner Auswanderung, nicht mehr erlebt hatte: es schneite. Ich hatte völlig vergessen, wie sich die frische feuchte Kälte anfühlt, die einem in der Hand zerschmilzt. Ich fing ein paar Flocken und steckte sie in den Mund. Ich spürte den Geschmack meiner Kindheit auf der Zunge, der glücklichen Weihnachtsfeste, langer Spaziergänge in dem von einem weißen Teppich zugedeckten Wald, Schneeballschlachten mit meinem Bruder und Rita Gross.

Obwohl das Wetter nicht dazu verlockte, das Haus zu verlassen, wusste ich, dass ich erwartet wurde: am Nachmittag traf ich Rita Süßmuth, die damalige Bundestagspräsidentin. Sie begrüßte mich sehr herzlich und unterhielt sich mit mir. Zwei Tage später war ich morgens bei Bundespräsident Roman Herzog eingeladen. Ich war so nervös, dass ich ohne Frühstück und nur mit einer Tasse schwarzem Kaffee und einer Schmerztablette im Magen zu meiner Verabredung aufbrach. Das Treffen mit dem damaligen Bundespräsidenten sollte nicht weit vom Hotel entfernt stattfinden. An seinem Regierungssitz angekommen, wurden wir von einem Beamten empfangen und in einen langen, schmalen Saal geführt: Obwohl die Wände mit Gemälden geschmückt waren, empfand ich diesen Ort als zu feierlich, um mich wohl zu fühlen. Auf Bundespräsident Herzog traf dies zum Glück nicht zu. Er stellte mir keine Fragen über die Vergangenheit und mein Leben. Stattdessen fragte er, wie es mir ginge, und machte einen halb scherzhaften, halb ernsthaften Kommentar zu dem Verdienstorden, den mir die Deutsche Botschaft in Buenos Aires verliehen hatte und den ich zu diesem Empfang angelegt hatte. Dann sprach er von seiner Kindheit in Bayern und erzählte mir von seiner Familie.

Roman Herzog war mir sofort sympathisch. Außerdem hatte er wohl eine Ahnung davon, wie sehr es mich anstrengte, immer wieder in meiner Vergangenheit wühlen zu müssen. Ich nenne das Taktgefühl, etwas, das ich sonst leider oft

Empfang bei der damaligen Bundestagspräsidentin Rita Süßmuth am 28. 3. 1995

vermisse. Übrigens eine Eigenschaft, die Oskar in hohem Maße besaß und die vielleicht sein größter Vorzug und das Geheimnis seines unwiderstehlichen Charmes war.

Kurz bevor wir uns voneinander verabschiedeten, versprach mir der Bundespräsident ab sofort einen monatlichen Ehrensold in Höhe von 500 Mark. Dieser Betrag ist mir bis heute eine große Hilfe.

Die Rückreise nach Argentinien trat ich in schlechter gesundheitlicher Verfassung an: die vielen Schmerztabletten hatten meinen Magen angegriffen und dabei die Knochenschmerzen keineswegs gelindert. Aber ich hatte ja in San Vicente Zeit genug, mich ausruhen.

Seitdem habe ich noch viele weitere Ehrungen erhalten: in Argentinien 1998 die Medaille »Le Grand Orient« und den Verdienstorden des argentinischen Präsidenten. Am 18. November 1999 wurde mir die Goldene Argentinische Medaille mit Urkunde feierlich überreicht. Aber was mir fast

Beim ehemaligen Bundespräsidenten Roman Herzog, März 1995

noch wichtiger ist als Medaillen und Auszeichnungen: dass meine Geschichte wahrheitsgemäß erzählt wird und mein Anteil an Oskars Kampf für die Juden nicht unterschlagen wird. Einer der wenigen, die in dieser Beziehung immer ehrlich waren, ist Mietek Pemper, ebenfalls ein »Schindler-Jude«, der in seinen Vorträgen über die Entstehung und die Konsequenzen von Schindlers Liste meine Verdienste nicht unterschlägt.

Im Jahr 1999 kehrte ich erneut nach Deutschland zurück. Ich war als Gast in eine Talkshow eingeladen. Danach brach ich mit einem Filmteam der Teletime zu einer Reise in die Vergangenheit auf. Das Team wollte einen Dokumentarfilm über mich drehen. Ich sah Alt-Moletein wieder, den Ort meiner Kindheit, aber auch Zwittau, wo ich jung verheiratet mit Oskar gelebt hatte. Zuletzt fuhren wir nach Brünnlitz, an den Ort von Oskars und meinem Kampf gegen sinnlosen Hass und Vernichtung.

Eines habe ich dem Film »Schindlers Liste« zu verdanken: Nach all den Jahren, in denen ich für tot gehalten oder ein-

VERLEIHUNGSURKUNDE

IN ANERKENNUNG DER UM VOLK UND STAAT ERWORBENEN

BESONDEREN VERDIENSTE

VERLEIHE ICH

FRAU EMILIE SCHINDLER

DAS VERDIENSTKREUZ

AM BANDE

DES VERDIENSTORDENS DER BUNDESREPUBLIK DEUTSCHLAND

BERLIN, DEN 5.MAI 1994

DER BUNDESPRÄSIDENT

Der Justice Louis D. Brandeis Preis
wird hiermit
EMILIE SCHINDLER und OSKAR SCHINDLER s.A.
zuerkannt
in innigster Würdigung ihrer dem jüdischen Volke
zum Segen gereichenden großen Taten der Menschlichkeit

Überreicht von der Zionist Organization of America
zum Anlaß des neunundvierzigsten jährlichen Festmahls
des American Zionist Fund

30. Oktober 1994 — 25. Cheschwan 5755

Inzwischen sind mir eine ganze Reihe von internationalen Ehrungen zuteil geworden.

Ejército Argentino
Jefe del Estado Mayor General del Ejército

BUENOS AIRES, 26 de enero de 1995.

Estimada Señora:

Tengo el agrado de dirigirme a Usted, a fin de expresarle, en nombre del EJERCITO y en el mío propio, nuestras felicitaciones al haber sido condecorada con la "ORDEN DE MAYO AL MERITO EN EL GRADO DE COMENDADOR", por el Gobierno Argentino.

Este hecho constituye un justo reconocimiento a tan nobles sentimientos, puestos de manifiesto en circunstancias límites, con el generoso propósito de salvar la vida de un sinnúmero de seres que se encontraban en peligro.

Actitud como la suya, deja a las generaciones futuras un valioso y ejemplar legado, que sólo es procedente de aquellos que se destacan por sus relevantes condiciones éticas.

Reciba mi más atento saludo

A la Señora
EMILIE SCHINDLER
PRESENTE

16, rue Cadet
75009 Paris

Le Grand Maître
du Grand Orient de France

Madame Emilie SCHINDLER
San Martin, 535
San Vincente – Povince de Buenos Aires
Argentine

PG/CA/ 445

Paris, le 21 Septembre 1998

Très chère Madame

La Fondation du Grand Orient de France a la faveur de vous attribuer le prix Roger LERAY, pour un montant de 50 000 Francs.

Par cette distinction, les Francs-Maçons du Grand Orient de France ont voulu vous honorer ainsi que la mémoire de votre mari, Oscar SCHINDLER, pour la remarquable action que vous avez conduite durant la seconde guerre mondiale en sauvant de la barbarie nazie des milliers de juifs.

Soyez assurée, Madame, de nos pensées les plus respectueuses, avec l'espoir de pouvoir nous déplacer, dans les mois à venir, pour vous remettre officiellement ce prix.

Je vous prie de bien vouloir agréer, Madame, l'expression de mes sentiments Les plus dévoués.

Très respectueusement votre.

Philippe GUGLIELMI

M. PEMPER 86042 AUGSBURG 11 · POSTFACH 111711 · TELEFON (0821) 517031

25.03.1998

KZ-Gedenkstätte Dachau
Alte Römerstr. 75

85221 Dachau

Sehr geehrte Frau Distel,

zu Ihrem Fax-Schreiben vom 24. d.M. beeile ich mich, mitzuteilen, daß ich mich sehr wohl an Frau Feist erinnern kann. Kurz nach der Veranstaltung am 27.01.1998 habe ich mich u.a. an die Survivers of the Shoa Visual History Foundation gewandt. Dort hat man mir die Adresse von Frau Emilie Schindler beschafft, gerne gebe ich sie weiter, mit der Bitte, Frau Feist entsprechend zu informieren.

Emilie Schindler - San Martin 353 - San Vincente - Provincia de Buenos Aires, Telefon: 0225-81306.

Großen Wert lege ich darauf, daß Frau Feist bei ihrem Gespräch mit Frau

Schindler allerherzlichste Grüße und die besten Wünsche von mir übermittelt und Frau Schindler informiert, daß ich bei jedem Vortrag über die Entstehungsgeschichte von Schindler's Liste die Verdienste gerade von Frau Schindler ganz besonders in der Brünnlitzer Zeit hervorhebe. Leider bringen die Zeitungen nur gekürzte Fassungen der Berichte über meine Vorträge, so daß ich nicht mit Zeitungsausschnitten dienen kann, in denen gerade die Verdienste von Frau Schindler bei der Rettung z.B. der todkranaken Golleschauer betont werden. Ich würde mich freuen, wenn Frau Feist nach ihrer Rückkehr mit mir Verbindung aufnehmen könnte, damit ich mich erkundigen kann, wie es Frau Schindler gesundheitlich geht und ob sich, wie das vor Jahren vereinbart wurde, der Beauftragte der jüdischen Gemeinde um sie kümmert.

Sehr geehrte Frau Distel, ich bedaure, daß es so lange gedauert hat, die Adresse zu beschaffen, hoffe aber, daß Frau Feist sie noch rechtzeitig bekommt, um mit Frau Schindler Verbindung aufnehmen zu können. Ich empfehle mich

mit besten Grüßen

- M. PEMPER AUGSBURG -

Mietek Pemper, ehemaliger Stenograf Amon Göths und »Schindler-Jude«, unterschlägt meine Verdienste nicht.

fach übergangen worden bin, hat er dafür gesorgt, dass auch international von meiner Existenz wieder Notiz genommen wurde. Auch wenn ich damals während des Wahnsinns der letzten Kriegsmonate niemals an Ehrungen oder dergleichen gedacht habe, weil es für mich einfach selbstverständlich war, auch in unmenschlichen Zeiten menschlich zu handeln: nach einem harten, entbehrungsreichen und von vielen Enttäuschungen begleiteten Leben macht es mich froh, dass meine Verdienste heute öffentlich anerkannt werden.

Ich schmiede schon wieder Reisepläne, obwohl es mit meiner Gesundheit nicht zum Besten steht. Das *Haus der Geschichte* in Bonn lud mich zur Neueröffnung seiner Ausstellung, zu der ich mit einigen weiteren Exponaten beitragen konnte, ein:

Bonn, 23. 3. 01

... Ich nutze die Gelegenheit, Frau Schindler und Sie zur Eröffnung unserer überarbeiteten Dauerausstellung herzlich einzuladen. Bundeskanzler Gerhard Schröder wird die Ausstellung am 13. Juni 2001 feierlich eröffnen ...

Mit freundlichen Grüßen
Prof. Dr. Hermann Schäfer

Inzwischen wurde die Eröffnung auf den 9. Juli 2001 verlegt. Ich freue mich schon auf die Reise und Deutschland – vielleicht werde ich sogar dableiben und dort mein Leben beschließen.

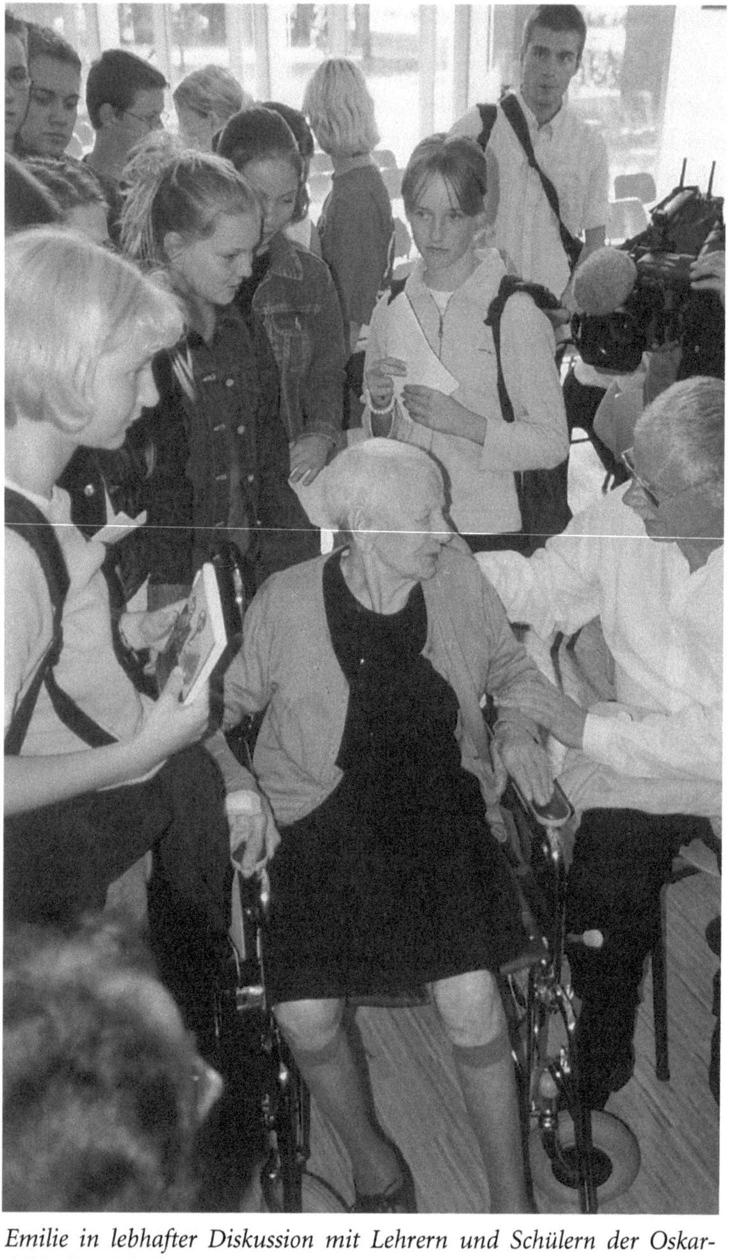

Emilie in lebhafter Diskussion mit Lehrern und Schülern der Oskar-Schindler-Schule

Nachwort

Emilies letzte Reise – mit einem Beitrag von Charlotte Knobloch

In ihren letzten Lebensjahren hatte Emilie immer wieder den Wunsch geäußert, nach Deutschland zurückzukehren. Zunächst nahmen wir, ihre Freunde, dies nicht ganz ernst. Bereits im Jahr 1997 hatte sie mich eines Tages angerufen und gebeten, sie zu einem Notar zu begleiten, um ihr Testament aufzusetzen. Darin machte sie zu gleichen Teilen ihre Betreuer Isabel und Leandro, ihre Nichte Traude und mich sowie die

Emilie freut sich auf die Deutschlandreise. Hier betrachtet sie mit mir Dokumente aus dem »Koffer« ihres Mannes, u. a. die berühmte »Schindlers Liste«.

jüdische Organisation B'nai B'rith zu ihren Erben. Außerdem bestimmte sie, dass sie feuerbestattet und ihre Asche in den La-Plata-Fluss gestreut werden sollte, auf dem das Schiff sie einst von Europa nach Argentinien gebracht hatte, denn sie wollte letzten Endes wieder dahin zurückkehren, woher sie gekommen war.

F1(A)

ÜBERSETZUNG---

(Auf allen Blättern folgen das Wappenschild der Republik Argentinien, das Wappenschild des Notarenkollegiums der Bundeshauptstadt Buenos Aires, Republik Argentinien, die unleserliche Unterschrift und der Stempel des Notaren Carlos E. Monckeberg, Matrikel 3482). ---

7003/7004. A 048996233 bis A 048996233. ---

NOTARIELLE BEURKUNDUNG. --

TESTAMENT: --

Frau **EMILIA SCHINDLER,** geborene **PELZL.** --

URKUNDE NUMMER 1238. --

In der Stadt Buenos Aires, am 10. Dezember des Jahres 1997, vor mir, erschien Frau **Emilia Schindler,** geborene **Pelzl,** welche erklärte, daß sie Witwe erster Ehe des Herrn **Oskar Schindler** sei, wobei sie mir ihren Personalausweis Nummer -----

4.317.730 vorzeigt, Deutsche, geboren am 22. Oktober 1907, wohnhaft in Avenida San Martin 353, San Vicente, Provinz Buenos Aires, nur vorübergehend in der Bundeshauptstadt Buenos Aires, mir persönlich bekannt, was von mir bestätigt wird, welche folgendes aussagt: ---

daß sie anhand dieser öffentlichen Urkunde ein **TESTAMENT ERLASSEN** will, wogegen ich keinerlei Einwände einzulegen habe, da ich mich durchaus vergewissert habe, daß die Erscheinende sich in vollem Gebrauch und Genuß ihrer geistigen Fähigkeiten befand, wobei in Anbetracht dessen und nach Ladung der Zeugen, die im folgenden aufgezählt werden, sie in Anwesenheit dieser Zeugen mir mit lauter Stimme ihre letzten Verfügungen verkündete, damit ich, die genehmigende Partei, das Testament in angemessener Form und rechtsmäßigem Stil und laut Zustimmung der Erblasserin wie folgt verfasse: ---------------------------

F2(A)

Emilies Testament (s. auch die folgenden Seiten)

ERSTENS: --

Daß sie wie bereits erläutert heißt, nämlich **EMILIA SCHINDLER,** geborene **PELZL,** geboren am 22. Oktober des Jahres 1907, en Mähren, Deutschland. -------

ZWEITENS: --

Daß sie die Tochter des Herrn **Joseph Pelzl** und der Frau **Maria Pieschel** ist, beide bereits verstorben. --

DRITTENS: --

Daß sie Witwe ihrer ersten Ehe mit Herrn **Oskar Schindler** ist. Aus dieser Ehe sind keine Kinder geboren. Sie hat auch keine weiteren gesetzlichen Erben. --------

VIERTENS: --

Daß sie als Allein- und Gesamterbe zu gleichen Teilen Frau **Marta Rosenberg,** geborene **Band** ernennt, Personalausweis Nummer 5.796.142, mit Wohnsitz in Sánchez de Bustamante 1969, 8. Etage, "B", der Bundeshauptstadt Buenos Aires, sowie auch Frau **Isabel Aurora Bossetti,** geborene **Lopez,** Personalausweis Nummer 5.714.288, mit Wohnsitz in Roca 175 in San Vicente, Provinz Buenos Aires, Herrn **Leonardo Eduardo Cosiforti,** Personalausweis Nummer --------------12.962.561, mit Wohnsitz in Cuyo, zwischen Saavedra und Alsina, in San Vicente, Provinz Buenos Aires; Frau **Gertrud Ferrari,** geborene **Tusch,** welche in der Bundesrepublik Deutschland ansässig ist und ihren Wohnsitz in der Straße Ammesnerfeld der Gegend Tauberfeld hat, sowie die Vereinigung **"B' NAI- WRIT TRADICION",** mit Wohnsitz in der Straße Juncal Nummer 2773, Bundeshauptstadt Buenos Aires. ---

FÜNFTENS: --

Daß sie Herrn Federico Guillermo Tomás Leonhardt **als** Testmentvollstrecker ernennt, Personalausweis Nummer 11.955.431 und im Falle, daß dieser dieses----

F3(A)

Amt nicht annehmen könnte oder wollte, Herrn Rodolfo Heriberto Dietl, Personalausweis Nummer 4.556.637, beide mit Wohnsitz in Avenida Cordoba 950, 10. Etage der Bundeshauptstadt Buenos Aies, welche mit allen rechtsmäßigen Befugnissen handeln werden. ---

SECHTENS: --

Daß sie feuerbestattet werden möchte und daß ihre Aschen in den Fluß geworfen werden. ---

SIEBTENS: --

Daß sie hiermit irgendwelche Testamente für nichtig erklärt, die vor der Erlassung dieses Testamentes verfaßt wurden, da es sich dabei um ihren letzten und gut beschlossenen Willen handelt. --

Da die Erscheinende nichts mehr beizufügen hatte, wurde dieses Testament in lauter und klarer Stimme von mir vorgelesen in Anwesenheit der Zeugen dieser Rechtshandlung, welche zuhörten, wobei keine Unterbrechungen stattfanden und die Zeugen - welche die Erblasserin persönlich kennen - stets bei der Testamenterlassung zugegen waren, nämlich: ---

Frau **Martha Agusevich,** ledig, mit Personalausweis Nummer 0.957.291, Argentinierin, geboren am 27. November des Jahres 1934, mit Wohnsitz in Defensa 979 dieser Stadt, Herr **Cristian Lamm,** ledig, mit Personalausweis Nummer 17.737.799, Argentinier, geboren am 1. Oktober des Jahres 1965, Rechtsanwalt, wohnhaft in Sanchez de Bustamante Nummer 2516, Erdgeschoß "K" dieser Stadt und Herr **Marcelo Luis Ferreyra,** ledig, mit Personalausweis Nummer 14.353.453, Argentinier, geboren am 5. Juli des Jahres 1961, wohnhaft in Avenida Cordoba 950, Erdgeschoß, dieser Stadt; alle mir persönlich bekannt, was

F4(A)

von mir beglaubigt wird, welche zusammen mit der Erblasserin vor mir dieses Testament unterschreiben, was von mir bescheinigt wird. ------------------------------

Berichtigungen gelten. ---

(Es folgen mehrere unleserlichen Unterschriften). --

(Es folgen die unleserliche Unterschrift und der Stempel des Carlos E. Monckeberg, Notar, Matrikel 2402). --

(Es folgen ein Wappen des Notarenkollegiums und der Republik Argentinien). -----

C000752880. ---

Stimmt mit der Originalurkunde überein auf Blatt 7003 des Notarenregisters Nummer 310 dieser Bundeshauptstadt Buenos Aires, genehmigt von Notar Carlos E. Monckeberg für die betreffenden Parteien. --

In meiner Eigenschaft als Rechtsinhaber dieses Registers wird vorstehende erste beglaubigte Abschrift in zwei (2) Ablichtungen ausgestellt, wobei dieses Blatt von mir gestempelt und unterschrieben wird. In Buenos Aires, am 19. Dezember des Jahres 1997. ---

(Es folgen die unleserliche Unterschrift und der Stempel des Carlos E. Monckeberg, Notar, Matrikel 2402). --

Die Richtigkeit und Vollständigkeit vorstehender Übersetzung in die deutsche Sprache aus der beigefügten Urkunde in spanischer Sprache wird hiermit bestätigt. Buenos Aires, den 25. Oktober des Jahres 2001. -----------------------------

Es traducción fiel y completa al idioma alemán del documento adjunto redactado en idioma castellano que he tenido ante mí y al cual me remito, en Buenos Aires, a los 25 días del mes de octubre del año 2001. ---

Nach unserer Reise im Juni 1999 nach Deutschland und Tschechien wurde ihr Wunsch, ihren Lebensabend in der alten Heimat zu verbringen und dort auch zu sterben, übermächtig.

Ich merkte, dass sie von Tag zu Tag die Kraft verlor, weiter in Argentinien zu kämpfen. Ihre finanziellen Schwierigkeiten, ihre Krankheiten und Schmerzen hatten sie total geschwächt. Aber je schwächer sie wurde, desto mehr Hoffnungen machte sie sich, endlich nach Deutschland zurückzukehren. Im Juli 2000 versprach ich ihr, mich für dieses Anliegen einzusetzen.

Im November 2000 wurde sie dann an der linken Hüfte operiert. Danach ging sie in ein Heim, wo sie sich nie wohl fühlte. Jeden Samstagnachmittag, wenn ich sie besuchte, sagte sie zu mir: »*Liebes Kind, ich muss von hier weg, bring mich bitte von hier weg, sonst bringe ich mich um. Wir müssen beide nach Deutschland. Deutschland ist groß, da habe ich auch Leute, die ich kenne ...*« Ihrer Bitte konnte ich mich nicht verschließen, ich fühlte mich moralisch verpflichtet, mich für sie einzusetzen.

Anfang April 2001 kam die Einladung vom Museum *Haus der Geschichte* in Bonn für die Eröffnung der Dauerausstellung am 9. Juli mit Bundeskanzler Schröder, für die auch Emilie ihre Aufzeichnungen, Medaillen und Urkunden übergeben hatte. Inzwischen hatte ihr auch ein Altersheim im bayerischen Waldkraiburg, das Adalbert-Stifter-Wohnheim, einen Heimplatz angeboten, den sie annehmen wollte. Endlich würde sie in ihre Heimat zurückkehren und dort bleiben dürfen.

Das letzte Foto von Emilie in Argentinien, Juni 2001

Nach vielen Gesprächen mit dem Heimleiter von »Los Pinos« und Emilies schriftlicher Erklärung, nach Deutschland reisen zu wollen, sowie einer gründlichen Untersuchung durch den Arzt der deutschen Botschaft in Buenos Aires, Dr. Manfred May, der Emilie bescheinigte, reisefähig zu sein, trafen wir die notwendigen Vorbereitungen.

Emilie im Gespräch mit dem ehemaligen deutschen Konsul Beckbach im Mai 2001 in »Los Pinos«

Ich, Emilie Schindler, geb. Pelzl, Reisepassnummer 3201192147 erkläre hiermit mein volles Einverständnis in die Bundesrepublik Anfang Juli, 2001 zu fliegen, trotz aller ärztlichen Warnungen, um eine Aufzeichnung entgegenzunehmen und meine Nichte Traude Ferrari zu besuchen.

Es besteht auch die Möglichkeit in dem Adalbert Stifter Heim in Waldkraiburg zu bleiben, immer wenn ich mich da wohl fühlen kann.

Ich unterschreibe dieses Schriftstück in Beisein folgender Zeugen: meine Bevollmächtigte Frau Erika Rosenberg, der Geschäftsführer der Deutschen Wohltätigkeitsgesellschaft Herr Arno Hinckeldein.

In El Talar de Pacheco, am Freitag den 8.Juni,2001

Emilie äußerte ihren Reisewunsch sogar schriftlich.

9823 1247

Dr. ALFREDO H. MAY

MEDICO

Av. Maipú 1170, piso [illegible]
1638 Vicente López
Pcia. Buenos Aires
Argentina

Doctorado en Medicina en la Universidad de Berlín, Rep. Fed. Alemana
Miembro Titular Asoc. Médica Argentina
Miembro Titular Asoc. Médica Alemana
Médico del Hospital Alemán
M.N. 50.006
M.P. 46.712

Consultorio Tel: 4795-3122
4797-2301
Fax: 4790-5682

Buenos Aires, 14. Juni 2001

ÄRZTLICHES GUTACHTEN:

FRAU EMILY SCHINDLER:

Hiermit bescheinige ich, dass Frau Emily Schindler(geb. 22.Oktober 2007), gesundheitlich (mit altersentsprechenden Bedenken) in der Lage ist, in Begleitung. in die Bundesrepublik Deutschland zu fliegen. Ein/e Begleiter /in muss jedoch ständig zur Verfügung stehen, um sie zu pflegen.

Sie leidet an zerebrovaskuläre Arteriosklerose, Depression, Schlaflosigkeit, und wird entsprechend medikamentös behandelt. Nach einer Operation mit Prothese der linken Hüfte im November 2000 im Deutschen Krankenhaus von Buenos Aires ist sie zur Rekonvaleszens ins Altersheim Los Pinos. Seitdem ist Frau Schindler im Rollstuhl. Daher muss ihr an jedem Flughafen ein Rollstuhl zur Verfügung stehen.

Dr. med. Alfredo May

Dr. ALFREDO H. MAY
Internist
VERTRAUENSARZT DER BOTSCHAFT
DER BUNDESREPUBLIK DEUTSCHLAND

Der Arzt bescheinigte Emilies Reisefähigkeit.

Wäsche wurde gekauft, Medikamente verschrieben und Koffer gepackt.

Am Freitag, dem 6. Juli 2001, um 12 Uhr holte ich Emilie vom Heim »Los Pinos« ab. Sie wartete schon ungeduldig auf mich. Nachdem sie Abschied von den Heimbewohnern und dem Personal genommen hatte, machten wir uns auf den Weg zum Flughafen. Die Sonne strahlte am Himmel des südamerikanischen Kontinents. Ich sagte zu Emilie: »*Mädchen, wenn Engel reisen, scheint immer die Sonne*«, wobei ich daran denken musste, dass es wohl das letzte Mal wäre, dass Emilie die Wärme der argentinischen Sonne spüren würde. Dieser Gedanke trübte meine Freude an der Reise, denn für Emilie bedeutete sie zwar die Erfüllung ihres letzten Wunsches, für mich aber eine große räumliche Trennung, vielleicht die endgültige Trennung von der Frau, die mir viel von

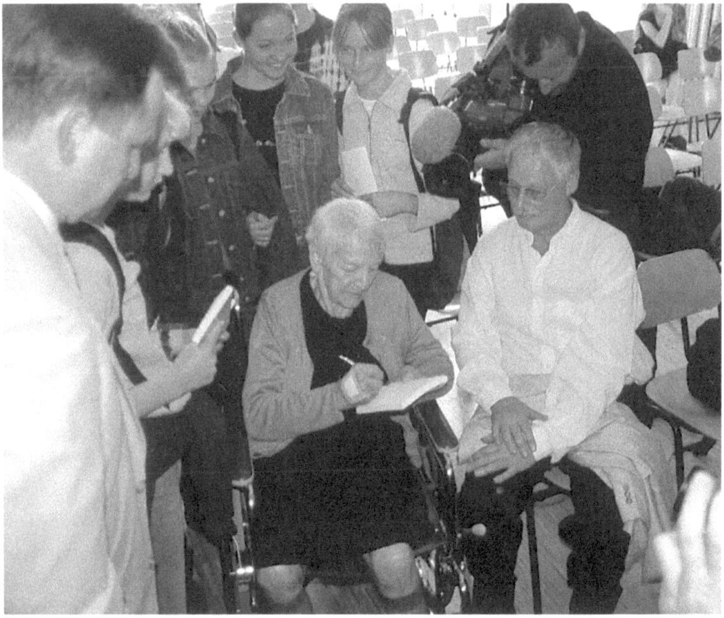

Autogrammstunde in der Oskar-Schindler-Schule in Berlin

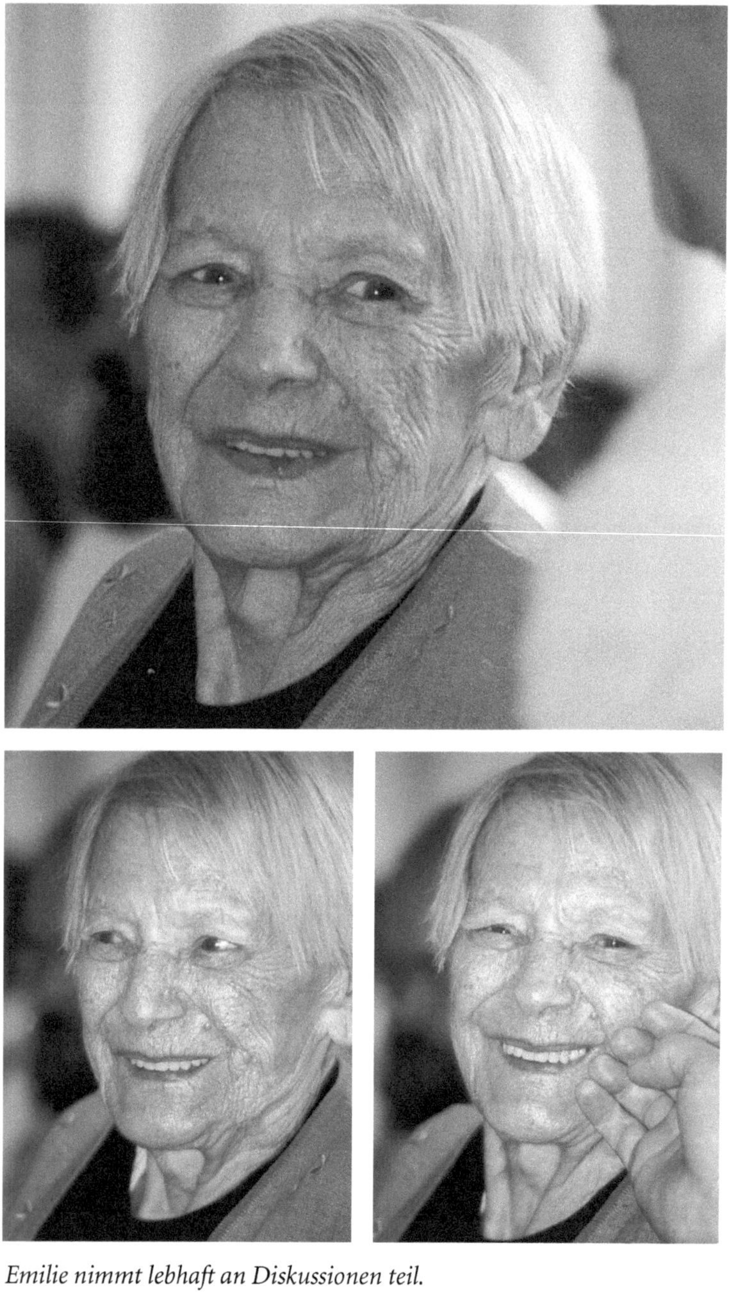

Emilie nimmt lebhaft an Diskussionen teil.

ihrem Leben anvertraut hatte, der ich großen Respekt zolle und die mir im Laufe der Jahre immer mehr ans Herz gewachsen war. Wir hatten vereinbart, dass ich sie nach der Ausstellungseröffnung in Bonn und unserem Besuch in Berlin nach Waldkraiburg in Bayern begleiten, noch zwei Tage bei ihr im Seniorenheim bleiben und dann nach Buenos Aires zu meiner Familie und meinen Pflichten zurückkehren würde.

Die Zeit des Fluges – 13 Stunden nach Frankfurt – verging wie üblich, außer dass Emilie in zahlreichen Dingen meiner Betreuung bedurfte.

Leider mussten wir in Frankfurt dann fast vier Stunden auf unseren Anschlussflug nach Köln-Bonn warten. Die Aufregung der letzten Tage, die lange Nacht im Flugzeug, die Strapazen der Reise mussten Emilie dermaßen ermüdet haben, dass sie bei der Landung in Bonn nicht mehr wach werden konnte. Erschrocken rief ich die Stewardess und bat sie, so schnell wie möglich einen Arzt zu rufen. Kurz darauf kamen die Notärzte und untersuchten sie. Es schien nichts Auffälliges vorzuliegen, Blutdruck und Puls waren normal, aber zur Überwachung wurde sie ins Porzer Krankenhaus bei Köln eingeliefert.

Ich war erleichtert, als sie sich langsam wieder erholte. Sie blieb dann aber doch länger im Krankenhaus, als die Ärzte zunächst gedacht hatten. Am Montag, dem 9. Juli, musste ich zu meinem großen Bedauern alleine zur Pressekonferenz ins *Haus der Geschichte* gehen. Am Nachmittag fand dann die Eröffnung der Dauerausstellung mit Bundeskanzler Schröder statt. Herr Professor Schaeffer, Direktor vom *Haus der Geschichte*, erwähnte in seiner Ansprache mehrmals die Übergabe von Exponaten durch Frau Schindler und bedankte sich für diese Schenkung. – Emilie wäre so gerne dabei gewesen.

Alt-Bundeskanzler Gerhard Schröder, Prof. Schaeffer und Erika Rosenberg bei der Ausstellungseröffnung am 9. Juli 2001

Am Dienstag, dem 10. Juli, wurde Emilie aus dem Krankenhaus entlassen. Mit Professor Axel Gebauer, tätig an der Oskar-Schindler-Oberschule in Berlin-Kaulsdorf, fuhren wir dann mit dem Auto nach Berlin, wo ein umfangreiches Programm uns erwartete.

An einer Raststätte fragte Emilie mich: »*Wo sind wir jetzt? Sind wir wirklich in Deutschland?*« Worauf ich antwortete: »*Liebes Mädchen, sicher sind wir in Deutschland, oder habe ich dich schon mal angelogen?*« Sie schien erleichtert und suchte meine Hand. So kamen wir Hand in Hand gegen Abend in Berlin an – ein strahlend blauer Himmel begrüßte uns.

Ich fragte Emilie, wann sie das letzte Mal in Berlin gewesen war. Sie antwortete mit rauer Stimme: »*1942, und ich war im Krankenhaus.*«

Stiftung **Haus der Geschichte der Bundesrepublik Deutschland**

Willy-Brandt-Allee 14
53113 Bonn
Tel.: 02 28/91 65-0
Fax: 02 28/91 65-3 02
Internet: www.hdg.de

Schenkungsurkunde

Frau
Emilie Schindler
Buenos Aires

überlässt der Stiftung Haus der Geschichte der Bundesrepublik Deutschland unwiderruflich und unentgeltlich schenkungsweise die nachfolgend aufgeführten Gegenstände:

2001/07/0030	Skulptur „Justice Louis D. Brandeis Award"	1994
2001/07/0031	Glasskulptur: Auszeichnung für Emilie Schindler	1990er Jahre
2001/07/0032	Glas- und Kunststoffplatte mit sieben Bronzerelieftafeln	1993
2001/07/0033	Glaspokal für Emilie Schindler	1994
2001/07/0034	„Medal of the Righteous among the Nations" (im Holzkästchen)	1993
2001/07/0035	„Certificate of Honour" zur „Medal of the Righteous among the Nations" in Mappe	05. Juli 1993
2001/07/0036	„Certificate of Appreciation"	1995

Sofern mit dieser Schenkung Steuerbelastungen auftreten, gehen diese zu Lasten des Bundes. Im übrigen gelten die §§ 516ff. des BGB.

Stiftung Haus der Geschichte
der Bundesrepublik Deutschland
Willy-Brandt-Allee 14, 53113 Bonn

Bonn, den 08.07.2001

im Auftrag

....
Emilie Schindler

....
Dr. Dietmar Preißler
(Abteilungsleiter Sammlungen)

Die Schenkungsurkunde für die Exponate aus Emilies Besitz

Der Empfang, den uns die Inhaberin des Hotels Park Berlin Schloss Kaulsdorf, Frau Weinschneider, bereitete, war rührend.

Mittwoch, den 11. Juli. Am Vormittag waren wir in der jüdischen Gemeinde Berlin eingeladen und wurden von Frau Schütz durch das jüdische Museum geführt. Danach folgte eine kurze Pressekonferenz und ein Mittagessen im Restaurant »Ausländische Vertretung« am Schiffbauerdamm, zu dem uns die Oskar-Schindler-Schule eingeladen hatte. Emilie sprach mit allen am Tisch und machte sogar einige Scherze. Kurz darauf ging's weiter zum Bundestag, wo uns Vizepräsidentin Petra Bläss zusammen mit Professor Dr. Fink empfing. Als wir dann auf der Terrasse des Bundestags waren, stellte sie mir noch mal die Frage, wo wir seien. Ich antwortete: »*Selbstverständlich in Deutschland*«, dann zeigte ich ihr die deutsche Flagge. Sie sagte: »*Ja, du hast Recht, das ist Deutschland, Deutschland ist groß, Deutschland ist schön.*« Mir wurde dann klar, dass Deutschland in ihrer Vorstellung ein ganz anderes Deutschland als das heutige war, nämlich das, das sie als Vertriebene zusammen mit ihrem Mann Oskar erlebt hatte, als sie aus dem Sudetenland 1945 nach Deutschland flüchten musste. Aber immerhin, jetzt schien sie sich hier willkommen und beschützt zu fühlen.

Donnerstag, den 12. Juli. Die Oskar-Schindler-Oberschule hatte eine Veranstaltung für Frau Schindler vorbereitet. Alle Schüler warteten vor der Tür und standen Spalier, übergaben Emilie Blumen. Einige hatten sogar Tränen in den Augen. Ich spürte, wie fest Emilie meine Hand drückte. Sie war tief gerührt und sagte plötzlich: »*Das ist ein Ding!*« Danach kam die Autogrammstunde und sie setzte ihre doch schon recht zittrige Unterschrift, so lange sie konnte.

Unsere nächsten Veranstaltungen waren in der Rosa-Luxemburg-Stiftung und in der evangelischen Kirche in Berlin

Emilie genießt sichtlich die ehrenden Worte, die ihr gelten.

Kaulsdorf, hinzu kamen private Einladungen. Sie nahm alles mit natürlicher Selbstverständlichkeit an und schien die Aufmerksamkeit zu genießen, die sie erhielt. Am Sonntag waren wir im Tierpark. Als sie die Tiger erkannte, sagte sie: »*Schau, schau diese riesengroßen Katzen, die beißen wie die Teufel, Jesus, Maria und Josef!*« – Tiere, besonders Katzen und Hunde, hatte Emilie von jeher geliebt und ich fand, dass sie in diesem Moment besonders zufrieden aussah.

Am Dienstag, dem 17. Juli, fuhr ich mit ihr zum Katharinenhof in Fredersdorf bei Berlin, ein Heim, in dem sie sich nun ausruhen konnte, bevor wir uns zu unserer nächsten Reisestation aufmachten, zum Adalbert-Stifter-Altenheim in Waldkraiburg in Bayern, wo sie ihren Lebensabend im Kreise vieler ihrer sudetendeutschen Landsleute verbringen wollte. Am Sonntag, dem 22. Juli, wollten wir mit einem geeigneten

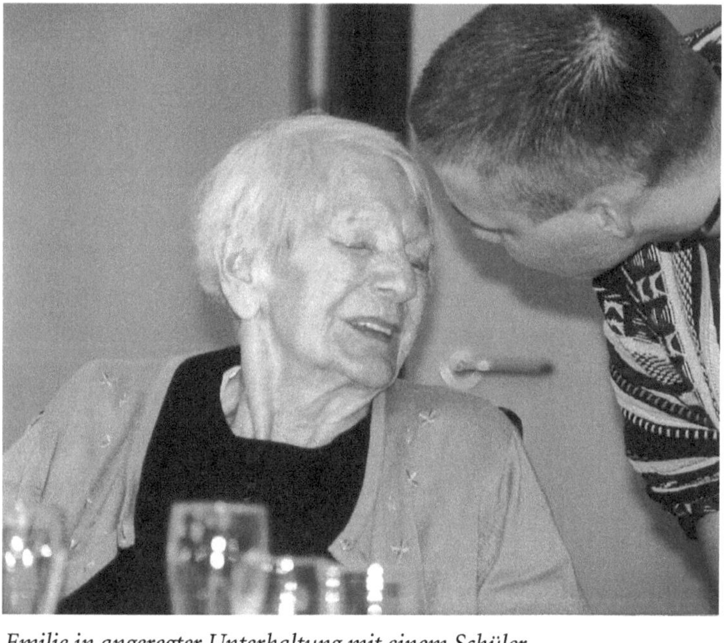

Emilie in angeregter Unterhaltung mit einem Schüler.

Transport des Malteser-Dienstes diese Fahrt nach Bayern unternehmen. Aber es sollte ganz anders kommen.

Samstag, den 21. Juli, um ca. 13.15 Uhr, rief mich Schwester Petra vom Katharinenhof an, um mir mitzuteilen, dass Emilie einen Schlaganfall erlitten hatte und sich auf den Weg in das Klinikum Märkisch-Oberland in Strausberg befand. Als ich am Nachmittag, aus Berlin kommend, Emilie im Krankenhaus besuchte, suchte sie nach meiner Hand – sprechen konnte sie nicht mehr. Das kranke und erschöpfte Aussehen der Frau, die mir als Letztes die Organisation ihres Lebensabends anvertraut hatte, warf mich in ein tiefes psychisches Loch. Die Hoffnung, doch noch in Deutschland und im Kreise von vielen Landsleuten aus der Heimat ruhige Jahre in Waldkraiburg im Adalbert-Stifter-Wohnheim verbringen zu können, schienen sich in Nichts aufzulösen. Laut Aussage der Ärzte war Emilie nicht transportfähig. Auch als ich sie am Sonntag wieder besuchte, war ihr Zustand unverändert, man musste mit dem Schlimmsten rechnen. Sollte Emilie nur zum Sterben nach Deutschland zurückgekehrt sein? Und sie hatte die Tage zuvor doch so offensichtlich auch genossen! Täglich informierte mich das Krankenhaus über Frau Schindlers Zustand. Professor Dr. Pech, der sich rührend um sie bemühte, sagte immer »leider unverändert und schlecht«. Am Montag, dem 26. Juli, hatte der Strausberger CDU-Stadtverband für Frau Schindler Blumen übergeben. Jetzt plötzlich sprach sie das erste Mal wieder etwas und kommentierte die Blumen mit einem: »Wie schön!« Am nächsten Tag sagte sie dann zu einem Besuch: »Danke.« Ein Zeichen der Hoffnung …

Leider konnte ich nicht länger in Deutschland und in der Nähe von Frau Schindler bleiben. Ich musste am 28. Juli zurück nach Buenos Aires fliegen, denn in Südamerika warteten Pflichten, die ich schon mehr als drei Wochen

Das letzte Foto von Emilie, Berlin, Juli 2001

vernachlässigt hatte. Während des Fluges musste ich an den Satz von Hölderlin denken, den die Ex-Vizepräsidentin des Bundestages Petra Bläss in einem Genesungstelegramm an Emilie zitiert hatte und der zeigte, welche Anerkennung ihr auch in Politikerkreisen zuteil wurde: »Glaube und Liebe und Hoffnung sollen nie aus meinem Herzen weichen, dann gehe ich, wohin es soll und werde gewiss am Ende sagen: Ich habe gelebt.« Aber war Emilie wirklich gegangen, wohin es sollte? Sie wollte nach Waldkraiburg in Bayern, und da war sie nicht!

Zurück in Buenos Aires, erkundigte ich mich regelmäßig telefonisch nach Emilies Zustand. Doch Prof. Pech konnte mir nichts Neues sagen. Ihr Zustand blieb unverändert.

Eine Woche nach meiner Rückkehr, an einem Samstag, teilte mir eine Krankenschwester der Strausberger Klinik mit, dass das Amtsgericht Strausberg eine vorläufige Betreuerin für Emilie bestellt hatte, die Rechtsanwältin Anke Mussmann.

LIEBE FRAU SCHINDLER,

MIT DIESEN ZEILEN VON FRIEDRICH HOELDERLIN MOECHTE ICH IHNEN MEINE BESTEN WUENSCHE ZUR GENESUNG UEBERMITTELN:

,, GLAUBE UND LIEBE UND HOFFNUNG SOLLEN NIE AUS MEINEM HERZEN WEICHEN, DANN GEHE ICH, WOHIN ES SOLL UND WERDE GEWISS AM ENDE SAGEN:

ICH HABE GELEBT.

UND WENN ES KEIN STOLZ UND KEINE TAEUSCHUNG IST, SO DARF ICH IN JENEN STUNDEN NACH UND NACH, DURCH DIE PRUEFUNG MEINES LEBENS, FESTER UND SICHERER GEWORDEN BIN.``

HERZLICHST

IHRE PETRA BLAESS

VIZEPRAESIDENTIN DES DEUTSCHEN BUNDESTAGES

Genesungswünsche von der Vizepräsidentin des Bundestages

Mit ihr müsse ich mich ab sofort in Verbindung setzen, wenn ich wissen wollte, wie es Emilie geht.

Von Frau Mussmann erfuhr ich, dass sich Emilies Zustand wesentlich gebessert habe und bereits Gespräche mit der Heimleiterin eines Strausberger Seniorenheimes, in das Emilie in Kürze verlegt werden sollte, geführt worden waren. Ich fragte natürlich sofort, ob denn nicht eine Verlegung nach Waldkraiburg möglich wäre. Doch die Antwort lautete: »Nein, Frau Rosenberg. Ich möchte Frau Schindler im Raum Berlin haben. Es ist besser für die Betreuung.«

Am nächsten Tag erhielt ich von Frau RA Mussmann ein Fax mit folgendem Inhalt:

... zunächst kann ich Ihnen mitteilen, dass nach der ärztlichen Einschätzung des Prof. Dr. Pech ein stationärer Aufenthalt von Frau Schindler im Krankenhaus nicht mehr notwendig ist. Jedoch ist aufgrund des allgemein noch schwachen Zustandes

eine Transportfähigkeit nicht gegeben, sodass aus diesem Grund eine Verlegung nach Waldkraiburg derzeit nicht realisierbar ist.

Aufgrund dessen habe ich mich mit der Leiterin eines neuen und sehr schönen christlichen Pflegeheimes hier in Strausberg in Verbindung gesetzt und die Aufnahme von Frau Schindler in die Wege geleitet.

Am morgigen Tag werden wir Frau Schindler in das Pflegeheim verlegen, in welchem sie ein schön ausgestattetes Zimmer mit angenehmer und ruhiger Atmosphäre erwartet. Nach meinem persönlichen Eindruck wird Frau Schindler dort die ihr gebührende Pflege und Hinwendung erfahren …

Am 1. Oktober 2001 informierte mich Frau RA Mussmann, dass Emilie nichts mehr essen und trinken wolle. Sie müsse so schnell wie möglich ins Krankenhaus und die Ärzte stünden vor der schwierigen Entscheidung, ob sie ihr eine Magensonde einsetzen sollten. Da ich selber in dieser Sache nichts tun konnte, rief ich sofort Oskars Nichte Traude Ferrari an. Leider war sie nicht zu Hause.

Am 4. Oktober beschlossen die Ärzte in Strausberg, dass ein operativer Eingriff bei Emilie nicht mehr durchführbar war und mit ihrem baldigen Ableben zu rechnen sei. Am Freitag, den 5. Oktober um 19 Uhr argentinische Zeit erhielt ich ein Fax von der Betreuerin mit der traurigen Nachricht von Emilies Tod. Meine beste Freundin war gestorben, ohne dass ich in der letzten Stunde ihre Hand hatte halten können. Mein einziger Trost war, dass sich ihr letzter Wunsch, in Deutschland zu sterben, erfüllt hatte.

Ich reiste sofort nach Deutschland, um Emilie meinen letzten Dienst zu erweisen: dafür zu sorgen, dass sie wie gewünscht in Waldkraiburg beerdigt wurde. Außerdem gab ich zusammen mit meiner Familie eine Todesanzeige für Emilie auf, ebenso wie die jüdische Vereinigung B'nai B'rith.

✝

EMILIE SCHINDLER q.e.p.d.

Falleció en Alemania, el 05-10-2001. Junto a su esposo Oskar Schindler salvó la vida de 1200 judíos del exterminio nazi. De acuerdo con su deseo, durante los últimos 50 años, su vida transcurrió en la localidad de San Vicente, Pcia. de Bs.As. Tenia 93 años, fue su voluntad morir en Alemania. Todos los que la conocimos y tratamos, guardamos luto por ella. Su recuerdo y su ejemplo perdurará por siempre.

B'nai B'rith Argentina Filial Tradición

„Wer ein Leben rettet,
rettet die gesamte Welt."
Der Talmud

Nach einem von Heldentum, Nächstenliebe, Tapferkeit, Bescheidenheit und Tierliebe, aber auch Leid und Entbehrung geprägten Leben hat unsere geliebte Freundin und Ersatzmutter

✝ Emilie Schindler geb. Pelzl ✡

Alt Moletein 22.10.1907 Strausberg /Brandenburg 5.10.2001

den Weg in die Ewigkeit Gottes angetreten.
Ihr bewundernswertes Leben bleibt auf immer unser Vorbild und die Freundschaft, mit der sie uns ehrte, unser Heiligtum! In Liebe und Dankbarkeit

Erika, José und Eric Rosenberg
Cristian Fauth von Kretmayr und Familie

Todesanzeigen für Emilie Schindler

Der Tag von Emilies Beerdigung, der 19. Oktober, war grau und trüb. Auf der etwa einstündigen Autofahrt von München nach Waldkraiburg konnte ich nicht aufhören, an Emilie zu denken, an unsere erste Begegnung im Jahr 1990, unsere Freundschaft, unsere gemeinsamen Stunden und so viele Erlebnisse der letzten elf Jahre.

Ich wusste, ich würde sie vermissen. Sie hatte mir ihr Leben anvertraut, damit ich ihre Geschichte wahrheitsgemäß weitergebe, ihr Bild aus Oskars Schatten herausrücke.

In der Aussegnungshalle des Waldkraiburger Waldfriedhofes traf ich Oskar Schindlers Nichte Traude. Sie war in Begleitung ihres Bruders Klaus gekommen und hielt drei Rosen in der Hand, um sich von ihrer Tante, die sie großgezogen hatte, für immer zu verabschieden. Es kamen Kondolenzschreiben und Blumenkränze von Staatsregierungen und Prominen-

Emilies Begräbnis im bayerischen Waldkraiburg am 19. 10. 2001

ten, leider nicht von Steven Spielberg, der mit der Verfilmung von Emilies und Oskars Geschichte einen Riesenerfolg gehabt hatte.

Die Ansprache von Charlotte Knobloch, der Präsidentin des Zentralrats der Juden in Deutschland, war rührend und anerkennend zugleich.

»Emilie Schindler ist von uns gegangen, Emilie Schindler, eine Frau, die so viele Jahrzehnte im Schatten stand. Eine Frau, die schon zu Lebzeiten beinahe vergessen worden wäre. Es erfüllt mich mit Trauer und auch Bitterkeit, heute am Grab dieser mutigen Frau zu stehen. Trauer, weil sie von uns gegangen ist, ohne dass wir ihr die Anerkennung gezollt haben, die sie verdient hat.

Bitterkeit, weil ich ahne, dass wir ihr nicht gerecht geworden sind. Emilie Schindler war mehr als nur eine Frau an Oskar Schindlers Seite. Sie war mehr als die Ehefrau neben den Geliebten, jenen vielen anderen, mit denen sie ihren Gatten, den lebenslustigen Oskar Schindler, wohl hatte teilen müssen.

Sie war mehr als der Schatten von Frau, als die sie im Roman ›Schindlers Liste‹ erscheint, sie war mehr, als ihr Steven Spielberg in seinem gleichnamigen Film wohl zutrauen möchte.

Emilie Schindler war eine Frau von eigenem Wert.

Emilie Schindler war eine Frau, die ihr Licht nicht länger unter den Scheffel stellen wollte.

Die nicht länger nur über ihren Mann befragt werden wollte.

Die nicht länger die ihr zugewiesene Rolle der Frau im Hintergrund spielen wollte.

Emilie Schindler hatte eine eigene Geschichte zu erzählen. Und sie hat endlich ihre Geschichte erzählt, die Gefahren, die Entbehrungen, die Enttäuschungen.

Und wir sind dankbar, dass es ihr gelungen ist, am Ende ihres Lebens noch die Menschen zu finden, Sie, Frau Rosenberg und Herr Dr. Fleissner, die ihren Wert erkannten und ihr, die in

Armut gestorben ist, die Ehrerbietung und Aufmerksamkeit zu geben, die ihr so lange zugestanden hat.

Nicht als Witwe des berühmten Schindler wollte sie angesprochen werden. Sie war Emilie Schindler, eine Frau von eigenem Wert, eine Frau mit eigenem Schicksal.

Und so begab sich Emilie Schindler nochmals auf eine lange Reise. Es sollte ihre letzte Reise sein.

Sie reiste von Argentinien aus um die halbe Welt. Und sie kam endlich an, wohin sie schon so viele Jahrzehnte hatte angelangen wollen, bei ihrem eigenen Leben.

Einem Leben aus eigener Kraft geschöpft, von eigenem Mut geformt, mit eigener Stimme verteidigt.

Nach Jahrzehnten des Schweigens, nach Jahrzehnten der Ehrungen ihres Mannes, nach Jahrzehnten der Danksagungen und Preisverleihungen, der Medaillen und Lobreden hatte Emilie Schindler endlich selbst das Wort ergriffen.

Ohne dass sie aufgefordert worden wäre, das Wort zu ergreifen.

Die Stimme ihres Mannes war längst verklungen und noch immer redete die Welt von ihm.

Was war mit ihr geschehen?

Wie hatte das passieren können? Wie hatte man sie so übersehen, so übergehen, so vergessen können?

Manchem mag die Stimme, die sich da laut und kräftig zu Wort meldete, unangenehm gewesen sein.

Vielen war sie peinlich.

Ihre Existenz passte nicht mehr so recht ins Bild.

Sie erinnerte daran, dass da wohl noch mehr war im Leben dieses berühmten, dieses viel gerühmten und geehrten Mannes, etwas, das man vergessen hatte.

Etwas, wohin man nicht hatte blicken wollen.

Eine Peinlichkeit, und noch mehr eine Pein.

Zutiefst erschüttert hat mich Emilie Schindlers Schicksal.

Erschüttert, ich gebe es zu, weil ich nicht nur als Vertreterin der jüdischen Gemeinschaft in Deutschland hier stehe, sondern auch als Frau, die selbst den Weg in die Öffentlichkeit gegangen ist.

Wir haben Emilie Schindlers Stimme zu spät gehört.

Zu spät, um ihr noch darauf antworten zu können.

Zu spät, um ihr Dank hätten sagen können.

Zu spät, um ihr noch die Ehrungen hätten verleihen können, die ihr gebührt haben.

Heute stehe ich im Namen des Zentralrats der Juden in Deutschland an Emilie Schindlers Grab.

Und wir danken ihr.

Und wir verneigen uns vor ihr.

In Respekt, vor allem jedoch in Liebe.

Sie war eine Frau, die ihre Stimme gefunden hat.

Sie war eine Frau, die für viele andere zum Vorbild werden wird.

Die sich einprägen wird in das Gedächtnis der Menschheit. Eine Frau, die spät, doch nicht zu spät, die zaghaft zuerst, dann immer bestimmter, und gegen Widerstände und Ablehnung ihre Stimme erhoben hat.

Emilie Schindler, eine Gerechte der Nationen.

Wir sind ihr dankbar.

Denn Emilie Schindler wird noch viel Gutes bewirken.

Sie wird vielen anderen Menschen den Weg weisen können.

Denn sie hatte die Worte gefunden, um sich in Erinnerung zu rufen.

Mutig rief sie ihre Botschaft in die Welt hinaus.

Seht, hier bin ich, habt ihr mich denn vergessen?

Meine Hilfe war ebenso rühmenswert, ebenso mutig wie die meines Mannes.

Und doch hättet ihr mich beinahe vergessen.

Emilie Schindlers Stimme mochte manch einem peinlich gewesen sein.

Das Kapitel Schindler war doch so gut abgeschlossen worden.

Ehrungen, Verdienstkreuze ersten Ranges, die Buber-Medaille, ein Grab am Zionsberg, ein Roman, ein preisgekrönter Film, die Dankbarkeit der ›Schindler-Juden‹ und ihrer Kinder.

Die Ehrungen in Yad Vashem.

Die Welt schien geordnet. Jeder hatte den Platz bekommen, der ihm zustand.

Doch jemand war vergessen worden. Jemand brachte alles wieder durcheinander.

Im hohen Alter erst meldete sich Emilie Schindler mit aller Kraft, mit aller Beharrlichkeit zu Wort.

Sie wollte endlich wahrgenommen werden. Sie wollte endlich die Anerkennung, die ihr zusteht.

Sie wollte endlich aus dem Schatten ihres verstorbenen Mannes treten, der verehrt wurde von ›seinen Juden‹ und geliebt, der in Yad Vashem geehrt worden war.

Sie wollte zurückkehren.

Sie wollte ihr Leben hier in diesem schwierigen Vaterland beschließen. Und sie wollte endlich ihren Platz einnehmen unter den Gerechten, die Menschenleben retteten.

Sie wollte endlich als die anerkannt werden, die ebenso wie ihr Mann Menschenleben rettete unter Todesgefahr.

Emilie Schindler ist von uns gegangen.

Doch Emilie Schindler wird für immer unter uns leben bleiben.

Emilie Schindler wird den Platz, der ihr im Leben verwehrt worden ist, endlich erhalten.

Emilie Schindler wird nicht vergessen werden.

Wir werden ihr Andenken für immer lebendig bewahren.

In unseren Herzen, mit unseren Taten, in unseren Worten.

Und wir werden uns an sie erinnern, an diese einmalige, an diese mutige, an diese bescheidene und zurückhaltende Frau, die am Ende ihres Lebens aus dem Schatten heraustrat, den man ihr zugedacht hatte, die selbstbewusst mit fester und klarer Stimme gesprochen hat.

Wir werden ihr Andenken in Ehren halten, ihre Menschlichkeit, ihre Courage, ihr großes Herz.

Die Worte, die wir beim Abschied an unseren Gräbern sagen, gelten auch ihr:

Möge ihre Seele eingebunden sein im Bund des ewigen Lebens.«

Nach der Beerdigung trafen sich alle Trauergäste im großen Saal des Waldkraiburger Rathauses. Der argentinische Botschafter, der israelische Konsul und der Verleger Dr. Fleissner hielten jeweils eine kurze Rede. So erhielt Emilie, die lebenslang zu kurz gekommen war, schließlich doch noch die ihr zustehende Anerkennung und Würdigung.

Erika Rosenberg an Emilies Grab in Waldkraiburg, Oktober 2005

Und noch ein Nachtrag

Über Emilie gibt es so viel zu erzählen und auch noch einiges an Dokumenten, die den Leser interessieren könnten, dass mir die Auswahl schwer fällt …

Stellvertretend für die vielen »Schindler-Juden«, an deren Rettung Emilie Schindler entscheidend mitbeteiligt war, soll das Foto von Franka Schwarz aus Krakau, die zusammen mit ihrem Mann Dr. Schwarz überlebte, abgebildet werden.

In dem folgenden Dokument aus dem Jahr 2001 geht es noch einmal um die »Koffergeschichte« – Emilie Schindler erinnert sich daran, dass sie zwar durch ihre Nichte vom Tod ihres Mannes erfahren habe, nicht aber durch Ami Staehr, seiner letzten Vertrauten, oder deren Mann, dem Arzt Oskar Schindlers. Die beiden informierten sie auch nicht über die Existenz des »Koffers«, den Ami Staehr aufbewahrte (siehe Kapitel 6), obwohl Emilie Schindler Alleinerbin war, wie der Erbschein zeigt.

Franka Schwarz: Ihr Leben und das ihres Mannes wurde durch Schindlers Liste gerettet.

Weitere Ausfertigung

52 VI 1718/74

Erbschein

Der am 9.10.1974 in Hildesheim verstorbene, zuletzt in Frankfurt am Main wohnhaft gewesene

Oskar Schindler

ist beerbt worden von

seiner Witwe Emilie Schindler geb. Pelzl
San Vicente/Pr. Bs.Aires, Av.Grl.San Martin 353

allein.

Frankfurt am Main, den 02. April 1976
Amtsgericht, Abteilung 52
Will, Rechtspfleger

AMTSGERICHT FRANKFURT AM MAIN 287

Ausgefertigt
Frankfurt (M), den – 6 MRZ 2003
Urkundsbeamte/in der Geschäftsstelle

Ich, EMILIE SCHINDLER bestätige, dass meine Nichte Traude Ferrari mir den Tod meines Mannes Oskar Schindler im Jahre 1974 schriftlich mitteilte. Ausserdem informierte sie mich über die Existenz von Briefen, Fotos und anderen Dokumenten, die sich in der Wohnung meines verstorbenen Mannes in Frankfurt am Main befanden, und da ich, wenn als seine Witwe solchen Nachlass beanspruchen wollte, sollte mich demetnsprechend darum kümmern, wobei ich die ersten Schritte hier in Argentinien unternahm.
Ich liess mich durch Herrn Walter Pollack von der jüdischen Stiftung B'Nai'Vrit, die mich betreute, über diese Angelegenheit beraten. Um die ganze Angelegenheit von Argentinien aus in Bewegung zu setzen, hätte für mich viel Geld gekostet. Und wie jeder noch weiss, lebte und lebe noch von der finanziellen Unterstützung verschiedenen Staaten: Deutschland und Argentinien. Dann auf keinen Fall wäre damals für mich möglich gewesen, solchen Ausgaben aufzubringen.
Ich muss noch gestehen, dass die ganze Angelegenheit für mich sehr merkwürdig war, da weder die letzte Vertraute meines Mannes Ami Staehr noch ihr Mann der Arzt, der Oskar Schindler behandelt hatte, mich von seinem Tod informiert hatten. Desto weniger von der Existenz an Briefen, Fotos, Dokumente, in dem Oskar auch mich erwähnte, wie ich viele Jahre später, genau im Januar 2000 erfuhr.
Nach meiner Hüftenoperation im letzten November 2000 musste ich mein Domizil vorübergehend wechseln und befinde mich in einem Rehabilitationszentrum.
Die Adresse lautet: Colombia y Belgrano, El Talar de Pacheco, Pcia. De Buenos Aires.

Emilie wurde lediglich durch ihre Nichte über Oskars Tod informiert, obwohl sie seine Alleinerbin war.

Wie in diesem Buch mehrfach erwähnt (z.B. auf S. 120), wusste Emilie, dass ihr Mann ihren Einsatz bei der Rettung der Juden hoch zu schätzen wusste (s.a. das Kapitel »Schindler und seine Frau Emilie« in dem von mir herausgegebenen Buch »Ich, Oskar Schindler«).

In dem folgenden Dokument findet sich eine Widmung für Emilie von Oskar Schindler auf dem Buch von Kurt R. Grossmann »Die unbesungenen Helden« (in dem auch die Verdienste Oskar Schindlers herausgestellt werden):

Meiner lieben Mily in Erinnerung ihrer mutigen Zeit.
Weihnachten 1957, Frankfurt/Main *Oskar*

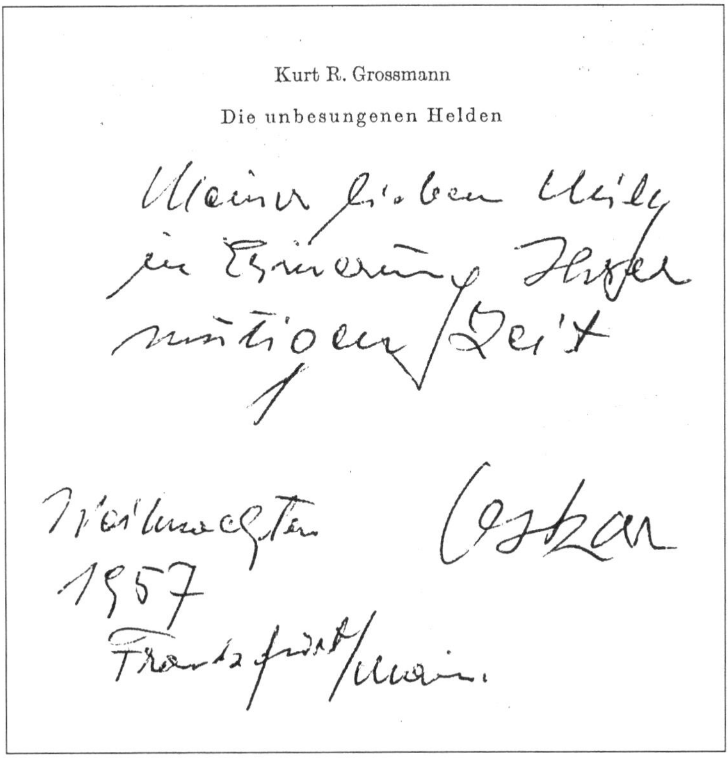

Kurt R. Grossmann

Die unbesungenen Helden

Meiner lieben Milly
in Erinnerung [illegible]
[illegible] Zeit

Weihnachten
1957
Frankfurt/Main

Oskar

Oskar wusste den Einsatz Emilies durchaus zu würdigen.

Auch Mieczyslaw (Mietek) Pemper, einer der noch lebenden »Schindler-Juden«, hat diesbezügliche Stellungnahmen Oskar Schindlers (diese Dokumente waren Teil des »Kofferfundes«) in seinem Buch »Der rettende Weg. Schindlers Liste – die wahre Geschichte« erwähnt. Er findet anerkennende Worte für Emilies Einsatz – die abgemagerten Goleschauer Juden (s.a. das Kapitel »Die Rettung der Juden«, S. 125ff. und den Brief Pempers auf S. 214) hätten laut Aussage des Arztes nur Grieß vertragen können und alle hätten sich gewundert, wie Emilie Schindler kübelweise Grieß kochen ließ, obwohl dieses Lebensmittel zu der Zeit eine Kostbarkeit gewesen sei.

Er schreibt weiter: *Emilie Schindler kümmerte sich rührend um unsere Kranken und die nicht voll Arbeitsfähigen. Ich habe sie als eine ernste und disziplinierte Frau in Erinnerung. Was sie jeden Tag im Lager und vor allem im Krankenrevier sah, muss für sie sehr traurig gewesen sein, doch ließ sie sich das nie anmerken …*

J. Dresner, ein ehemaliger »Schindler-Jude«, schrieb Emilie Schindler 1987 folgenden dankbaren Brief:

Dr. J. Dresner

Tel Aviv, den 27.9.87

Liebe Frau Schindler,
Ich weiß nicht, ob Sie sich meiner Person erinnern können.

Wir haben uns das letzte Mal in New York getroffen, als man den Dokumentar-Film vorbereiten wollte. Ich war damals mit dem Richter Bejski und Herrn Rechen nach Amerika gerufen worden um meine Aussage zu erstatten.

Ich war in Brünlitz mit meinen Eltern und meiner Schwester gewesen und wir werden nie vergessen, wie Sie, Frau Schindler, meiner Mutter, als sie vom Hunger-Ödem gelitten hat, geholfen haben. Sie war in der Krankenstube gelegen und wurde hauptsächlich durch Ihre Mahlzeiten gerettet.

Ich weiß, daß Sie im Monat Oktober, Ihren 80-en Geburtstag feiern werden, und will wenigstens durch diesen Brief meine herzlichsten Glückwünsche an Sie, Frau Schindler, leiten. Sie sollen in Ruhe und voller Gesundheit Ihre nächsten Geburtstage feiern können, und sollen dabei sich bewußt sein, daß wir Sie nicht vergessen haben.

Mit nochmals besten Wünschen und Grüssen

(Unterschrift – unleserlich)

Dr. J. DRESNER
154, ARLOSOROV STREET
62 098 TEL-AVIV, ISRAEL
OFFICE: 03-22 76 03
PRIVATE: 03-23 39 92

ד״ר י. דרזנר
רחוב ארלוזורוב 154
תל־אביב 62 098
טל. מרפאה 03-227603
טל. פרטי 03-233992

Tel Aviv, den 27/9/87.

Liebe Frau Schindler,

Ich weiß nicht, ob Sie sich meiner Person erinnern können. Wir haben uns das letzte Mal in New York getroffen, als man den Dokumentar-Film vorbereiten wollte. Ich war damals mit dem Richter Bejski und Herrn Becker nach Amerika gerufen worden um meine Aussage zu erstellen.

Ich war in Brinnlitz mit meinen Eltern und meiner Schwester gewesen und wir werden nie vergessen, wie Sie, Frau Schindler, meiner Mutter, als sie am Hunger-Ödem gelitten hat, geholfen haben. Sie war in der Krankenstube gelegen und wurde hauptsächlich durch Ihre Mahlzeiten gerettet.

Ich weiß, daß Sie im Monat Oktober, Ihren 80-en Geburtstag feiern werden, und will wenigstens durch diesen Brief meine herzlichsten Glückwünsche an Sie Frau Schindler senden. Sie sollen in Ruhe und voller Gesundheit Ihre weiteren Geburtstage feiern können, und sollen dabei auch bewußt sein, daß wir Sie nicht vergessen haben. Mit nochmals besten Wünschen und Grüssen

[illegible signature]

David M. Crowe widmet in einer neuen Veröffentlichung »Oskar Schindler. Die Biographie« Emilie Schindler mehrere Seiten. Zwar lässt er leider kein gutes Haar an mir und meinem Einsatz für Emilie, spricht jedoch mit Anerkennung und Sympathie von ihr, die er auch einmal im Pflegeheim »Los Pinos« in Argentinien besuchte.

2003 stattete er auch ihrem Grab auf dem Friedhof von Waldkraiburg einen Besuch ab. Er schreibt: »Es ist außergewöhnlich schön … hatte ich das Gefühl, wieder im Sudetenland zu sein. Es passte, dass Emilie hier beerdigt wurde.«

Auch ich hoffe, dass Emilie mit ihrer letzten Ruhestätte zufrieden ist – und dass sie trotz ihres schlechten Gesundheitszustands, der die meiste Zeit in Deutschland überschattet hat, nicht bedauert hat, überhaupt nach Deutschland gekommen zu sein. Ich hoffe auch, dass ich mitwirken konnte, einer großen Persönlichkeit, die meiner Meinung nach jede Ehrung und Bewunderung verdient, ein kleines bisschen von dem zurückgegeben zu haben, was sie selbst anderen Menschen Gutes getan hat.

Erika Rosenberg, im Dezember 2005

Anhang

Lebenslauf von Emilie Schindler, geb. Pelzl

22. 10. 1907	geboren in Alt-Moletein, Böhmen, als Tochter von Maria und Josef Pelzl
1921/22	Besuch einer Klosterschule
1925/26	Besuch der Landwirtschaftschule (über Emilie Schindlers sonstige Schulbildung ist nichts bekannt)
6. 3. 1927	Heirat mit Oskar Schindler
	Umzug nach Zwittau
1936	Umzug nach Mährisch-Ostrau
1939	Tod der Eltern
1942	Umzug nach Krakau, Mitarbeit bei der Versorgung der jüdischen Zwangsarbeiter in der von Oskar gekauften Deutschen Emailwarenfabrik
1944	Verlagerung des Betriebes nach Brünnlitz zusammen mit ca. 1300 jüdischen Zwangsarbeitern, Mitarbeit bei der Versorgung der Arbeiter
1945	Flucht aus Brünnlitz, zunächst über Deutsch-Brod nach Konstanz, dann über München nach Regensburg

1945–1947	Neuanfang in Regensburg, zusammen mit Oskars Schwester Elfriede und ihrer Familie
1949	Auswanderung nach Argentinien
	Kauf der Quinta »Magnolia« in San Vicente
1957	Trennung von Oskar, der wegen Lastenausgleichsforderungen zurück nach Deutschland geht
1962	Verkauf der Quinta, Umzug in ein von der jüdischen Loge B'nai B'rith gestiftetes Haus in San Vicente
9. 10. 1974	Tod Oskar Schindlers
1988	Besuch von Traude und ihrem Ehemann in Argentinien
Mai 1993	Reise nach Jerusalem auf Einladung Steven Spielbergs zu den Schlussaufnahmen von »Schindlers Liste«
1994	Empfang bei Bill und Hillary Clinton anlässlich der Premiere von »Schindlers Liste«
März 1995	Reise nach Europa
	Empfang bei Papst Johannes Paul II. und dem Oberrabbiner in Rom
	Empfang bei Bundespräsident Roman Herzog und Rita Süßmuth in Bonn
	Wiedersehen mit Traude
Mai/Juni 1999	Reise zu den Stätten der Kindheit und der Zeit mit Oskar: München, Prag, Brünnlitz, Zwittau und Alt-Moletein
Nov. 2000	Hüftoperation nach schwerem Sturz

Nov. 2000– Juli 2001	Vorübergehender Umzug ins Pflegeheim Los Pinos in Talar de Pacheco, Buenos Aires
Januar 2001	Abgabe aller Orden und Medaillen als Exponate an das *Haus der Geschichte* in Bonn
6. Juli 2001	Flug nach Deutschland, Köln–Bonn
9. Juli	Eröffnung der Dauerausstellung im *Haus der Geschichte* in Bonn, wo Emilie Schindlers Exponate auch präsentiert werden
10. Juli	Ankunft in Berlin
21. Juli	Schlaganfall; Klinikaufenthalt in Strausberg
5. 10. 2001	Tod Emilie Schindlers
19. 10. 2001	Beerdigung im Waldfriedhof Waldkraiburg